山西大同大学博士科研启动金资助

山西大同大学文学院"一院一品"教育教学改革项目资助

中国书籍学术之光文库

山阴方言语法研究

崔 霞 | 著

图书在版编目（CIP）数据

山阴方言语法研究 / 崔霞著. -- 北京：中国书籍出版社，2020.8

ISBN 978-7-5068-7967-5

Ⅰ.①山… Ⅱ.①崔… Ⅲ.①西北方言—语法—方言研究—山阴县 Ⅳ.① H172.2

中国版本图书馆 CIP 数据核字（2020）第 163151 号

山阴方言语法研究
崔　霞　著

责任编辑	水　木　王　淼
责任印制	孙马飞　马　芝
封面设计	中联华文
出版发行	中国书籍出版社
地　　址	北京市丰台区三路居路 97 号（邮编：100073）
电　　话	（010）52257143（总编室）　（010）52257140（发行部）
电子邮箱	eo@chinabp.com.cn
经　　销	全国新华书店
印　　刷	三河市华东印刷有限公司
开　　本	710 毫米 × 1000 毫米
字　　数	256 千字
印　　张	14
版　　次	2020 年 8 月第 1 版　2020 年 8 月第 1 次印刷
书　　号	ISBN 978-7-5068-7967-5
定　　价	85.00 元

版权所有　翻印必究

目 录
CONTENTS

第一章 附加式构词形式、意义及语法功能 ········· 1
  第一节 附加式构词形式 ····················· 1
  第二节 附加式构成的意义和语法功能 ········· 6

第二章 重叠式的构成形式与特征 ················· 13
  第一节 名词重叠式 ····················· 13
  第二节 动词重叠式 ····················· 20
  第三节 形容词重叠式 ····················· 23
  第四节 副词重叠式 ····················· 28
  第五节 量词重叠式 ····················· 30

第三章 代词 ································· 34
  第一节 人称代词 ······················· 34
  第二节 指示代词 ······················· 44
  第三节 疑问代词 ······················· 56

第四章 副词 ································· 67
  第一节 程度副词 ······················· 67
  第二节 范围副词 ······················· 71
  第三节 时间、频率副词 ················· 75
  第四节 情态副词 ······················· 81
  第五节 语气副词 ······················· 84

  第六节 否定副词 …………………………………………………… 91

第五章 助词
  第一节 结构助词 …………………………………………………… 94
  第二节 动态助词 …………………………………………………… 98

第六章 语气词
  第一节 表时间的语气词 ………………………………………… 108
  第二节 表人际功能的语气词 …………………………………… 111
  第三节 表说话者的态度或情感的语气词 ……………………… 115
  第四节 语气词的组合层次 ……………………………………… 116

第七章 来和去
  第一节 来$_1$和去$_1$ …………………………………………………… 118
  第二节 来$_2$和去$_2$ …………………………………………………… 119
  第三节 "来$_3$""去$_3$"组成的语法结构 ……………………………… 120

第八章 "给"字句
  第一节 山阴方言"给"的用法 …………………………………… 125
  第二节 山阴方言的"给"字句 …………………………………… 130

第九章 特殊句式
  第一节 处置句与被动句套合句式 ……………………………… 134
  第二节 比较句 …………………………………………………… 140
  第三节 疑问句 …………………………………………………… 147
  第四节 存现句 …………………………………………………… 156
  第五节 双宾句 …………………………………………………… 160

第十章　复句 ··· **165**
　　第一节　联合复句 ··· 165
　　第二节　偏正复句 ··· 171

附录一：山西省朔州市六区县方言语音的初步比较
　　　　　——兼与普通话比较 ································· **178**
附录二：山阴方言蟹止两摄的读音及演变 ···················· **186**
附录三：山西北区方言蟹摄一二等韵读音的类别 ·············· **191**
附录四：晋北方言地名的音变 ······························ **197**
附录五：晋北方言地名中的古音 ···························· **202**
附录六：福州方言的比较句 ································ **207**

第一章　附加式构词形式、意义及语法功能

山阴方言中，附加式构词是一种较为常见的构成方式。通过附加式所构成的新词的意义，有的与词根的意义一致，有的与词根的意义有一定的相关性，有的却发生了变化，与词根的意义完全不一致。除此之外，通过附加式所构成的新词的词性有的与词根的词性保持一致，有的却与词根的词性不一致。不同的附加式构词形式其构词能产性不同，有的附加式构词形式有较强的构词能力，可以构成不同的词；有的附加式构词形式具有封闭性的特征，构词能力较弱，所构成的词的词性比较单一。

第一节　附加式构词形式

山阴方言中，附加式构词形式主要有三种：前缀、中缀和后缀。山阴方言的前缀主要有：圪、忽、日、不。中缀主要有：不。后缀主要有：货、猴、鬼、贼、八、达。下面分别对各种不同的附加式构词形式进行描写。

一、前缀

前加式附加构词是词根前加词缀的一种构词方式。山阴方言中，前缀共有"圪""忽""日""不"四个。

（一）"圪"

山阴方言中，"圪"读作[kəʔ⁴]。作为前缀，"圪"与其他语素结合，可以构成名词、动词、形容词、量词、象声词和四字格。构成方式主要有：圪A、圪AA、圪A圪A、圪A圪B、圪ABC、AB圪C等。

1.圪A

"圪A"可以是名词、动词、形容词、量词和象声词。例如：

名词：圪膝膝盖、圪渣、圪榄杆、圪都拳头、圪梁、圪棱、圪桩、圪台、圪针

动词：圪搅、圪摇、圪晃、圪捣、圪蹴、圪怯、圪缩、圪仰、圪夹、圪卷、圪躲、圪哄

形容词：圪柳不直、圪绌皱、圪料不正、圪谄撒娇、圪腻、圪扭扭捏、圪囿不方便、难为情、圪沓唠叨、繁烦

量词：圪截一~绳子、圪堆一~土、圪独头，一~蒜、圪绺一~头发

象声词：圪吱开门时发出的声音或挑重物时扁担颤动发出的响声、圪嘣吃豆子时发出的声音、圪噜咬黄瓜等爽脆的时候发出的声音、圪叭东西断了的声音

2.圪AA

"圪AA"是由部分"圪A"构成的名词、动词、形容词的重叠而成的。

由部分名词"圪A"构成的"圪AA"仍为名词，词性不发生变化。例如：圪台台、圪渣渣、圪点点、圪棱棱、圪梁梁、圪尖尖。"圪AA"所构成的名词常常可以儿化为"圪AA儿"。上例中的"圪台台""圪渣渣""圪点点""圪棱棱""圪梁梁""圪尖尖"可以儿化为"圪台台儿""圪渣渣儿""圪点点儿""圪棱棱儿""圪梁梁儿""圪尖尖儿"。

部分"圪AA"所构成的名词无基式，而且常常可以儿化为"圪AA儿"。例如：圪毛毛儿、圪刷刷儿。

部分动词"圪A"也可以重叠为"圪AA"式，重叠后，词性发生了变化，"圪AA"变为形容词。例如：

圪摇—圪摇摇　　　　　圪晃—圪晃晃　　　　　圪怯—圪怯怯

部分形容词"圪A"也可以重叠为"圪AA"式，重叠后，有的词性发生了变化，"圪AA"变为名词。例如：圪绌—圪绌绌。有的词性不发生变化，"圪AA"仍为形容词，例如：圪腻—圪腻腻、圪猴_{人或物居高，看似很危险}—圪猴猴。

"圪AA"所构成的形容词不完全是由"圪A"重叠式构成的，即"圪AA"无基式。例如：圪铮铮_{形容穿戴得很整齐、很讲究}、圪能能_{形容人和物置于高处，不稳定，容易掉落；也可以用来形容人不太会干活的样子}、圪太太_{形容水一直处于烧开的状态}、圪愤愤_{生气、愤怒}。

3. 圪A圪A

动词"圪A"可以重叠为"圪A圪A"，重叠之后仍为动词。例如：

圪搅圪搅　　圪挪圪挪　　圪挤圪挤　　圪堆圪堆

圪揉圪揉　　圪躺圪躺　　圪挨圪挨　　圪转圪转

部分"圪A圪A"形容词无基式。这类构词形式所构成的形容词数量较少。例如：

圪筋圪筋_{形容东西吃起来很有嚼劲}　　　　圪拐圪拐_{形容人走路时一瘸一拐的样子}

4. 圪A圪B

这是由"圪"词缀构成四字格的构成方式之一。例如：

圪抽圪扯_{形容行动不协调的样子}　　圪摇圪摆_{形容摇摇摆摆的样子}

圪丢圪踏_{形容说话啰里啰唆、没有头绪}　　圪低圪八_{形容坑坑洼洼的样子}

圪低圪老_{泛指每个角落}　　圪几圪蛋_{形容不平整的样子；也可指大小疙瘩}

在这一构成方式中，"A"和"B"有的意义相近或相同，例如：圪抽圪扯、圪摇圪摆。"抽"和"扯"、"摇"和"摆"意义相近。有的意义并无关系，例如：圪低地八、圪低圪老。有的"圪B"可以独立成词，独立成词后，其意义有的与"圪A圪B"一致，但有的与其意义不完全一致，例如：圪丢圪踏，"圪踏"可以独立成词，其意义与"圪丢圪踏"的意义一致；又如：圪低圪老，"圪老"可以独立成词，其意义为"角落"，与"圪低圪老"的意义不完全一致。

5.圪 ABC

这是由"圪"词缀所构成的四字格的第二种构成方式。例如：

圪柳把歪 形容物体弯曲，不直　　圪绌打蛋 不展豁、不平展
圪腥烂气 形容鱼或肉等不好闻的腥味　　圪料三青 斜而不直
圪蹴马爬 形容人不分场合的蹲爬躺卧、姿态不端正　　圪丢吊口[tshʌ⁵²] 歪三扭四

在这一构成方式中，大多"圪 A"可以独立成词，并与四字格的意义一致。例如："圪柳把歪""圪绌打蛋""圪料三青"中的"圪柳""圪绌""圪料"的意义与四字格的意义基本保持一致。部分"圪 A"可以独立成词，并与四字格的意义不完全一致，但意义上具有相关性。例如："圪蹴"可以独立成词，"圪蹴"意义为"蹲"，与"圪蹴马爬"的意义不完全一致，但具有一定的相关性。个别四字格中的"圪 A"不能独立成词，例如："圪腥烂气"可以说成"圪腥气"，但"圪腥"却不能独立成词。又如："圪丢吊口[tshʌ⁵²]"中的"圪丢"不能独立成词。

6.AB 圪 C

这是由"圪"词缀所构成的四字格的第三种构成格式。例如：

棍枪圪榄 棍棒杂乱　　窝叽圪囊 形容人很窝囊
朽毛圪绌 毛身不展豁

在这一构成方式中，部分"圪 C"可以独立成词，"AB"与"圪 C"为同类事物，例如："棍枪圪榄"中的"圪榄"，可以独立成词，"棍枪"与"圪榄"为同类事物。部分"圪 C"可以独立成词，"AB"与"圪 C"构成主谓结构，例如："朽毛圪绌"，"圪绌"可以独立成词，"朽毛"与"圪绌"构成主谓结构。部分"圪"与"B"只起到了音节和谐的作用，即"AC"为一个词，"圪"与"B"插入"AC"之间，例如："窝叽圪囊"。"圪"与"叽"插入"窝囊"之间，在四字格中起到音节和谐的作用。

（二）"忽"

山阴方言中，"忽"读作[xuəʔ⁴]。作为前缀，"忽"与其他语素结合，可以构成动词、形容词、量词和象声词。但其所构成的词的数量远低于"圪"词缀所构成的词的数量。构成方式主要有：忽 A、忽 AA、忽 A 忽 A、A 忽 BB、忽 ABC 等。

1.忽 A

"忽 A"可以是动词、量词、象声词。例如：

动词：忽抖、忽摇、忽唵、忽眨、忽颤、忽闪、忽扇、忽绕、忽衍

量词：忽片、忽团

象声词：忽通、忽呲

2.忽 AA

"忽AA"多为形容词，用来形容某种状态。例如：

忽颤颤　　　忽摇摇　　　忽抖抖　　　忽衍衍　　　忽令令

有的"忽AA"是由动词"忽A"式重叠构成的，例如："忽颤颤""忽抖抖""忽摇摇"是由动词"忽颤""忽抖""忽摇"重叠而成。重叠后为形容词，用来形容某种状态，例如："忽衍衍"重叠后用来形容水或者汤类盛得太多快要溢出来或撒出来的状态。

3.忽A忽A

"忽A忽A"可以是动词、形容词和象声词。例如：

动词：忽绕忽绕　　忽抖忽抖　　　忽眨忽眨　　　忽搅忽搅

形容词：忽闪忽闪　　忽颤忽颤

象声词：忽通忽通　　忽呲忽呲

4.A忽BB

山阴方言中，由此构成的四字格较少，而且这类四字格多带有贬义色彩。A多为性质形容词，BB为叠音式后缀。例如：

绵忽呐呐　　　　甜忽溢溢

"绵忽呐呐""甜忽溢溢"意为"太绵、特别绵""太甜、特别甜"，这种状态大多让人难以接受。

5.忽ABC

山阴方言中，与"忽ABC"一样，这类四字格较少，也多带有贬义色彩。例如：

忽摇打蛋_{形容东西放得不稳}　　忽几了拉_{形容东西放得不稳}

上例中"忽摇打蛋"中"忽摇"可以独立成词，BC起到调整音节和丰富意义的作用。但"忽几了拉"中"忽几"不能独立成词，须在四字格中才能完整表达其意义。

（三）"日"

山阴方言中，"日"做词缀时，读作[zəʔ⁴]。作为前缀，"日"可以与其他语素组合构成动词或形容词，主要构成形式为"日A"式，一般不能重叠为"日A日A"或"日日AA"式。例如：

动词：日哄_{哄骗}　　日鬼_{捣鬼}　　日瞎_{说瞎话}　　日粗_{吹牛}　　日显_{逞能}

形容词：日能_{能干}　　日脏_脏　　日怪_{奇怪}　　日样_{搞怪，作怪}

山阴方言中，"日显"可以重叠为"日显显"，例如：就数他啦，日显显的，哪也放不下他啦。

（四）"不"

山阴方言中，"不"作为词缀，可以构成名词、动词和量词。但其构词能力没有其他词缀的强。例如：

名词：不浪(棒) 不袋(袋子)
动词：不来(摆) 不楞(蹦) 不唾(唾嘴) 不拉(拨) 不烂(绊;拌)
量词：不串(串) 不溜(排:一不溜自行车) 不梁(棱:一不梁圪蛋)

二、中缀

山阴方言中，"不"还可以做中缀，构成名词和形容词。"不"词缀可以与其他语素结合构成名词或形容词，由此方式所构成的词的数量较少。例如：

名词：鬼不袋(诡计多端的人) 肚不脐 犟不浪(脾气倔强的人) 瞎不浪(不识字的人)
形容词：愣不悻悻 生不拉叉(陌生) 中不溜溜(不大不小)

三、后缀

后附式附加构词是词根后附加后缀的一种构词方式。山阴方言中共有"货""猴""鬼""贼""八"和"达"等后缀。

（一）"货"

"货"作为一个构词后缀，常常附着在单音节名词或形容词及主谓式、动宾式或动补式双音节词后，构成名词。构成方式主要有 A 货、AB 货。例如：

A 货：灰货(品行不好、做坏事的人) 愣货(做事愣头愣脑的人)
　　　鬼货(做事鬼鬼祟祟的人) 铜货(不识好歹的人)
AB 货：妨主货(损害祖宗德望的人) 爬长货(好吃懒做、生活穷困潦倒的人)
　　　　枪崩货(做尽坏事的人) 讨吃货

（二）"猴"

"猴"作为一个构词后缀，常常附在单音节词或双音节词之后，构成名词。构成方式主要有 A 猴、AB 猴。例如：

A 猴：灰猴(品行不好、做坏事的人)
AB 猴：抹脱猴(言行冒失、惹是生非的人) 讨吃猴(生活穷困潦倒的人)

（三）"鬼"

与"货""猴"一样，"鬼"作为一个构词后缀，常常与双音节词结合，构成名词。例如：

吊死鬼(面目可憎的人) 饿死鬼(吃得多、饿得快的人)

"货"在山阴方言中的使用频率和使用范围比"猴""鬼"的要高和广。其中"货"和"猴"大多可以互换使用，意义不发生变化。而"鬼"与"货""猴"大多不可互换使用。

（四）"贼"

山阴方言中，"贼"多与双音节词组合构成名词。由此构成的词的数量较少，其使用范围更小一些。例如：

揉眉贼(只想索取却不愿给予的人) 吃骨贼(不劳而获的人)

（五）"八"

山阴方言中，后缀"八"读作[paʔ⁰]，常附着在单音节颜色形容词或个别单音节名词后，构成方式主要为"A 八"。附着在单音节颜色形容词后，表示状态，多指颜色比较深重，带有贬义。例如：

  红八 绿八 黑八 黄八 蓝八 白八

  附着在个别单音节名词后，构成"A 八"，表示事物的周遍性，相当于"某处或某物上都是A"。例如：

  血八 土八 泥八 水八

  也可附着个别单音节形容词后，构成"A 八"，意义与单音节形容词的意义一致。例如：

  精八

（六）"达"

  山阴方言中，"达"主要附着在动词之后，大多可以用来构成动词，构成方式为"A 达"。例如：

  谝达_{闲聊} 摔达 逛达 试达 踢达

  问达 逗达 读达_{指点} 吹达 摇达

  部分"A 达"所构成的动词可以重叠为"A 达 A 达"，多表示动作的连续和重复。例如：

  谝达谝达 踢达踢达 试达试达

  部分"A 达"所构成的动词可以重叠为"AA 达达"。例如：

  拍拍达达 问问达达 读读达达 踢踢达达

  "拍拍达达"指没大没小，不分长幼尊卑；"问问达达"指表面上简单的问候和寒暄；"读读达达"可以用来表示指指点点的意思，也可以用来表示两个小孩互相挑逗玩耍的意思；"踢踢达达"多指心里有怨气，脚底下踢着东西来排解。

  "A 达"除了可以构成动词之外，还可以构成副词。例如：碰达_{偶尔、有时候、也许、说不好}。这时，"碰达"还可以重叠为"碰碰达达"。例如：你甭拿我的，我碰碰达达用顿去₁哪寻去₃哩？

第二节 附加式构成的意义和语法功能

一、"圪缀词"的意义和语法功能

（一）"圪"缀词的意义

  在构词过程中，"圪"的构词作用主要表现在以下四方面：

  （1）"圪"与不成词语素组合成词

  "圪"与不成词语素结合之后才能成词，如"圪都""圪蹴""圪料_{不正}"

中"都""蹴""料"均为不成词语素，如不与"圪"组合则不可单独成词，即必须与"圪"组合之后才能表达"拳头""蹲""不正"的意义。

（2）"圪"与成词语素组合构成相同的意义

"圪"与成词语素组合成词，如"圪膝""圪挤""圪搅""圪腻"中"膝""挤""搅""腻"均为成词语素，"膝"的意义为"膝盖"，"挤"的意义为"许多人或物紧紧挨着"，"搅"的意义为"搅动"，"腻"的意义为"肥腻"，与"圪"组合之后其意义未发生变化。

（3）"圪"与成词语素组合构成不同的意义

"圪"与成词语素组合成词，其意义与成词语素的意义不同。如"圪渣""圪针""圪蛋"中"渣""针""蛋"均为成词语素，其意义为"物质经过提炼或使用后的残余部分""用来缝织衣物引线用的一种细长的工具""鸡、鸭、鸟、龟、蛇等生的带有硬壳的卵"。当这些成词语素与"圪"组合成词之后，其意义均发生了变化，"圪渣"还可以用来专指锅巴；"圪针"用来指沙棘或一些草木上的刺；"圪蛋"可以用来指圆形或球形体积偏小的物体。

（4）"圪"与其他语素组合成四字格

由"圪"与其他语素组合成四字格的方式主要有三种，即圪A圪B、圪ABC和AB圪C。"圪"的位置比较灵活，除了起到构词的作用，还起到音节和谐的作用。在"圪A圪B"这一构成方式中，A和B的意义相关或相近，如"圪摇圪摆"；有的则意义并不相关，如"圪丢圪踏"。在"圪ABC"这一构成方式中，"圪A"大多可以独立成词，有的与四字格的意义完全一致，如"圪柳把歪"，有的与四字格的意义不一致，如"圪蹴马爬"。在"AB圪C"中，"AB"可以与"圪C"具有各种意义关系，如"棍枪圪榄""朽毛圪绌"，而"窝叽圪囊"中，"圪"不仅起到了构词的作用，还起到了音节和谐的作用。

（二）"圪"缀词的语法功能

部分"圪A"式名词、形容词可以加子尾，可以儿化，可以重叠，也可以重叠之后儿化。例如：

圪墩—圪墩子—圪墩儿—圪墩墩—圪墩墩儿

圪渣—圪渣子—圪渣儿—圪渣渣—圪渣渣儿

圪褶—圪褶子—圪褶儿—圪褶褶—圪褶褶儿

圪绌—圪绌子—圪绌儿—圪绌绌—圪绌绌儿

圪顶—圪顶子—圪顶儿—圪顶顶—圪顶顶儿

"圪A"式名词重叠或儿化后都有"小"的附加意义，并且有喜爱、亲昵的感情色彩。"圪A"式名词重叠之后再儿化，其"小"的附加意义得以凸显。

"圪A"式动词重叠后附着了"稍微""随便"的意义。如"圪遛圪遛"

指随便遛一遛;"圪搅圪搅"指随便搅一搅;"圪摇圪摇"指稍微摇一摇。

"圪A"式形容词的重叠形式为"圪AA"式,"圪AA"类形容词用来表示程度加深。在山阴方言中,"圪AA"式后常常附加"的",构成"圪AA的"。如"圪愤愤",他妈让他气得圪愤愤的。又如"圪太太",水滚得圪太太的,也没人给往起提溜提溜那$_2$个壶。

由"圪A"式所构成的各种词性的词,重叠之后有的词的词性会发生改变。如"圪摇",可重叠为"圪摇摇",由动词改变为形容词,其意义为"人站得不稳当或物体放得不稳当的样子";如"圪绌",可重叠为"圪绌绌",由动词改变为名词,其意义为"皱纹或端午节时做的香包"。

二、"忽缀词"的意义和语法功能

(一)"忽缀词"的意义

"忽"本身并无实际意义,多附着在词根前,构成"忽A"式动词、量词和象声词。"忽A"式动词和象声词均可以重叠为"忽A忽A","忽A"式量词重叠为"一忽A一忽A"。"忽A"式动词含有动作幅度小、时间短的意义,其重叠式"忽A忽A",可表示动作的连续性和重复性,具有描写性的作用。如"忽搅",可以重叠为"忽搅忽搅"。"忽A"式量词重叠为"一忽A一忽A",可表示事物的量较大、较多。如"忽片"重叠为"一忽片一忽片","他身上起了可多红颗儿颗儿,一忽片一忽片的"。"忽A"式动词还可以重叠为"忽AA"式,重叠之后词性由动词转变为形容词,具有很强的描写性。"忽摇"可以重叠为"忽摇摇","忽摇"为动词,"忽摇摇"为形容词,如"你女儿站那$_2$个凳子上忽摇摇的,我就怕从上头跌下来$_2$哩"。

山阴方言中,"A忽BB"式中的"忽"起补足音节的作用,常常可以省略,即"A忽BB"可以省略为"ABB"。如"甜忽溢溢""绵忽呐呐"可以省略为"甜溢溢""绵呐呐"。但"A忽BB"与"ABB"意义上略有差异,"A忽BB"的贬义色彩更强烈些。

(二)"忽缀词"的语法功能

"忽"附着在词根前,所构成的"忽A"式动词具备一般动词的语法功能,即可以做谓语,其后可以带宾语和补语。如:你看你担担水,忽衍下一地水。句中"忽衍"做谓语,"下"置于动词谓语之后做结果补语,"一地水"做宾语。

"忽A"式主要有"忽A忽A"和"忽AA"两种重叠式。"忽A忽A"仍具有动词的语法功能,可以做谓语,部分"忽A忽A"重叠式可以带宾语或补语。如"忽抖忽抖",你忽抖忽抖身上的灰再进来$_2$。部分"忽A忽A"式具有描述性,如"忽颤忽颤",他走路还忽颤忽颤的。这句话还可以说成,他走路还一忽颤一忽颤的。强调了他走路的样子。"忽AA"相当于状态形容词,不再受程度副词的修饰，在句中主要做谓语和补语。如"看看姥姥人家做的那凉粉忽颤颤的，可好吃哩。"又如"就你有两个钱哩，一天把你忽抖抖的，放不下你啦！"

三、"日缀词"的意义和语法功能

（一）"日缀词"的意义

在构词过程中，"日"的构词作用主要表现在以下三方面：

（1）"日"与成词语素组合成词，其意义和词性与成词语素的意义和词性保持一致。如"脏"，不干净，与"日"组合成"日脏"，意义仍为不干净，词性仍为形容词。又如"怪"，奇怪，与"日"组合成"日怪"，意义仍为奇怪，其词性仍为形容词。

（2）"日"与成词语素组合成词，其意义和词性与成词语素的意义和词性不一致。如"鬼"，其本义为"迷信的人所说的人死后的灵魂"，为名词，与"日"组合成"日鬼"，"日鬼"的意义和词性与"鬼"的并不相同。"日鬼"的意义为"捣鬼"，其词性为动词。又如"样"，本义为"样子"，其词性为名词，与"日"组合成"日样"，"日样"的词性和意义与"样"的词性和意义并不相同。"日样"的意义为搞怪、作怪，其词性为形容词。

（3）"日"与不成词语素组合成词，如"日显"，"显"是不成词语素，只能和"日"组合之后才能用来表示"逞能"的意义。

（二）"日缀词"的语法功能

由"日缀词"所构成的动词和形容词"日A"式，具有一般动词和形容词的语法功能。动词"日A"式可以做谓语，部分可以带宾语或补语，如日哄，"你日哄她做啥哩？"又如"你日哄上下算啦"。个别动词中间可以插入其他成分，类似于离合词，如"日粗"一词，在山阴方言中，口头交际中经常可以说：你又在外头日啥粗哩。形容词"日A"式大多用来做谓语，如日脏，"看看你这家，日脏成个啥啦？"

大多情况下，"日A"不可以重叠为"日A日A"式或"日日AA"式。只有个别词可以重叠为"日A日A"式，如"日哄"可以重叠为"日哄日哄"；个别词还可以重叠为"日AA"式，如"日显"可以重叠为"日显显"，重叠之后，词性由动词变为形容词。

"日缀词"数量有限，大多又不能重叠，再加之其语法功能有限，这就使得"日"作为词缀其构词能力十分有限，无法产生更多的新词或短语，成为一个封闭的类。在这个封闭的类中，"日缀词"已处于衰退的状态了。

四、"不缀词"的意义和语法功能

（一）"不缀词"的意义

在山阴方言中，"不"既可以做前缀，也可以做中缀。做前缀时，"不"

与不成词语素组合成词，可组合为名词、动词和量词，如"不浪""不拉""不梁"，由此构成的词只有理性意义。做中缀时，"不"或嵌入词中，如"肚不脐"，指肚脐眼儿，但并不含有贬义色彩；或与其他语素组合成词，受其他成词语素修饰，如"犟不浪""鬼不袋"，这类词通常带有戏谑等贬义色彩，"犟不浪"常用来指脾气很倔的人，"鬼不袋"常用来指诡计多端的人。

（二）"不缀词"的语法功能

"不"做前缀时，与其他语素组合成名词、动词和量词，则具备了名词、动词和量词的语法功能。一部分还可以重叠。名词重叠之后还常常儿化，如"不浪""不袋"可以重叠为"不浪浪儿""不袋袋儿"。动词多重叠为"不A不A"式，如"不楞""不咂"可以重叠为"不楞不楞""不咂不咂"，量词重叠时，不能重叠为"不A不A"式，须与数词"一"组合之后才能重叠，如"不串""不溜"，不能重叠为"不串不串""不溜不溜"，只能重叠为"一不串一不串""一不溜一不溜"。

"不A"式动词及动词重叠式，都具有动词的语法功能，部分可以带宾语或补语。如"他在那₂儿假装不楞了两下就回啦。""他不拉转别人，一个儿自己硬挤进去₂啦。""人家吃完饭不咂不咂嘴，放下碗就走啦。""你去给咱把那₃点儿凉菜不烂不烂。"

五、"货、猴、鬼、贼"的意义和语法功能

（一）"货、猴、鬼、贼"的意义

在山阴方言中，"货、猴、鬼、贼"均可用来构成口语詈词，这些詈词多含有贬斥、厌恶等感情色彩。"货、猴、鬼"大多都可以互用。从使用频率和通行范围来看，"货"比"猴"和"鬼"要更高、更广一些。

由后缀"贼"与双音节词组合所构成的名词数量要比由"货、猴、鬼"与其他语素或词所构成的名词数量少很多，因此，"贼"的使用频率和通行范围也要比"货、猴、鬼"的要低、要窄一些。"贼"与"货、猴、鬼"也不可以互用。

（二）"货、猴、鬼、贼"的语法功能

"货、猴、鬼、贼"作为后缀，与其他语素或词组合成名词，具备了名词的语法功能，在句子中常常做主语和宾语。如："那₁可是个铜货，你快和他少打交道哇。""你这₁个灰猴，净耍笑你哥哥哩！""你咋就和个饿死鬼也似的，吃了这₄些些肉。""那₂就是个吃骨贼，您儿给上多少也不够！"

六、"八"的意义和语法功能

（一）"八"的意义

"八"做后缀，与单音节颜色形容词、个别单音节名词和形容词组合，构成"A八"式。其中由单音节颜色形容词与"八"组合构成的词用来指某处或某物的颜色比较深重，表示一种状态，大多带有贬义。如：他家今儿个_{今天}停电啦，家里头一个黑八。又如：那₁人把墙给刷成绿的啦，一个绿八，真难看哩。个别单音节名词与"八"组合构成"A八"，表示事物的周遍性，相当于"某处或某物上都是A"。如：你这是做啥去₃来₃，咋把衣裳□[tsaʔ⁴]成个泥八。又如：两个人打了一架，头打成个血八。个别单音节形容词与"八"组合构成"A八"，构成的意义与个别单音节形容词意义一致，如：人不能活得过于精八哩。

（二）"八"的语法功能

"八"做后缀，与单音节颜色形容词、个别单音节名词和形容词组合成形容词，具备了形容词的语法功能，在句子中主要做谓语，由个别单音节形容词与"八"组合构成的"A八"，还可受"可""真""过于"等副词的修饰，如：那₁女儿可精八哩。

由单音节颜色形容词、个别单音节名词与"八"构成的"A八"，还常常可以做宾语，表达了说话者夸张的语气。如：我书让我妹妹拿彩笔给画成个蓝八。又如：你这₂是又瞎倒腾啥哩，身上闹成个土八。

七、"达"的意义和语法功能

（一）"达"的意义

"达"做后缀，可以与单音节动词组合成"A达"式。"A达"式可以构成动词和副词。"达"并无实际意义，大多只起表音的作用，如"问达=问""踢达=踢"。

"A达"式动词有"A达A达"式和"AA达达"式两种重叠方式。有的"A达A达"具有连续和重复义，如"试达试达""吹达吹达"，有的"A达A达"具有随意、随便义，如"逛达逛达""逗达逗达""摇达摇达""问达问达"。部分"AA达达"还具有不够庄重等贬义。如"<u>读读达达</u>"，"可好和人<u>读读达达</u>的，不知道是个啥样儿的。"

由"A达"式所构成的副词的数量较少，在山阴方言中，常用的"A达"式副词只有"碰达"，表示"偶尔"义。如："我碰达在街上能碰见她。""A达"式副词可以重叠为"AA达达"，"碰达"重叠为"碰碰达达"，如："他碰碰达达地买回酒也舍不得买点儿好的。"

（二）"达"的语法功能

山阴方言中，"达"做后缀，可以与单音节动词组合成动词和副词，具备了动词和副词的语法功能。"达"所构成的"A达"式动词在句中主要做谓语，也可以带宾语或补语。如"你摔达谁哩？谁想看哩！""他就给摇达了一下。"部分"A达"式动词重叠为"A达A达"后，仍具备动词的语法功能，可以做谓语，其后也可以带宾语。如："你试达试达，看看□[tʂAʔ⁴]_做成□[tʂAʔ⁴]_做

不成？""你要是不会就多问达问达尔_人家别人。""咱一起逗达逗达他去₃。"部分"A 达"式动词重叠为"AA 达达"后，仍具备动词的语法功能，可以做谓语，但其后一般不带宾语和补语，如："两个人大街上读读达达的，别人看见还恼味_讨厌哩。""那_ᴄ大人啦，咋和谁也拍拍达达的。""A 达"式所构成的副词"碰达"，具备了副词的语法功能，在句中常常做状语。如"我碰达去₂趟县里头，一般也不啥个好出门。""碰达"重叠为"碰碰达达"后，仍具备副词的语法功能，在句中做状语，如"我奶奶一般都在家里哩，碰碰达达才出回门。"

第二章　重叠式的构成形式与特征

山阴方言中,重叠是一种重要的构词手段。本章内容主要从以下四个方面来考察山阴方言的重叠式:

第一,从构成成分上看,有非词重叠,即音节重叠,如:蛛蛛、星星;语素的重叠,如:豆豆、台台;词的重叠,如:圪遛圪遛、红火红火。

第二,从音节上看,有单音节重叠、双音节重叠。

第三,从重叠形式上看,有完全重叠,如:袋袋;也有不完全重叠,如:垫窝窝;还有衬音重叠,如:软圪嫩嫩。

第四,从词类上看,名词、动词、形容词、副词、量词都能够重叠。

"重叠式"和"基式"均采用朱德熙先生的提法,"问问"是由"问"重叠而成,"问"是"问问"的基式,"问问"是"问"的重叠式。

重叠式所使用的"A、B"表示实词语素;"X、Y"表示词缀、词尾和衬音成分。如:"垫垫"是 AA,"衩衩裤"是 AAB,"浸拍拍"是 ABB,"慌里慌张"是 AXAB,"绵忽呐呐"是"AXYY"。

第一节　名词重叠式

一、重叠形式

名词重叠形式主要有 AA/AA 儿、ABB、AAB、AABB 和 ABCC 等五种。其中 AA/AA 儿、ABB、AAB、AABB 式这四种形式比较常用,词条也比较多。

（一）AA/AA 儿

山阴方言中单音节名词重叠后大多要儿化,但表示亲属称谓的词是不能儿化的。

1.基式是名词性语素,重叠式是名词

罐罐儿	袋袋儿	桌桌儿	缸缸儿	面面儿
镯镯儿	坛坛儿	台台儿	皮皮儿	珠珠儿
车车儿	绳绳儿	棚棚儿	虫虫儿	格格儿

2.基式是动词性语素,重叠式是名词

钩钩儿	管管儿	刷刷儿	铲铲儿	梳梳儿
扇扇儿	架架儿	盖盖儿	钉钉儿	镊镊儿
戳戳儿	锁锁儿	扣扣儿	垫垫儿	筛筛儿

3.基式是形容词性语素,重叠式是名词

由这类方式构成的词较少。这类重叠式所构成的名词具有基式形容词语素所表现出的性状特征。例如：

尖尖儿　　　　　弯弯儿

4.基式是量词性语素，重叠式是名词

通过这种方式所构成的名词具有量词所表现出的形状的特点，并附有细小、繁多义，扩大了名词的概念义，也丰富了名词的色彩义。例如：

条条儿，说明名词具有条状的特点，附有细小的含义，并可以与其他名词组合，如：纸条条儿。

点点儿，说明名词具有圆形的特点，附有细小、繁多义，并可以与其他名词或形容词组合，如：水点点儿、红点点儿。

片片儿，说明名词具有片状的特点，附有较小的含义，并可以与其他名词组合，如：纸片片儿、药片片儿。

（二）ABB

普通话中没有ABB式重叠构成的名词，而山阴方言中有大量的ABB式的名词。根据A与BB的组合关系，ABB式名词可以分为以下三种类型。

1.ABB是一个整体，AB不成词，BB不单用，没有基式。例如：

藏迷迷　　　　醋溜溜沙棘　　　鲜鹊鹊喜鹊　　　油勺勺瓢虫
毛莠莠狗尾巴草　双生生双胞胎　　背锅锅背锅子　　洋码码阿拉伯数字

2.ABB是一个整体，BB可以单说，却与ABB的表义不同。BB单说时，多表泛指。但是在ABB式中，A多用来修饰限制BB，表达更小的语义范围，有专指的意味。此类ABB式大多可以儿化。例如：

药面面　　　　方格格　　　　米虫虫　　　　醋壶壶
书箱箱　　　　菜汤汤　　　　面糊糊　　　　猪蹄蹄
油瓶瓶　　　　酒盅盅　　　　布袋袋　　　　泥糊糊
铁盒盒　　　　药锅锅　　　　风车车　　　　土墙墙
铁铲铲　　　　路边边　　　　硬刷刷　　　　毛袜袜

3.ABB是一个整体，AB是词，可单说，与ABB并用，有的BB可以是AA式名词，有的BB却不成词，AB为ABB的基式。此类ABB式大多可以儿化。例如：

鸡冠冠　　　　浸拍拍　　　　扑笋笋　　　　扑穗穗吊穗儿
耳环环　　　　硬苍苍　　　　坎肩肩　　　　红点点

以上部分ABB式还有相应的"子"尾式。例如：

猪蹄蹄—猪蹄子　　　　　　风车车—风车子
药锅锅—药锅子　　　　　　铁铲铲—铁铲子
书箱箱—书箱子　　　　　　酒盅盅—酒盅子
硬苍苍—硬苍子　　　　　　红点点—红点子

耳环环—耳环子　　　　　　　浸拍拍—浸拍子

（三）AAB

AAB 式这类名词多为偏正结构，AA 多为修饰性或限制性的语素，B 多为名词。这类重叠式没有基式。AAB 式中 AB 不能单独成词，有的 AA 可以单独使用，有的则不可以。有时 AA 还可以儿化，形成 AA 儿 B 式。例如：

串串红	牛牛车	楼楼尘	楼楼土
衩衩裤	裆裆裤	脸脸鞋	毛毛匠
跟跟前	眯眯眼	温温儿水	悄悄儿话

以上 AAB 式中，有的 AA 可以单独使用，如："串串红"等，"串串"就可以单独使用，表示意义；有的则不可以，如"衩衩裤""裆裆裤""跟跟前"等，"衩衩""裆裆""跟跟"不可以单独使用。

（四）AABB

AABB 重叠式是由 AA 和 BB 两个重叠式构成的，不是 AB 的重叠式，有的 AB 也不能构成合成词。AA 和 BB 是并列关系，多用来表示泛指或统称。有的 AA 和 BB 可以单独使用，有的则不可以。例如：

花花草草	眉眉眼眼	棍棍棒棒
虮虮虱虱	刀刀板板	瓶瓶罐罐
汤汤水水	前前后后	猫猫狗狗

以上 AABB 式中，"花花草草、眉眉眼眼、棍棍棒棒、虮虮虱虱、刀刀板板、瓶瓶罐罐、汤汤水水、猫猫狗狗"中的 A、B 不能构成合成词 AB，即不能构成"花草、眉眼、棍棒、虮虱、刀板、瓶罐、汤水、猫狗"等合成词。"前前后后"中的 A、B 能构成合成词 AB，即能构成"前后"合成词。

（五）ABCC

ABCC 式中，AB 是双音节名词，CC 是单音节名词重叠，有的可以儿化或者还有相应的"子"尾式。AB 修饰限制 CC，共同构成一种事物的名称。例如：

稀泥糊糊	针线盒盒	莜面洞洞
涎水牌牌	莜面窝窝	针线包包
莜面鱼鱼	塑料袋袋	豆面糊糊
月毛娃娃	莜面饺饺	调料钵钵

以上 ABCC 式中，"针线盒盒、莜面洞洞、涎水牌牌、针线包包、莜面鱼鱼、塑料袋袋、月毛娃娃、莜面饺饺、调料钵钵"都可以儿化，"针线盒盒、莜面洞洞、涎水牌牌、塑料袋袋、莜面饺饺、调料钵钵"都有相应的"子"尾式。例如：

针线盒盒—针线盒子　　　　　莜面洞洞—莜面洞子
涎水牌牌—涎水牌子　　　　　塑料袋袋—塑料袋子

莜面饺饺—莜面饺子　　　　　调料钵钵—调料钵子

二、语法功能

（一）名词重叠式具有名词的语法功能，大多可在句中充当主语、宾语和定语。例如：

做主语：

这₃个箱箱儿能装不少书哩！（AA 儿式）

今儿个_{今天}鲜鹊鹊叫上个没完。（ABB 式）

楼楼尘挂下一家啦。（AAB 式）

瓶瓶罐罐放下一桌子。（AABB 式）

针线盒盒放的那₃个柜里头啦。（ABCC 式）

做宾语：

我把那₃个戳戳儿锁的家啦！（AA 儿式）

那₃两个小女儿正耍解勾勾的哩。（ABB 式）

娃娃还小的哩，不能穿裆裆裤的哩。（AAB 式）

你把这₃些花花草草闹得挺好的。（AABB 式）

赶紧给娃娃洗洗那₂个涎水牌牌去₃。（ABCC 式）

做定语：

刷刷儿的毛快掉完呀！（AA 儿式）

土墙墙的砖也露出来₂啦。（ABB 式）

串串红的颜色真好看哩。（AAB 式）

前前后后的这₃些事我完了和您儿学哇。（AABB 式）

莜面洞洞的山药丝丝放得少啦。（ABCC 式）

（二）山阴方言中，一部分带有程度性质的 AA 儿 B 式和 AABB 式不再受形容词的修饰，如"温温儿水""瓶瓶罐罐"就不再受其他形容词的修饰。而 AA/AA 儿式、ABB 式、AAB 式及大多数 ABCC 式都可以受形容词的修饰。例如：

你买小车车儿做啥呀？

我妈忘关窗子啦，进下一家黑牛牛儿。

那₁后生一下就从那₃个小土墙墙给翻过去₂啦。

热猪蹄蹄才好吃哩。

穿上这₅厚的毛袜袜肯定可暖和哩。

你给我寻寻那₃个红坎肩肩。

这₅多楼楼尘你也不懂得扫扫。

这₂会儿可寻不下个好毛毛匠啦。

你咋做了这₅多脸脸鞋？

这$_斥$薄的莜面窝窝我还是第一回见哩。
这$_3$个白塑料袋袋我不要啦。

（三）名词重叠式中，AA/AA 儿式（量词性语素所构成的 AA 儿除外）、ABB 式、AAB 式和 ABCC 式大多可以受数量词或数量结构修饰，量词性语素所构成的 AA 儿和 AABB 式则只受不定量词"些""点儿""些些"等的修饰。例如：

这$_3$个袋袋是我妈的，那$_3$个袋袋是我二姨的。
那$_3$把扇扇儿让小孙女儿给扯啦。
这$_3$个小珠珠儿你可不敢往嘴里放。
你给咱把那$_3$根绳绳儿往过来$_2$递递。
他又给我打了个醋壶壶。
我公公买下一箱子酒盅盅。
他一个儿$_{自己}$就能吃好几个猪蹄蹄。
那$_1$人长了一双眯眯眼。
那$_3$条衩衩裤做得小啦。
他和我说了句悄悄儿话。
我妈给做下一锅豆面糊糊，你也过来$_2$喝来$_3$哇。
他一个月毛娃娃懂得个啥？
搬新房的时候，他送了我好几个调料钵钵。
这$_3$些些花花草草都是人家一个儿$_{自己}$种的。
那$_3$点儿汤汤水水的，哪够他那$_斥$大个后生吃的。
那$_3$些棍棍棒棒我给收揽起立的东墙底下啦。

三、语音特征

山阴方言有四个单字调：

平声 313　　　　上声 52　　　　去声 335　　　　入声 4

山阴方言连读变调较为简单，其重叠式的语音特点也较为简单。这里只列出 AA 式和 AA 儿式的连读变调。具体变读情况如下：

（1）平声与平声相拼，有两种情况。一是前字不变调，后字变轻声。例如：

人人[z̩^{313}z̩$^{313/0}$]　　　　家家[tɕiA^{313}tɕiA$^{313/0}$]

一是前字变 31，后字变 14。例如：

环环[xuæ$^{313/31}$xuæ$^{313/14}$]　　　　篮篮[læ$^{313/31}$læ$^{313/14}$]
娃娃[uA$^{313/31}$uA$^{313/14}$]　　　　姑姑[ku$^{313/31}$ku$^{313/14}$]
爷爷[iE$^{313/31}$iE$^{313/14}$]　　　　坛坛[thæ$^{313/31}$thæ$^{313/14}$]

AA 式常常可以儿化，儿化后，前字变 31，后字变 14。例如：

锅锅儿[kuə³¹³/³¹kuər³¹³/¹⁴]　　　　缸缸儿[kɒ³¹³/³¹kʊər³¹³/¹⁴]
虫虫儿[tʂhuə̃³¹³/³¹tʂhuʌr³¹³/¹⁴]　　皮皮儿[phi³¹³/³¹phiʌr³¹³/¹⁴]
刀刀儿[tɔ³¹³/³¹tʊr³¹³/¹⁴]　　　　镯镯儿[tʂuə³¹³/³¹tʂuər³¹³/¹⁴]
梳梳儿[ʂu³¹³/³¹ʂuər³¹³/¹⁴]　　　　绳绳儿[ʂə̃³¹³/³¹ʂʌr³¹³/¹⁴]
台台儿[thɛe³¹³/³¹thʌr³¹³/¹⁴]　　　　钉钉儿[tiə̃³¹³/³¹tiʌr³¹³/¹⁴]

（2）上声与上声相拼，前字不变调，后字读轻声。例如：

碗碗[uæ⁵²uæ⁵²/⁰]　　　　姐姐[tɕiE⁵²tɕiE⁵²/⁰]

AA 式常常可以儿化，儿化后，前字不变调，后字变为312，或变轻声。例如：

点点儿[tiE⁵²tiʌr⁵²/³¹²（tiʌr⁵²/⁰）]　　铲铲儿[tshæ⁵²tshʌr⁵²/³¹²（tshʌr⁵²/⁰）]
锁锁儿[suə⁵²suər⁵²/³¹²（suər⁵²/⁰）]　　腿腿儿[thuei⁵²thuʌr⁵²/³¹²（thuʌr⁵²/⁰）]
管管儿[kuæ⁵²kuʌr⁵²/³¹²（kuʌr⁵²/⁰）]　　口口儿[khəu⁵²khʊər⁵²/³¹²（khʊər⁵²/⁰）]

（3）去声与去声相拼，前字变为35，后字变轻声。例如：

穗穗[suei³³⁵/³⁵suei³³⁵/⁰]　　　　妹妹[mei³³⁵/³⁵mei³³⁵/⁰]
舅舅[tɕiəu³³⁵/³⁵tɕiəu³³⁵/⁰]　　　　带带[tɛe³³⁵/³⁵tɛe³³⁵/⁰]

AA 式常常可以儿化，儿化后，前字变为35，后字变为52。例如：

袋袋儿[tɛe³³⁵/³⁵tʌr³³⁵/⁵²]　　　　盖盖儿[kɛe³³⁵/³⁵kʌr³³⁵/⁵²]
罐罐儿[kuæ³³⁵/³⁵kuʌr³³⁵/⁵²]　　　面面儿[miE³³⁵/³⁵miʌr³³⁵/⁵²]
架架儿[tɕiʌ³³⁵/³⁵tɕiʌr³³⁵/⁵²]　　　垫垫儿[tiE³³⁵/³⁵tiʌr³³⁵/⁵²]
扣扣儿[khəu³³⁵/³⁵khʊər³³⁵/⁵²]　　棒棒儿[pɒ³³⁵/³⁵pʌr³³⁵/⁵²]

（4）入声与入声相拼，前字不变调，后字变轻声。例如：

格格[kaʔ⁴kaʔ⁴/⁰]　　　　鼻鼻[piəʔ⁴piəʔ⁴/⁰]

AA 式常常可以儿化，儿化后，前字不变调，后字变为52。例如：

桌桌儿[tʂuAʔ⁴tʂuʌr⁴/⁵²]　　　戳戳儿[tʂhuAʔ⁴tʂhuʌr⁴/⁵²]
刷刷儿[ʂuAʔ⁴ʂuʌr⁴/⁵²]　　　　尺尺儿[tʂhəʔ⁴tʂhʌr⁴/⁵²]
镊镊儿[niAʔ⁴niʌr⁴/⁵²]　　　　钵钵儿[pAʔ⁴pʌr⁴/⁵²]
豁豁儿[xuəʔ⁴xuʌr⁴/⁵²]　　　窟窟儿[khuəʔ⁴khuʌr⁴/⁵²]

四、表义特征

（一）语义范围

根据语义范围，名词重叠式可分为专指和泛指两类。

1.山阴方言的名词重叠式中，AA/AA 儿、ABB、AAB 和 ABCC 这四类重叠式都有专指的意义。

AA/AA 儿式：相比"子"尾，重叠后多表示"细"或"小"，往往用来表示小称。特别是重叠儿化之后，其使用范围更广一些。例如：

穗子—穗穗　　　　　　　篮子—篮篮

桌子—桌桌儿　　　　　　珠子—珠珠儿
罐子—罐罐儿　　　　　　虫子—虫虫儿
绳子—绳绳儿　　　　　　瓶子—瓶瓶儿

ABB式：从组合关系来看，一种是ABB可以作为一个整体，用于专指。如：藏迷迷_{捉迷藏}、醋溜溜_{沙棘}、鲜鹊鹊_{喜鹊}、油勺勺_{瓢虫}、双生生_{双胞胎}。一种是A与BB的组合，BB可以单独使用，单独使用时多表示泛指，但在ABB式中，A修饰限制BB，表达了较小的语义范围，具有专指的意义。如：路边边、米虫虫、风车车、土墙墙、药钵钵。一种是AB与B的组合，BB不能单用。如：鸡冠冠、坎肩肩。

AAB式：这一重叠式中，AA修饰限制B。虽然AA起到修饰限制作用，但不能认为AA就是形容词，这是因为大多数情况下AA不能单说，必须与B组合之后，才能共同表达自身的意义。AAB式名词已经凝固为一个整体，形成一个较为固定的词，不能轻易拆开或者置换。如：楼楼尘、衩衩裤、裆裆裤。

ABCC式：这一重叠式中，大多AB和CC均可以独立成词，AB多用来修饰限制CC，这使得所描写的事物更加形象化和具体化。如：稀泥糊糊、针线盒盒、莜面饺饺、塑料袋袋、调料钵钵。

2.AABB式这类重叠式有泛指的意义。

AABB这一重叠式中，A与B为相关或相似的事物，重叠后泛指与A、B相关或相似的事物，表示事物繁多，具有涵盖全部或遍及各处的语法意义。如：花花草草、虱虱虮虮、瓶瓶罐罐、汤汤水水、猫猫狗狗、棍棍棒棒。

（二）词汇意义

1.重叠后，词义不发生变化，仍具有词语的基本义。例如：

包—包包儿　　　　　　绳—绳绳儿
缸—缸缸儿　　　　　　罐—罐罐儿
坛—坛坛儿　　　　　　车—车车儿
台—台台儿　　　　　　棒—棒棒儿
棚—棚棚儿　　　　　　筐—筐筐儿

2.重叠后，词义发生了变化。虽然词义上发生了变化，但仍具有共同的义位。例如：

腰—腰腰儿　　面—面面儿　　粉—粉粉儿

上例中，"腰"为人体部位，其重叠式"腰腰儿"为一种护腰的背心，"腰"与"腰腰儿"共同的义位为"腰部"；"面"为粮食磨成的粉，"面面儿"为各种粉末，可以是调料面面儿、药面面儿等，"面"与"面面儿"共同的义位为"粉末状"；"粉"为化妆用的胭脂或用淀粉制成的食品，"粉粉儿"为各种粉末，"粉"与"粉粉儿"共同的义位为"粉末状"。

（三）色彩意义

除了理性义之外，词还具有附属的色彩义。词的色彩义附着在词的理性义之上，色彩义包括感情色彩、语体色彩和形象色彩等。词所具有的这些色彩义表达了人或语境所赋予的特定感受。山阴方言名词重叠式，表达了一种喜爱、亲昵的感情色彩，出现的语言环境也较为宽松、自由，口语色彩浓厚，体现了较强的地域文化特征。

第二节 动词重叠式

普通话中动词重叠形式比较丰富，单音节和双音节动词都可以重叠，重叠之后可以表示动作行为的短暂性或尝试性。山阴方言中，单音节和双音节动词的重叠形式与普通话的差异不大。山阴方言中还有由"圪""忽""日"和"达"等作词缀与词根构成动词的重叠形式（见第一章），这使得山阴方言的重叠形式及其所表达的意义更加丰富。

一、重叠形式

山阴方言中，动词重叠式共有 AA、A—A、A 了 A、AAB、ABB 和 ABAB 等六种。

（一）AA 式

AA 式是山阴方言中最基本的动词重叠形式之一，几乎所有的单音节动词都可以重叠为这种形式。例如：

吹吹　写写　算算　尝尝　说说　眊眊
问问　开开　挪挪　扫扫　擦擦　寻寻
挠挠　洗洗　改改　缝缝　掏掏　查查

（二）A—A 式

此类动词的基式是动词 A，几乎所有的 AA 式都能转换为这种形式。上例中的 AA 式都能转换为 A—A 式，转换之后，AA 式与 A—A 式基本没有差别。例如：

吹一吹　写一写　算一算　尝一尝　说一说　眊一眊
问一问　开一开　挪一挪　扫一扫　擦一擦　寻一寻
挠一挠　洗一洗　改一改　缝一缝　掏一掏　查一查

（三）A 了 A 式

此类动词的基式是动词 A，几乎所有的 AA 式都能转换为这种形式。例如：

转了转　涮了涮　闻了闻　推了推　插了插　点了点
拧了拧　穿了穿　挂了挂　洗了洗　修了修　翻了翻
让了让　扫了扫　等了等　说了说　见了见　铺了铺

（四）AAB 式

这一重叠形式的基式是双音节 AB，AB 可以单说，A 和 B 之间是述宾结构。例如：

唱唱歌　　跳跳舞　　开开灯　　扫扫地　　写写字　　等等人
擦擦手　　洗洗脚　　看看书　　交交费　　抖抖土　　撺撺炕
纫纫针　　关关门　　买买菜　　刷刷牙　　修修路　　梳梳头

（五）ABB 式

山阴方言中，ABB 式为述宾结构，A 为述语，BB 为 A 的宾语，为 A 动作的行为对象。BB 为名词的 AA 式重叠形式，BB 有的可以单独使用，有的却不可以单独使用。例如：

看娃娃　　挠痒痒　　晒暖暖　　抓子子　　转圈圈　　定拐拐

山阴方言中，部分 ABB 式中的 BB 可以儿化。如：转圈圈、下坡坡。"圈圈"可以儿化，"转圈圈"可以说成"转圈圈儿"。"坡坡"可以儿化，"下坡坡"可以说成"下坡坡儿"。

（六）ABAB 式

这一重叠式的基式是双音节动词。例如：

数落数落　　整理整理　　转弯转弯　　思谋思谋　　商量商量
打扫打扫　　拾掇拾掇　　修整修整　　夺量夺量　　倒腾倒腾
走窜走窜　　拉嗒拉嗒　　安顿安顿　　吩咐吩咐　　躲对躲对

二、语法功能

山阴方言中，部分单音节动词性语素重叠之后必须儿化，变成名词。如：盖盖儿、铲铲儿、锁锁儿、戳戳儿。这类词语表义方面多为统称或泛指，重叠之后儿化增加了口语色彩，有的包含了细小的含义。动词性语素重叠可构成名词这一方式大多是与动作发出所使用的工具或者将引发的结果有关。

山阴方言中，大多数单音节动词性语素重叠后仍为动词，但是不同形式的重叠表现出了不同的特点和语法功能。

（一）在句中只能做谓语，有 AA 式、A 一 A 式和 AAB 式。

AA 式：在句子中只能做谓语，可以带宾语。例如：

你把那₃些衣裳叠叠。

我能问问你不？

你看看他在家没？

A 一 A 式：在句子中只能做谓语，可带宾语。例如：

我今儿个乏的，你给洗一洗碗哇！

你去我家给劝一劝他爷爷哇。

出去₂顿，把那₃两个烂纸箱给□[mæ³¹³]一□[mæ³¹³]扔一扔！

AAB 式：这一形式的基式是 AB，A 和 B 之间是述宾结构。AAB 式在句中只能做谓语，其后不再带宾语。例如：

你给捎的买买菜，我倒不待出去 $_2$ 啦。

快赶紧洗洗澡，睡上一觉，好好缓缓哇。

你开开门，我和你说句话。

（二）山阴方言中，ABB 式在句中主要做谓语，除此之外，ABB 式具有名词的性质，还可以做主语、宾语和定语。例如：

咱们小时候那 $_2$ 会儿可好$_{喜欢}$耍个抓子子哩。

你在这 $_2$ 儿转圈圈哇有啥用哩，人家又看不见。

每天老人们一起坐的窗脚底就晒暖暖就拉嗒$_{聊天}$。

看娃娃是个细致营生。

那 $_3$ 个定拐拐的小女儿$_{小姑娘}$是谁家的娃娃？

老两口正挠痒痒的哩。

三、语音特征

山阴方言中，当单音节动词为平声、上声和入声字时，重叠后，前字读音保持不变，后字一律变为轻声。当单音节动词为去声时，重叠后，前字读音由 335 变为 35，后字读为轻声。例如：

吹吹 [tʂhuei^{313}tʂhuei$^{313/0}$]　　关关 [kuæ^{313}kuæ$^{313/0}$]

尝尝 [tʂhɒ^{313}tʂhɒ$^{313/0}$]　　管管 [kuæ^{53}kuæ$^{53/0}$]

走走 [tsəu^{53}tsəu$^{53/0}$]　　扫扫 [sɔ^{53}sɔ$^{53/0}$]

转转 [tʂuæ$^{335/35}$tʂuæ$^{335/0}$]　　涮涮 [ʂuæ$^{335/35}$ʂuæ$^{335/0}$]

看看 [khæ$^{335/35}$khæ$^{335/0}$]　　擦擦 [tshaʔ^{4}tshaʔ$^{4/0}$]

刷刷 [ʂuaʔ^{4}ʂuaʔ$^{4/0}$]　　捏捏 [niaʔ^{4}niaʔ$^{4/0}$]

四、表义特征

（一）量的级差

山阴方言中，部分动词重叠式可表示动作反复持续。因此，在量的表达方面，动词重叠式所表示的时量和动量比动词的基式所表示的时量和动量多了一个级差。如：动词"转"，可以重叠为"转转"，可表动作的重复，即可表示"不停地转"，与基式相比，重叠式所表示的动量有所增加。

部分动词重叠式可表示动作时量短、动量小。与动词基式相比，部分动词重叠式所表示的时量更短、动量更小。如：动词"转"，重叠为"转一转"，则表示动作时量短、动量小，与基式相比，重叠式所表示的时量和动量有所减少。

（二）附加色彩义

山阴方言中，AA、A 一 A、A 了 A、AAB 和 ABAB 这五种重叠形式在句中多表轻微、短暂和尝试义，尤其是 AA、A 一 A 和 A 了 A 式，其轻微、短暂和尝试义更强一些。例如：

我给咱出去₂倒倒那₂点儿恶涩_垃圾_去₃。
你给咱擦一擦桌子。
小李洗了洗手就坐下啦。
洗洗脚睡哇。
我明儿前晌_明天上午_不上班，过来₂和你拾掇拾掇。

第三节　形容词重叠式

除了具有普通话中形容词的重叠式，山阴方言还有普通话中所没有的重叠式，如：AXYA 式。这使得山阴方言中的形容词重叠形式多样，也使得山阴方言中的形容词重叠式所表现出的意义也更为细致、丰富。

一、重叠形式

山阴方言中，形容词的重叠形式大致有 AA 儿的、AXX、AXYA、A 里 AB、AABB 和 ABAB（的）等六种。

（一）AA 儿的式

这一重叠形式的基式 A 是单音节性质形容词，重叠式为状态形容词。在山阴方言中，重叠之后还常常儿化，儿化之后要加"的"，构成"AA 儿的"式。例如：

多多儿的	慢慢儿的	白白儿的	紧紧儿的	好好儿的
满满儿的	平平儿的	憋憋儿的	薄薄儿的	热热儿的
长长儿的	高高儿的	净净儿的	馋馋儿的	懒懒儿的

山阴方言中"AA 儿的"还有相对应的否定形式"不 AA 儿的"。例如：

不好好儿的　不宽宽儿的　不远远儿的　不深深儿的　不红红儿的

否定副词"不"修饰部分"AA 儿的"时，多与表积极义的性质形容词搭配，如：可以说"不宽宽儿"，但不可以说"不窄窄儿的"；可以说"不远远儿的"，但不可以说"不近近儿的"；可以说"不深深儿的"，但不可以说"不浅浅儿的"。另外，"不"与表颜色的形容词搭配时，多限于"红"，构成"不红红儿的"，不可以说"不黄黄儿的""不绿绿儿的"等。由此看出，否定副词"不"与部分性质形容词搭配表现出了不平衡的特点。

（二）AXX 式

这一重叠形式的基式是单音节性质形容词"A"，"XX"多为词缀。"XX"置于单音节性质形容词"A"之后，对单音节性质形容词"A"的描写、修饰和限制功能起到了加强的作用。AXX 式相当于状态形容词，不再受程度副词的修饰。例如：

  凉莹莹 热哇哇 白令令 红丹丹 亮莹莹
  绿菜菜 厚楚楚 薄令令 净丹丹 花溜溜
  亮哗哗 甜莹莹 清令令 苦哇哇 黑丹丹

  这类词在使用过程中表现出了较强的感情色彩，有的表现出了褒义色彩。例如：

  看看人家爸爸拖的地，净丹丹的。
  我妈给我女儿厚楚楚地缝了个褥子。
  你女儿那$_2$头发黑丹丹的。

  有的则表现出了贬义色彩。例如：

  这$_1$天气热哇哇的，我哪也不想去$_1$。
  这$_1$棉袄黑哇哇的，快买上个亮色的哇。
  灯开的亮哗哗的，晃眼得慌哩，关了哇。

  同一个性质形容词后面所带的词缀不同，感情色彩也会随着发生变化。相比如下：

  庄户长得绿油油的，看见就高兴。
  那$_1$衣裳那$_2$颜色绿菜菜的，真难看哩。
  你看看我妈给你洗的背心儿，白令令的。
  脸抹的白哇哇的，吓人得慌哩。

（三）AXYA 式

  这一重叠形式中，"A"为同一性质形容词，"X"为"了"，"Y"为"个"，后一个"A"为前一个"A"的补语。这使得这一重叠形式口语色彩更为浓厚，所表达的语气也更生动更活泼些。例如：

  慢了个慢 丑了个丑 香了个香 难了个难
  精了个精 灰了个灰 长了个长 白了个白
  花了个花 平了个平 乱了个乱 好了个好

  部分双音节性质形容词也可以以这种形式重叠。例如：

  吸人了个吸人 干净了个干净 小气了个小气 齐楚了个齐楚

（四）A 里 AB 式

  这一重叠形式的基式为 AB，有的 AB 可以单说，有的却不可以单说。这种重叠形式多含有贬义。由这一重叠形式所构成的词的数量较少。例如：

  流里流气   妖里妖气   啰里啰唆

（五）AABB 式

  这一重叠形式的基式是 AB，部分 AB 可以单说，部分却不可以单说。重叠之后与 AB 的意义基本相同，但所表达的语气更强一些。例如：

咬咬按按_{不稳重的样子}　　子子瓣瓣_{特别能说}　　清清利利　　白白净净
利利索索　　　　　　老老实实　　　　　稳稳重重　　整整齐齐
齐齐楚楚　　　　　　宽宽大大　　　　　安安稳稳　　高高兴兴

（六）ABAB（的）式

这一重叠形式的基式是 AB，重叠式所表示的意义要比基式 AB 所表示的更明确一些，所表示的程度要比基式 AB 所表示的更深。这一重叠形式的描写性较强。例如：

瘦干瘦干（的）　　　黑紫黑紫（的）　　　阴冷阴冷（的）
灰白灰白（的）　　　嫩绿嫩绿（的）　　　血红血红（的）

二、语法功能

山阴方言中，形容词重叠式在句中可做定语、谓语、状语、补语、主语和宾语。

（一）AA 儿的式

山阴方言中，"AA 儿的"这一重叠式在句中可以充当主语、谓语、宾语、定语、状语和补语。例如：

薄薄儿的就挺好的。

这$_2$儿平平儿的，坐这$_2$儿缓缓哇。

他就能吃热热儿的，冷的吃上胃疼哩。

满满儿的两壶水，甭打了哩。

好好儿睡上一觉，明儿个_{明天}再说哇。

人家放得齐齐儿的，你不待会儿就给闹成个这$_1$啦。

（二）AXX 式

"AXX"这一重叠式在句中可做主语、谓语、宾语、定语、状语和补语。例如：

红丹丹的挺好看的，就买上这$_3$个哇。

今儿_{今天}热哇哇的，我哪也不想去$_1$。

小娃们好吃点儿甜莹莹的。

清令令的水你倒给倒啦。

花溜溜地穿下一身，难看死啦。

人家把家给打扫得净丹丹的，真不赖。

（三）AXYA 式

这一重叠式在句中只能做谓语和补语。例如：

他家的女儿顽了个顽哩，就和个小子_{男孩}也似的。

那$_3$个山陡了个陡哩，我可爬不上去$_2$。

那$_1$人的脸晒得黑了个黑哩。

她把山药丝儿切得细了个细哩。

（四）A 里 AB 式

由这类重叠式构成的词较少。A 里 AB 式在句中主要做主语、谓语、宾语、定语、状语和补语。例如：

慌里慌张也不像你的做派。

她糊里糊涂的，你甭听她说的那₂话。

谁也不爱见那₂小里小气的，你甭学那₁样儿的就行。

邋里邋遢的家谁想住哩。

她妈啰里啰唆地说了她一顿，她倒是啥也没说。

你打扮得流里流气的，还吓人得慌哩。

（五）AABB 式

山阴方言中，AABB 式这一重叠式可以做主语、谓语、宾语、定语、状语和补语。例如：

白白净净挺好，我看那₁女儿₍姑娘₎不赖。

两个人高高兴兴的，耍好啦。

我就喜欢安安静静的，不好家里头人多。

红红火火的光景谁不眼红你？

你老老实实说，这₃两天到底做啥去₃来₃？

人家两口子过得安安稳稳的，你瞎搅和啥哩。

（六）ABAB 式

山阴方言中，ABAB 式这一重叠式可以做谓语和补语。例如：

他那₂脸黑紫黑紫的，肯定让晒灰啦。

那₁颜色灰白灰白的，我不想要。

那₃个小家伙儿长得瘦干瘦干的，看上去挺精神的。

园子里头那₃点儿韭菜长得嫩绿嫩绿的，可长好啦。

三、语音特征

山阴方言中，单音节性质形容词重叠后，常常儿化，前字、后字变调情况如下。

平声字重叠儿化后，前字变为 31，后字变为 52。例如：

齐齐儿的 [tɕhi³¹³/³¹tɕhiʌr³¹³/⁵²tiəʔ⁰]　　多多儿的 [tuə³¹³/³¹tuər³¹³/⁵²tiəʔ⁰]

白白儿的 [pee³¹³/³¹pʌr³¹³/⁵²tiəʔ⁰]　　长长儿的 [tʂhɒ³¹³/³¹tʂhʌr³¹³/⁵²tiəʔ⁰]

上声字重叠儿化后，前字不变调，后字变为 312。例如：

饱饱儿的 [pɔɔ⁵²pʌr⁵²/³¹²tiəʔ⁰]　　满满儿的 [mæ⁵²mʌr⁵²/³¹²tiəʔ⁰]

好好儿的 [xɔɔ⁵²xʌr⁵²/³¹²tiəʔ⁰]　　懒懒儿的 [læ⁵²lʌr⁵²/³¹²tiəʔ⁰]

去声字重叠儿化后，前字变为 35，后字变为 52。例如：

细细儿的 [ɕi³³⁵/³⁵ɕiʌr³³⁵/⁵²tiə⁷⁰]　　　　慢慢儿的 [mæ³³⁵/³⁵mʌr³³⁵/⁵²tiə⁷⁰]
厚厚儿的 [xəu³³⁵/³⁵xʊər³³⁵/⁵²tiə⁷⁰]　　　淡淡儿的 [tæ³³⁵/³⁵tʌr³³⁵/⁵²tiə⁷⁰]

入声字重叠儿化后，前字不变调，后字变为 52。例如：

憨憨儿的 [piʌʔ⁴piʌr⁴/⁵²tiə⁷⁰]　　　　黑黑儿的 [xəʔ⁴xʌr⁴/⁵²tiə⁷⁰]
湿湿儿的 [ʂəʔ⁴ʂʌr⁴/⁵²tiə⁷⁰]　　　　热热儿的 [zʌʔ⁴zʌr⁴/⁵²tiə⁷⁰]

四、表义特征

（一）程度的加深

性质形容词重叠之后，相当于状态形容词，那么性质形容词的基式与性质形容词的重叠式之间便产生了一种量的级差，这种级差表现为性质形容词重叠式所具有的程度要比性质形容词基式所具有的程度更深一些。

（二）附加色彩浓厚

性质形容词重叠式具有浓厚的附加色彩。通过对比性质形容词的基式和重叠式，我们可以看出，山阴方言中，大多数性质形容词的重叠式所表现出的附加色彩更浓厚些。例如：

黑—黑黑儿的—黑丹丹的　　　　长—长长儿的—长乎乎的
花—花花儿的—花了个花　　　　热—热热儿的—热哇哇的

上例中，单音节性质形容词基式有的含有褒义，有的含有贬义。但由于其重叠形式不同，因此不同的重叠形式表现出了不同的感情色彩。如："花"的"AA 儿的"式"花花儿的"含有褒义色彩，而"花"的"AXYA 的"式"花了个花的"含有贬义色彩。

山阴方言中，词缀不同会使得表达的感情色彩也有所不同。试比较：

黑丹丹的头发烫的做啥哩？
年轻轻儿的老穿得黑哇哇的。
水热乎乎的，洗上把脸去₃。
外头热哇哇的，出去₂顿操心中暑的。

"黑丹丹"和"黑哇哇"的基式是单音节性质形容词"黑"，"热乎乎"和"热哇哇"的基式是单音节性质形容词"热"，通过 AXX 形式构成重叠式，但词缀不同，重叠式表达了不同的感情色彩。"黑丹丹"和"热乎乎"含有褒义色彩，"黑哇哇""热哇哇"却含有贬义色彩。

（三）描写性

形容词大多可以用来描写事物的性质，性质形容词重叠后，其作用相当于状态形容词。山阴方言中，性质形容词重叠式在描写性方面有不同的表现。有的描写性比较强，有的描写性比较弱。相比较而言，"AA 儿的"式的描写性较弱，而"AXX"式的描写性较强。例如："薄薄儿的"与"薄令令的"相比，"薄薄儿的"的描写性较弱，"薄令令的"的描写性较强。而且在山阴方言中,"AXX 的"式中不同的后缀表现出了不同的状态。如"薄令令的"表现出了触觉状态,"乱哄哄的"既表现出了听觉状态,又表现出了视觉状态,"花溜溜的"表现出了视觉状态,"甜莹莹的"表现出了味觉状态。

第四节 副词重叠式

山阴方言中,副词的重叠式比较简单,远不如名词、动词和形容词的重叠式丰富。

一、重叠形式

山阴方言中,副词的重叠形式共有 AA 儿式、ABB 式和 AABB 式三种。其中 AA 儿式这一重叠形式使用的范围最广、使用频率也最高。

(一)AA 儿式

这一重叠形式的基式是 A,重叠之后与基式 A 的词性不完全相同。基式 A 有的可以单说,有的不可以单说。例如:

亥亥儿	可可儿	惬惬儿	好好儿
多多儿	款款儿	整整儿	险险儿
猛猛儿	白白儿	慢慢儿	刚刚儿

山阴方言中,有的基式 A 为形容词,如"多""慢""好"等为形容词,重叠之后"多多儿""慢慢儿""好好儿"为副词;有的基式是副词,如"白""整"等为副词,重叠之后"白白儿""整整儿"为副词。另外,有的"AA 儿"式没有基式,如"款款儿"并无基式,"款"不能单说,是不成词语素。

(二)ABB(儿)式

山阴方言中,这一重叠式数量较少,表达了说话者强调的语气。例如:
正惬惬　　　正好好(儿)

(三)AABB 式

这一重叠形式的基式为 AB,AB 为双音节词,大多可以单说。例如:
确确实实　　实实际际　　多多少少　　断断续续

二、语法功能

(一)在句中修饰形容词和动词,做状语。例如:

他亥亥儿坐那$_2$个烂凳子上啦,跌了一跌。

娃娃险险儿碰的桌子圪角上。

你弟弟整整儿拿走五百块钱。

白白儿跑了一前晌$_{上午}$,乏死我啦。

我刚刚儿给他打电话还说是在办公室哩啊。

可可儿冷啦,儿子的棉袄也给买回来$_2$啦。

你看，那₃个柜子放的这₂儿正惬惬。
那₃个车正惬惬停的咱门口啦。
菜钱儿我给你放桌子上啦，正好好儿二十。
我今儿个_{今天}正好好儿在街上碰见他啦。
老人断断续续病了好几回啦，一直也没好利索。
老王那₂儿实实际际也就是个空架子。
你多多少少说句话，众人净等你的哩。
（二）在对话中，个别副词还可以单独出现在句中。例如：
——你姐姐多会儿打的电话？
——刚刚儿。
——你坐我手上啦。
——哎呀，没看见。
——可会坐哩，亥亥儿的。

三、语音特征

山阴方言中，副词重叠的变调形式与形容词重叠的变调形式基本一致。这里不再另做论述。

四、表义特征

（一）与基式意义上的差别

副词的重叠式可以由不同词性的基式重叠而构成。有的基式是形容词，重叠之后变为副词，而且基式和重叠式所表达的意义也有所不同。例如：
我慢慢儿和您儿说，您儿甭着急。
佤_我那₂个小姑儿_{小姑子}买啥也是多多儿买点儿，只怕不够哩。
山阴方言中，"慢慢儿"表示动作的轻微性，但并不表示速度慢；"多多儿"表示超出了"一定范围"或"一定程度"。

（二）程度上的差别

与基式相比，"AA 儿"这一重叠式所表示的程度要更深一些。比较如下：
你亥吃饭这₃参_{这个时候}去₁哩。
你亥亥儿吃饭这₃参_{这个时候}去₁哩。
你给他多拿上点儿。
你给他多多儿拿上点儿。
山阴方言中，"亥亥儿""多多儿"所强调的程度要比"亥""多"的程度更深一些，同时，由"亥亥儿""多多儿"所表达的说话者的语气也更强烈一些。

（三）强调时间的短暂性和动作的轻微性

部分 AA 儿式在句中可表示时间的短暂性及动作的轻微性。例如：

我刚刚儿过来₂他还在哩，又倒哪去₃啦？
老师刚刚儿留的作业，她又倒给忘啦。
我妈给你把衣裳款款儿放的柜子啦。
他款款儿把鞋给脱的放那₂儿啦。

上例中，"刚刚儿"表示时间的短暂性，即刚刚发生的事情。"款款儿"在这里表示动作比较轻，也比较缓。

（四）口语色彩浓厚

山阴方言中，副词重叠式数量较少，但方言口语色彩较浓，可以灵活、自由地出现在句子中的不同位置上。例如：

我整整儿给他拿过去₂一箱子书哩。
你给咱好好儿拾掇拾掇那₃盆花儿。
我妈让您儿好好儿躺的哩，您儿甭着急做营生的哩。
你爸爸试了试你给买的衣裳，可可儿的。
老李猛猛儿说了一句话，差点儿吓死我。
你同学才学会开车，刚刚儿险险儿撞的墙上。

第五节 量词重叠式

山阴方言中的量词重叠形式较多，语法功能比较复杂。

一、重叠形式

山阴方言量词重叠形式共有 AA 式、一 A 一 A 式、XAA 儿式、一圪 AA 儿式和一圪 A 一圪 A 式五种。

（一）AA 式

AA 式的基式为 A，A 的词性可以是名词、量词。有的词重叠之后，词性不变，仍为量词。有的词重叠之后，词性发生了变化，变为副词。例如：

年年　　　　回回　　　　次次　　　　顿顿
天天　　　　遍遍　　　　月月

（二）一 A 一 A 式

一 A 一 A 式的基式为一 A 式。如果 A 为物量词，则主要用来强调个体；如果 A 为动量词，则主要用来强调动作的反复性。例如：

一天一天　　一碗一碗　　一张一张　　一口一口
一趟一趟　　一遍一遍　　一瓶一瓶　　一家一家
一箱一箱　　一次一次　　一回一回　　一下一下
一堆一堆　　一把一把　　一个一个　　一锅一锅

（三）XAA 儿式

这一重叠形式中，X 为数词，可以是实指"一、二、三……"，也可以是虚指"几"。一般情况下，山阴方言中，X 多为数词"一"。"A"大多为单音节量词或名词。例如：

一碗碗儿　　一钵钵儿　　一桌桌儿　　一口口儿
一勺勺儿　　一堆堆儿　　一缸缸儿　　一铲铲儿
几篮篮儿　　几箱箱儿　　几盒盒儿　　几兜兜儿
几行行儿　　几包包儿　　几袋袋儿　　几根根儿

（四）一圪 AA 儿式

"圪A"可以构成量词，构成量词之后可以重叠并儿化为"一圪AA儿"式。这一重叠形式中的"圪A"多为物量词。例如：

一圪堆堆儿　　　　一圪截截儿
一圪卷卷儿　　　　一圪绺绺儿

（五）一圪A一圪A式

这一重叠形式由"圪"词缀所构成的量词与"一"组合之后重叠而构成。"圪A"多为物量词，不是动量词。例如：

一圪截一圪截　　一圪绺一圪绺　　一圪蛋一圪蛋
一圪堆一圪堆　　一圪独一圪独　　一圪梁一圪梁

二、语法功能

（一）AA 式

这一重叠式在句中可做主语和状语。例如：
天天没个好眉脸，谁想看哩。
年年也有这$_2$一回哩。
回回去$_1$，回回也见不上。
做了好几回啦，次次错。

（二）一A一A式

这一重叠式为名量词时，一A一A式在句中主要做主语、谓语和定语；这一重叠式为动量词时，一A一A式在句中主要做状语和补语。例如：
一个一个站的那$_2$儿，头也不敢往起抬。
一双一双摆那$_2$儿为好看哩，赶紧拾掇起。
骂人一套一套的，可真会说哩。
衣裳一堆一堆的啦，还买哩？
一摞一摞的碗堆那$_2$儿，洗也没人给洗。
一箱一箱的书咋往过去$_2$搬呀？
一行一行地抄，甭抄错哩。
你一口一口地吃，操心烧$_烫$着的。

人家那₁娃儿写笔记一条一条的，写得可清楚哩。
他把墙给刷的一道一道的，那₂还是好匠人哩？

（三）XAA 儿式

XAA 儿式在句中可做主语、宾语和定语。例如：
几行行儿半天写不完。
一瓶瓶儿喝了半年。
咱家吃饺子哩，我给他送上一盘盘儿。
他从我碗里头敲走一筷筷儿。
一勺勺儿肉够谁吃？
这₃一堆堆儿土娃们可耍好啦。

（四）一圪 AA 儿式

山阴方言中，这一重叠形式在句中主要做主语和定语。例如：
一圪瘩瘩儿两块，三圪瘩瘩儿五块。
一圪卷卷儿放的书包，一圪卷卷儿装的倒插子_口袋_。
一圪堆堆儿土堆那₂儿可长时间啦也没人管。
梳头梳得还留下一圪绺绺儿头发。

（五）一圪 A 一圪 A 式

山阴方言中，这一重叠形式在句中主要做主语、谓语、状语、定语和补语。例如：
一圪撮一圪撮都掉完啦，头也快秃呀。
一圪堆一圪堆堆那₂儿，我完了寻人给往走拉哇。
那₃根棍子一圪截一圪截的，不能用啦。
肉一圪瘩一圪瘩的，那₂才有吃头哩。
一圪截一圪截地往起装哇，别装差了。
一圪瘩一圪瘩地切，切匀些儿。
他买回来₂的就是一圪独一圪独的蒜，不是整辫子蒜。
一圪堆一圪堆的木头放那₂儿全当烧火柴用啦。
头发恶涩_脏_得一圪绺一圪绺的啦，赶紧洗洗去₃哇。
那₁娃儿把泥闹成那₂一圪蛋一圪蛋的，一个儿_自己_在那₂儿耍哩。

三、语音特征

山阴方言中，量词重叠的变调形式与名词重叠的变调形式基本一致。这里不再另做论述。

四、表义特征

山阴方言中，量词重叠式的表义特征主要有以下三方面。

（一）AA 式表"每一"义。例如：

年年年底伍们我们都聚聚。

天天见，哪有那₂些说的哩。

回回去₁，回回让人家骂一顿。

（二）XAA 儿式强调量少。例如：

花了五十块钱儿就买了一袋袋儿苹果。

我这₂儿有香菜哩，你抓上一把把儿。

就这₃一捆捆儿，我一个儿自己也能拿回去₂，雇啥车哩。

（三）一A一A式、一圪A一圪A式表"逐一、连续、反复"义。例如：

你先和他说，那₃些人我给一个一个叫去₃。

一摞一摞往回买哩，堆的那₂儿也不看。

一道一道地检查，这₂才能检查出对和错哩。

一圪卷一圪卷地放仓库去₃哇。

奶奶把那₃些线闹成一圪绺一圪绺的，顺顺放包包儿啦。

一圪截一圪截地收拾，得口[tʂAʔ⁴]弄的多会儿去₃哩？

第三章 代 词

山阴方言中的代词包括人称代词、指示代词和疑问代词。其中人称代词和指示代词有丰富的语音形式,不同的语音形式表现出了不同的表义特征及其语法和语用功能。本章着重讨论山阴方言的人称代词、指示代词和疑问代词。

第一节 人称代词

山阴方言中的人称代词包括三身代词和其他代词。山阴方言通过合音、变音和附加式三种构成方式,构成第一人称、第二人称和第三人称的单数和复数形式。其他代词包括反身代词、别称代词和统称代词等。本节重点描写山阴方言人称代词的语音形式,并分析其表义特征及其语法和语用功能。

一、第一人称代词

(一)第一人称代词单数

山阴方言中,第一人称代词单数形式为"我"和"伲"。

1."我"

"我"有两个语音形式,即[uə^{52}]和[uəʔ^4]。"我"的两个语音形式与其具体的语法功能有关。"我"读作[uə^{52}],在句中可以做主语、宾语和定语,其基本用法与普通话的基本一致。做定语时,中心语为亲属称谓词以外的其他词时,定语与中心语之间的结构助词"的"可加可不加。例如:

我那₃两天做了个小手术。
你给我拿过来₂哇。
您儿见我书包来₃没?
我的书我也不知道放哪啦。

"我"读作[uəʔ^4]时,在句中只做定语,多用来修饰限制亲属称谓词。例如:

我妈和我爸爸出去₂啦。
我叔叔又感冒啦。
我奶奶比我爷爷小两岁。
我弟弟今年考住大学啦。

山阴方言中,"我"[uə^{52}]和"我"[uəʔ^4]二者可以连用,重叠为"我我",表示领属,其后不再用结构助词"的"。重叠式"我我"主要出现在定语位置上,一般不出现在主语和宾语位置上。这一重叠式多用在亲属称谓词前表示领属。领属代词重叠式可表达明显的强调作用,强调亲属称谓的领属关系。例如:

我我爷爷当过兵，打过仗。
我我女儿上一年级呀。
我我奶奶还是老师哩。
我我妈可给咱从家拿将来$_2$些东西。
我我弟弟人家这$_2$会儿可本事哩。

2."佤"

山阴方言中，第一人称单数除了"我"之外，还有"佤"。"佤"一般多表示复数，但也可以表示单数。"佤"表示单数时，从语用表达上来看，一般多用于口语，多为青少年女性使用，多含有亲热、撒娇和俏皮等意味。例如：

佤可没说那$_1$话。
佤走呀，要不立刻儿没车啦。
佤不想起，就想睡的哩。
佤洗衣裳呀，今儿哪也不去$_1$啦。
佤想吃削面去$_3$哩，你去$_1$不？

上例中的"佤"都可以替换为"我"。替换之后，句子的口气有所变化，不再含有亲热和俏皮等意味。如"佤不想起，就想睡的哩"一例，"佤"替换为"我"之后，说话的口气就显得比较生硬一些；又如"佤想吃削面去$_3$哩，你去$_1$不"一例，"佤"替换为"我"之后，说话的口气不再含有亲热的意味，更多地表达了一种客套的询问。

（二）第一人称代词复数

山阴方言中，第一人称代词复数有排除式和包括式两种。排除式为"佤""佤们"，包括式为"咱们"。

1. 佤、佤们

山阴方言中，"佤"[uA^{52}]是[uə+tɕiA]的合音。"佤""佤们"都可以用来表示第一人称代词复数。其中"佤"在山阴方言中还可以表示单数。上文已有论述，不再赘述。"佤""佤们"可以做主语、宾语和定语。例如：

佤/佤们想上会儿街去$_3$哩，你去$_1$不？
你给佤/佤们拿过来$_2$看看。
佤/佤们学校今年放假可迟哩。
佤/佤们的盖物$_{被子}$还在炕上铺的哩。
佤/佤们村离岱岳可远哩。
佤/佤们女婿年省$_{去年}$就转业啦。

"佤""佤们"做定语时，修饰限制具体名词时，一般要加结构助词"的"；修饰限制表示单位、组织、职称、职务、社会关系等意义的词及亲属称谓词时，一般不加结构助词"的"。

根据不同的语境，"伲""伲们"大多既可以表示单数意义，也可以表示复数意义。如上例中的"伲/伲们学校"，既可以理解为"我的学校"，也可以理解为"我们的学校"。

"伲""伲们"虽然是第一人称代词复数排除式，但与普通话中的"我们"有所不同。普通话中，"我们"可以是排除式，但用于谈话或文章时，既可以用于排除式，也可以用于包括式。而在山阴方言中，"伲""伲们"决不包括听话的一方。普通话中可以说"我们都出去吧"，而山阴方言中决不可以说"伲们都出去$_2$哇"。因此，"伲""伲们"只用于排除式。

2. 咱、咱们

"咱""咱们"在山阴方言里均可表复数。例如：

咱明儿个_{明天}几点开会哩？

咱们早点儿去$_1$哇，甭让人家们等咱的。

咱家今儿晌午_{今天中午}吃啥呀？

咱两个儿今儿个_{今天}好好儿拉嗒拉嗒_{聊聊}。

吕叔湘先生指出："据说山西北部和绥远境内还有方言用复数的 tsa。"山阴方言中，"咱们"可读作[tsæ^{52}mə^0]，也可读作[tsa^{52}mə^0]。山阴方言的这一读音为吕先生的话提供了很好的佐证。

山阴方言中，"咱"在一定条件下可以表单数。表单数时，义同"我"，常常用于与其他人对比或比较的语境中，与代词"人家""人家们""尔""尔们"等构成对举关系，表明说话者和其他人的不同，表达了说话者夸耀、嘲讽和不满意等特殊的感情色彩。例如：

尔们_{人家们}都领啦，就咱还没领哩。

人家都倒回家啦，就咱还在这$_2$儿等的哩。

咱这$_2$好说，你看人家们哇。

尔_{人家}吃啥，咱就跟上吃啥。

山阴方言中，"咱"还可以与介词"给"构成"给咱"，读作[kəʔ^{4}tsaʔ^0]，置于主语"我""你"之后，组合成"我给咱""你给咱"，常常用于祈使句，表示商量和请求的语气，语气比较缓和。例如：

我给咱出去$_2$买点儿菜去$_3$。

我给咱先洗把脸，你稍微等上我会儿。

我给咱去$_1$车库拿点儿东西去$_3$，你先进家哇。

你给咱把那$_3$个灯修修。

你给咱好好儿教育教育他，我说啥人家也不听。

你给咱注意点儿哇，甭感冒哩哇。

如果加重语气，表示命令语气的话，山阴方言中常常用"给我"。例如：

你赶紧给我写作业去₃。

你给我递递喝水缸。

你赶紧给我把这₂儿拾掇起。

二、第二人称代词

（一）第二人称代词单数

山阴方言中，第二人称代词单数形式为"你"和"□[niəu⁵²]"。

1. 你

山阴方言中，"你"有两个语音形式，即[ni⁵²]和[niəʔ⁴]。"你"的这两个语音形式与其具体的语法功能有关。"你"读作[ni⁵²]，在句中可以做主语、宾语和定语。做定语时，修饰限制除亲属称谓以外的名词，可以加结构助词"的"，也可以不加结构助词"的"。例如：

你赶紧吃哇，饭凉呀。

我给你哇，你甭问妈要啦。

你书包哪去₃啦？

你咋不用你的笔，拿我的做啥哩。

"你"读作[niəʔ⁴]，做定语修饰限制亲属称谓时，常常不需加结构助词"的"。例如：

见你妈来₃没，大清早起大早上做啥去₃啦？

你爷爷国庆还去₁了趟北京哩。

你二姑今年娶媳妇儿呀。

你婆婆给做啥好吃的呀？

你问问你妈给了你表弟多少。

山阴方言中，"你"[ni⁵²]和"你"[niəʔ⁴]二者可以连用，重叠为"你你"，表示领属，其后不再用结构助词"的"，主要用来修饰限制亲属称谓，做定语，表示领属关系，不再出现在主语和宾语的位置上。"你你"这一重叠形式用来突出强调领属关系。例如：

你你姥姥一天净思谋的做饭啦。

你你婆婆对你不赖。

你你妈咋是个那₁样儿的。

你你姐姐拿回去₂的那₃两盆花儿都开啦。

你你叔叔这₃两天又感冒啦。

2. □[niəu⁵²]

"□[niəu⁵²]"在山阴方言中多表示复数，但也可以表示单数。表示单数时，常常表达了一种轻松、俏皮、亲热等语气，多用于年轻女性和青少年口语。例如：

□[niəu⁵²]吃饭去₃哇，我今儿个_今天_啥也不想吃。

我给□[niəu⁵²]送去₃哇，□[niəu⁵²]就在家等的哇。

□[niəu⁵²]不知道是个啥样儿的。

□[niəu⁵²]给妈买的衣裳妈穿上正好好。

□[niəu⁵²]说□[niəu⁵²]的，人家做人家的。

上例中的"□[niəu⁵²]"都可以替换为"你"，替换之后，全句的口气有所变化。如"□[niəu⁵²]吃饭去₃哇，我今儿个_今天_啥也不想吃"一例，全句含有撒娇的口气，如果将"□[niəu⁵²]"改为"你"，全句的口气就变得比较生硬，又如"□[niəu⁵²]不知道是个啥样儿的"一例中，全句含有嗔怪的口气，如果将"□[niəu⁵²]"改为"你"，全句则表达了说话者生气的口气。

（二）第二人称代词复数

"□[niəu⁵²]"和"□们[niəu⁵²mə^{ʔ0}]"为山阴方言第二人称代词复数形式。"□[niəu⁵²]"虽可以表示单数，但多数用来表示复数，与"□们[niəu⁵²mə^{ʔ0}]"的语法功能一致。二者都可做主语、宾语和定语。做定语时，用于亲属称谓的名词或表单位、组织、职称、职务等名词前表领属，常常不需加结构助词"的"。例如：

□[niəu⁵²]今年早早儿回来₂啦？

□们[niəu⁵²mə^{ʔ0}]晌午吃啥呀？

我把□[niəu⁵²]一齐送单位去₃哇。

我妈给□们[niəu⁵²mə^{ʔ0}]也做上饭啦。

□[niəu⁵²]老师给留的作业多不？

□们[niəu⁵²mə^{ʔ0}]医院这₃两天肯定可忙哩哇？

根据不同的语境，"□们[niəu⁵²mə^{ʔ0}]"可以表示单数意义，也可以表示复数意义。例如：□们[niəu⁵²mə^{ʔ0}]医院，可以是"你医院"，也可以是"你们医院"。

（三）第二人称代词敬称

山阴方言中，第二人称代词的单数和复数都有敬称形式。第二人称代词单数的敬称形式为"您儿"和"您儿老儿"，复数的敬称形式为"您儿们"和"您儿老儿们"。当晚辈与长辈当面讲话时，一般要用敬称。例如：

今儿个_今天_外头可冷哩，您儿甭出去₂啦。

您儿们的我给放的那₃个大红柜里头啦。

您儿老儿好好儿缓缓，有啥就给我打电话的。

您儿老儿们坐的拉嗒_聊天_哇，我出去₂会儿。

如果同辈之间用了敬称的话，便有戏谑和讽刺的意味。例如：

您儿有啥打电话就行啦，咋还专门儿跑过来₂啦。

您儿们还用请假哩？

您儿老儿还用一个儿$_{自己}$买菜哩？

我这$_3$回可把您儿老儿们送回来$_2$啦。

上例"您儿们还用请假哩"中，如果是同辈之间的对话，使用了敬称的话，便多有讽刺之意；上例"您儿老儿还用一个儿买菜哩"中，如果是同辈之间的对话，用敬称，多含有戏谑之意，调侃对方，同时也表现出说话双方的关系比较亲近。

山阴方言中，第二人称代词"你"还有一个敬称程度较低的敬称，即"各人"，这一敬称多用于晚辈年长于长辈，当晚辈不好意思或不愿意、不能称呼长辈"您儿"，又不能直接称呼"你"时，晚辈便会用"各人"表示敬称。例如：

各人穿上这$_3$个袄儿挺好看的！

各人比我舅舅小几岁？

各人多会儿回来$_2$当的老师啦？

三、第三人称代词

（一）第三人称代词单数

山阴方言中，第三人称代词单数为"他（她）"。"他（她）"有两个读音形式，即[thA^{313}]和[thəʔ^4]。见下例：

说他做啥哩？

他肯定啥也不买就回来$_2$啦。

谁也没借给他钱儿。

上例中的"他（她）"可以读作[thA^{313}]，也可以读作[thəʔ^4]。"他（她）"在句中不仅表示第三人称代词单数形式，还表现出了不同的感情色彩。"他（她）"读作[thəʔ^4]时，常常表达了一种说话者不满和轻蔑的感情色彩。如"说他做啥哩"一例，"他"读作[thA^{313}]时，全句只是陈述不要说他了这一事实，可是"他"读作[thəʔ^4]时，全句的意思就是他有什么好提的，全句含有不满的感情。如"他肯定啥也不买就回来$_2$啦"一例，"他"读作[thA^{313}]时，全句只是陈述他什么也不买就回来的事实，可是"他"读作[thəʔ^4]时，全句的意思就是他不舍得花钱买东西，全句含有轻蔑的感情。如"谁也没借给他钱儿"一例，"他"读作[thA^{313}]时，全句只是陈述没人借给他钱这个事实，"他"读作[thəʔ^4]时，全句的意思就是说，他人缘不好，没人愿意借给他钱，含有轻蔑的感情色彩。

"他（她）"读作[thəʔ^4]时，可修饰限制亲属称谓，不需要加结构助词。例如：

他妈人家是个老师，那$_2$会儿还教过佤哩。

他爷爷是个老红军，县里头还给发过奖章哩。

她爸爸原来是个当兵的。

山阴方言中，"他（她）[thʌ³¹³]"和"他（她）[thəʔ⁴]"可以叠用，共同修饰限制表亲属称谓的词，表示领属关系，不再做主语和宾语。"他他（她她）"的作用与"我我""你你"一样，都可以用来突出强调领属关系。例如：

他他妗子对他姥姥可好哩。

她她奶奶九十多啦，身体还可好哩。

他他姥爷小时候没少吃苦。

她她小姑儿_{小姑子}把过年的东西都买便宜啦。

他他哥哥还认的我爸爸哩。

山阴方言中，"我我""你你""他他（她她）"表领属的代词重叠在对话中可以用于比较或列举。例如：

我我妈腿不疼，他他妈常腿疼得下不了楼。

你你爸爸咋不啥个出门，我我爸爸老出去₂转弯去₃哩。

他他奶奶是个老师，我我奶奶大字不识一个。

我我姥姥对人家那₂三个媳妇儿可好哩，你你姥姥就不行。

你你大爷是不是在法院上班哩，我我叔叔也在法院哩。

今年夏子_{夏天}，我我妈去₁东北旅游去₃啦，你你妈去₁哪要去₃来₃？

（二）第三人称代词复数

山阴方言中，第三人称代词复数形式为"他们"，读作[thʌ³¹³/³¹mã⁵²]。"他们"可以做主语、宾语和定语。做定语时，置于亲属称谓名词或其他表单位、组织、职称和职务等名词前，可以不加结构助词"的"。例如：

他们今年去₁儿子那₂儿过年去₃呀。

我给他们也拿了点儿，众人尝尝。

他们家就在学校跟前哩。

他们老师可年轻哩。

他们儿子今年考住研究生啦！

"他"读作[thəʔ⁴]时，既能表示单数，也能表示复数，其后一般不能再加"们"。上面例子中的"他[thəʔ⁴]"既可以指第三人称单数"他"，也可以指第三人称复数"他们"。

（三）第三人称代词敬称

山阴方言中，第三人称代词单数和复数形式都有敬称。"他"的敬称为"他儿[thʌr³¹³]""他老儿[thʌ³¹³lʌr⁰]"，"他们"的敬称为"他儿们[thʌr³¹³məʔ⁰]""他老儿们[thʌ³¹³lʌr⁰məʔ⁰]"。"他""他们"各自的两个尊称意义相同，可以任意使用。例如：

我过去₂的时候，他儿一个儿₍自己₎打扫家的哩。

他老儿就念过一年书。

他儿们相跟上一起上街去₃啦。

他老儿们在老家都习惯啦，去₁哪也觉意不得劲儿的。

在山阴方言中，晚辈与其他人谈及自己的长辈时，一般要用敬称。不过由于第三人称敬称为背称，因此对使用第三人称代词敬称的要求不是那么严格，在实际交谈和对话中，可以用，也可以不用。

四、其他人称代词

（一）反身代词

山阴方言的反身代词主要有两个，即"各人"和"一个儿"，相当于普通话中的"自己""自个儿"，与"别人"相对，在句中都可做主语、宾语和定语。例如：

各人去₁哇，偠都想睡会儿哩。

说各人哩，你咋就听不精明。

你好好做各人的营生哇，操的心真多哩。

一个儿住的这₂儿安全不？

骂一个儿去₃哇！

一个儿的书还能寻不见哩？

这两个反身代词既可与单数人称代词搭配使用，也可与复数人称代词搭配使用，用来复指前面的人称代词，充当人称代词的同位语。例如：

偠各人无能的，连个车也不会开。

咱们各人扫哇，看的没人行动。

他不是可有骨头哩，让他各人想办法去₃。

□[niəu⁵²]各人啥也会，我各人啥也不会。

我今儿个₍今天₎一个儿₍自己₎做的饭。

□们[niəu⁵²məʔ⁰]一个儿出去₂买去₃哇，想买啥买上点儿啥。

那₂些炭他一个儿就给拉回去₂啦？

他们一个儿耍得可红火哩。

山阴方言中，"各人"和"一个儿"的用法基本相同，两者大多可以互换。但二者也略有不同。"各人"更侧重强调所复指的代词本人，而"一个儿"更侧重强调数量。试比较：

我各人把玻璃全擦啦。

我一个儿把玻璃全擦啦。

上例中的"我各人"强调的是"我本人"，而"我一个儿"强调的是"我一个人"。

"一个儿"除了可以复指人及其他有生命的物外,还可以复指无生命的物。"各人"没有这一用法。例如:

你不写,作业一个儿还能写完哩?
病了咋不看,你还等的病一个儿好哩?
我不打扫,家还能一个儿干净哩?
不好好学习,成绩一个儿能上去₂?

（二）他称代词

山阴方言中,常用的他称代词主要有两个,即"人家"和"尔[ər⁵²]"。

1. 人家

"人家"一般指说话者和听话者以外的第三者,可以表示单数,也可以表示复数,相当于普通话中的"他"或"他们"。例如:

人家都回啦,咱坐这₂儿等啥的哩。
你还说人家哩,你哇会做个啥。
他顶不住人家,才朝那₁说哩。

"人家"之后也可以加"们"表示复数。例如:

咋人家们买啥,你也要买啥。
人家们年轻人的事,咱快甭管啦。
你咋看见人家们的啥也比你的好。

"人家"表示他称时,还强调了他人的态度。上例中陈述了"人家都回啦"的这样一个事实,对"咱坐这₂儿"提出了质疑。

2. 尔[ər⁵²]

山阴方言中,与"人家"表示意义一致的代词还有"尔[ər⁵²]",这一代词还有复数形式"尔们[ər⁵²məʔ⁰]"。在日常口语中,"尔""尔们"的用法更灵活些,使用频率也更高些。

"尔""尔们"指说话者和听话者以外的人。"尔"既可以表示单数,也可以表示复数;而"尔们"只可以表示复数。例如:

尔出去₂啦,我一个儿自己在家哩。
我让尔给撵出来₂啦。
尔的东西你甭动尔的,操心骂顿你的。
尔们旅游去₃啦,我嫌它乏得慌哩,没待去₁。
你赶紧给尔们送将去₂哇,尔们也等的用哩。
尔们家装修得可不赖哩。

在不同的语境中,"尔"还可以用来指代其他人称。"尔"在指代第一人称"我"时,多用于少年儿童口语,含有俏皮、亲热、强调自己等意味。例如:

尔不想出去₂。

尔看书呀，您儿看电视去₃哇。

"尔不想出去₂"一句的意思就是"你们想出去就出去吧，我可不想出去"。这一句中的"尔"含有撒娇、亲热和强调自己的意味。如果"尔"换为"我"，只是告诉对方自己不想出去这样一个事实。"尔看书呀，您儿看电视去₃哇"一句的意思就是"您看您的电视，我可要看书啦"。这一句中的"尔"含有强调自己的意味，并善意提醒对方自己要看书了。如果"尔"换成"我"，只是告诉对方"我要看书了"。

"尔"还可以指代第二人称"你"和第三人称"他（她）"。例如：

看看尔这₂新衣裳，又谁给买的啦？

尔可好逛达哩，常是个出去₂旅游的。

上例中，第一例的"尔"指的是"你"；第二例的"尔"指的是"他（她）"。

山阴方言中，还可以构成"尔娃/尔娃儿"。"尔娃/尔娃儿"可以用来表示第三人称单数，"尔娃们/尔娃儿们"用来表示第三人称复数，多含有亲切、心疼等感情色彩。例如：

尔娃一个儿_自己_养活的三四口人哩。

尔娃儿可好给你做饭呀，你尝上口。

尔娃儿一个儿_自己_打扫哩，你过去₂眊眊去₃。

尔娃儿们心上也可麻烦哩，你少说上两句哇。

尔娃们住的地势_地方_都离这₂儿可远哩，赶紧让回哇。

尔娃儿们挣两个辛苦钱儿，你也好意思要。

（三）统称代词

"众人"是山阴方言中的统称代词，相当于普通话的"大家""大家伙""大伙儿"。"众人"在句中主要做主语、宾语和定语。例如：

众人和你一齐做哇，肯定早早儿就做完啦。

众人都说下啦，你咋又变啦？

你说给众人一声，省得众人搁记你的哩。

他和众人说他不想念书啦。

众人的事众人商量哇。

五、山阴方言人称代词的主要特点

（一）山阴方言人称代词形式多样

山阴方言中，第一人称、第二人称、第三人称代词有多种表现形式，特别是人称代词的单数形式，不同的表现形式有不同的用法。以第一人称代词单数为例，如"我[uə⁵²]"在句中可以做主语、宾语和定语；"伓"除了可以表示第一人称单数，也可以兼表复数，表单数时多为青少年女性所用，常含有俏皮、亲热的意味；"尔[ər⁵²]"在特定语境下用于少年儿童口语中，常含有俏皮、亲热和强调自己的意味；"我一个儿"常常可以指"我自己"；"各人"可以用于自称。

（二）人称代词的构成方式多样化

山阴方言中，第一人称"我"、第二人称"你"和第三人称"他（她）"单数的语音形式都有两种，即可读作舒声，亦可读作入声。这两种语音形式可以叠用，共同修饰亲属称谓，表示领属关系。

山阴方言第一人称"佤"读作[uA^{52}]，[uA^{52}]是[uə+tɕiA]的合音形式。

山阴方言中人称代词的复数主要是通过附加式来构成的，即附加"们"。如表示第一人称代词复数的"佤们"、表示第二人称代词复数的"口们[niəu^{52}mə^0]"、表示第三人称代词复数的"他们"及表示听说双方以外的人称代词"尔们"。

（三）人称代词单复数同形

山阴方言中，部分人称代词可以兼表单复数形式。第一人称代词"佤"和第二人称代词"口[niəu^{52}]"表复数的同时，可以兼表单数形式，如"佤老师""口[niəu^{52}]学校"，根据具体语境，既可以指"我老师""你学校"，也可以指"我们老师""你们学校"。而代词"尔"常常表示单数，但也可以表示复数。如"尔在那₂儿站的哩，就我坐的哩"一句中的"尔"可以指称单数，也可以指称复数。

（四）第二人称和第三人称单复数都有敬称形式

普通话中，只有第二人称代词有敬称形式"您"，其复数形式不可以用"您们"来表达，而用"您两位""您几位"来表达。山阴方言中，第二人称和第三人称单数和复数敬称形式分别都有两种，即"您儿""您儿老儿""您儿们""您儿老儿们"和"他儿""他老儿""他儿们""他老儿们"。

第二节 指示代词

山阴方言的指示代词主要有两个特点。一是指示代词两分，有近指和远指。二是指示代词有丰富的变读语音形式，根据不同的语境和不同的语气选择不同的语音形式来表达其意义。

一、指示代词两分

山阴方言与山西北区大多数方言点基本一致，指示代词分为近指代词"这"和远指代词"那"两类，即山阴方言指示代词二分。近指用代词"这"，远指用代词"那"，或单独使用，或与其他词或语素搭配使用，可以用于指称人、物、时间、处所、方式、性状、程度和数量。

二、指示代词的变读及用法

山阴方言的指示代词"这"有五种读音,"那"有六种读音。这些变读主要是通过变韵和变调的方式来体现的。不同的读音表现了不同的意义和不同的语法功能。

"这"的五种读音如下:

这$_1$[tʂɒ³¹³]、这$_2$[tʂə?^4]、这$_3$[tʂʅ³³⁵]、这$_4$[tʂəu³¹³]、这$_5$[tʂəu⁵²]

"那"的五种读音如下:

那$_1$[nɒ³¹³]、那$_2$[nə?^4]、那$_3$[nɛɛ³³⁵]、那$_4$[nəu³¹³]、那$_5$[nəu⁵²]、那$_6$[nʌ³¹³]

(一)表人、物的指示代词

1.这$_1$、那$_1$

山阴方言中,"这$_1$"和"那$_1$"可以单独使用,多用来指物,还可用于对举。例如:

这$_1$是我的书,你多会儿拿走的?

这$_1$是我给我爸爸买的背心,叫我爸爸试试。

这$_1$就是你做的饭,够谁吃?

这$_1$是你爸爸的东西,你甭动人家的。

这$_1$臊子是佤婆婆给做的。

那$_1$话可不是我说的。

那$_1$你不能朝那$_1$做。

那$_1$是我女儿瞎画的。

那$_1$是你哥哥的作业,你咋全给尔$_{人家}$扯啦。

这$_1$才是新买的哩,那$_1$是旧的。

这$_1$是别人给的,那$_1$才是我一个儿$_{自己}$买的哩。

"这$_1$"和"那$_1$"可以单独用来指人,还可与"人""货"搭配组合为"这$_1$/那$_1$人""这$_1$/那$_1$货",多用来指称人。例如:

这$_1$是我侄女儿,不是我女儿。

那$_1$是他婆婆。

这$_1$人好像不是咱本地的。

这$_1$货可好传个闲话哩。

那$_1$人可不好打交道哩。

那$_1$货做啥去$_3$啦?

"这$_1$"和"那$_1$"可以与指量短语或数量短语组合,构成修饰和限制的组合关系。例如:

你把这$_3$些这$_1$赶紧给了人哇,我可不想要。

就给你买了两袋儿这$_1$,看把你高兴的。

出去₂一天，就买回来₂点儿这₁？
哪的那₁些那₁？
那₁些那₁，放也没个放处放的地方。
宁吃一口这₁，也不吃一口那₁。
咱要上点儿这₁，给他们拿上点儿那₁。

2. 这₂、那₂

"这₂""那₂"基本具有了普通话中"这""那"的语法功能，可以用来指人和指物。例如：

这₂是我大姑和我大姑父。
这₂是木头的。
那₂是娃娃的个小毯毯儿。
那₂是伬领导。

"这₂""那₂"放在数量结构之前，既可以指某一个（或某几个）人或事物，也可以表示"这样的""那样的"意义。例如：

这₂五个你拿上哇，我完了再买。
这₂两双我都要哩。
这₂一袋儿也不够咱两家用。
那₂两瓶也不够他一个儿自己喝的。
那₂两桶给我姥姥拿上哇。
那₂两本儿你给放哪去₃啦？

"这₂些""那₂些"可放在名词和名词性短语前面做定语，指代两个以上的人或事物。例如：

这₂些人是你老家的叔叔们。
这₂些话不是你个娃娃家说的。
这₂些臭苹果留上做啥呀，赶紧倒了去₃哇。
那₂些人可愣得慌哩。
那₂些车一般人开不了。
那₂些衣裳你也穿哩？

3. 这₃、那₃

"这₃""那₃"不可以单独使用，须与量词或数量短语结合才能出现在句中，做主语和宾语。例如：

这₃本儿我看完啦。
这₃身儿你拿上穿去₃哇。
你用这₃圪瘩块哇，我还有哩。
那₃张让娃娃给画啦。

那₃双她穿不了，跟儿过高啦。
要我，我也不想要那₃个。

"这₃""那₃"与量词或数量短语组合之后，还可以用来修饰名词或名词性短语。例如：

这₃碗饺子给你姐夫留上哇。
你把这₃两箱子饼子给你舅舅送过去₂哇。
这₃个电影你看啦没？
那₃个篮子是我专门给您儿买的。
您儿那₃三间房这₂会儿谁住的哩？
那₃三瓶子酒给他老儿留上喝哇。

"这₃些""那₃些"可放在名词和名词性短语前做定语，指代两个以上的人或事物。这一用法与"这₂些""那₂些"的用法相同。例如：

这₃些肉是我妈给您儿买的。
你把这₃些吃了哇。
这₃些衣裳我给你洗哇。
那₃些钱儿他全存啦。
你把我那₃些书给放哪去₃啦？
那₃些木头你用不啦，你要不用就给了我哇。

但是"这₃些""那₃些"与"这₂些""那₂些"略有不同。"这₃些""那₃些"可以对举，而"这₂些""那₂些"不可对举。之所以如此，是因为"这₂些""那₂些"所代替和指示的人或事物涵盖了所有的人或事物，而"这₃些""那₃些"所代替和指示的人或事物是一个比较确定的范围，所以"这₂些""那₂些"不可对举，但"这₃些""那₃些"却可对举。例如：

我看见这₃些不咋好，咱买那₃些哇。
那₃些袜子稍微有点儿大，这₃些袜子正好好。
我不想要这₃些，想要那₃些哩。
这₃些我洗哇，那₃些你给洗洗哇。
这₃些花儿都是假的，那₃些才是真的哩。

（二）表时间的指示代词

1. 这₂/那₂会儿、这₃/那₃会儿

山阴方言中，"这₂会儿"与"这₃会儿"、"那₂会儿"与"那₃会儿"意义相同，分别相当于普通话中"这会儿"与"那会儿"，多用来表示时间段。例如：

这₂/这₃会儿就是个这₁，你各人好好学哇。
这₂/这₃会儿的娃们都也可本事哩，啥也会。

咱们要不这₂/这₃会儿出去₂买去₃哇。

他老儿们那₂/那₃会儿啥也是靠一个儿哩,谁也帮不上忙。

那₂/那₃会儿俺两个儿在一个学校念的小学。

他那₂/那₃会儿可不高高儿点儿,这₂/这₃会儿长这₃高啦。

2. 这₂/那₂会儿间、这₃/那₃会儿间

山阴方言中,"这₂/那₂会儿间""这₃/那₃会儿间"与"这₂/那₂会儿""这₃/那₃会儿"都可以用来表示时间,"这₂/那₂会儿间""这₃/那₃会儿间"还可以构成"(倒)这₂,₃/那₂,₃会儿间啦才……"这一格式。全句的主语可以出现在句首,也可以出现在"(倒)这₂,₃/那₂,₃会儿间啦"与"才"之间。从语用表达上来看,这一格式蕴涵了"本应该早点儿做的事情,可是却迟迟未做",或者"做完的时间比预估的时间要晚一些"这样的预设,表达了说话者惊讶、遗憾和疼惜等语气。例如:

倒这₂/这₃会儿间啦你才和我说呀,我也没办法啦。

你咋这₂/这₃会儿间啦才打扫家呀?

他这₂/这₃会儿间啦还没上学去₃哩?

他老儿那₂/那₃会儿间啦还没睡哩,就为等你的哩。

人家家那₂娃们那₂/那₃会儿间啦还学习的哩,你倒早早儿睡下啦。

嫂子倒那₂/那₃会儿间啦才洗完衣裳吃了口饭。

"这₂/那₂会儿间啦""这₃/那₃会儿间啦"常常可以单独出现在句首。例如:

这₂/这₃会儿间啦,你咋还没吃饭哩?

这₂/这₃会儿间啦,您儿咋想起个烙饼子?

这₂/这₃会儿间啦,咱赶紧回哇,让妈骂呀。

那₂/那₃会儿间啦,黑洞洞的,你也没拿个手电?

那₂/那₃会儿间啦,我骂哇有啥用哩。

3. 这₃/那₃参、这₃/那₃阵儿

山阴方言中,"这₃参""那₃参""这₃阵儿""那₃阵儿"一般都可用来表示时间点,不表示时间段。例如:

我这₃参/这₃阵儿就给您儿买去₃哇。

你这₃参/这₃阵儿啦才说这₁话呀,早做啥去₃啦。

我这₃参/这₃阵儿正做饭的哩,立刻儿给你打(电话)哇。

你那₃参/那₃阵儿做啥去₃啦,我可世界寻你寻不见。

你大姑那₃参/那₃阵儿才打扫完,你又倒给闹下一地。

您儿那₃参/那₃阵儿才洗了头,这₃参/阵儿出去₂,操心感冒顿的。

（三）表处所的指示代词

1. 这₂儿、那₂儿

山阴方言中，"这₂儿""那₂儿"相当于普通话中的"这儿""那儿"。例如：

这₂儿是我姥姥家。

这₂儿人可多哩。

我这₂儿就一个啦，我也用哩。

你就在这₂儿等上会儿，他立刻儿就过啦。

那₂儿有个修鞋的哩。

你去₁那₂儿买去₃哇，那₂儿还可多哩。

你那₂儿还有口罩儿没啦？

我就一直在那₂儿等尔人家的哩。

2. 这₂/那₂圪朵儿、这₃/那₃圪朵儿

"这₂圪朵儿""那₂圪朵儿"与"这₃圪朵儿""那₃圪朵儿"的意义相同。"这₂圪朵儿""这₃圪朵儿"指代较近的范围，而"那₂圪朵儿""那₃圪朵儿"指代较远的范围，所指代的范围都不太大。例如：

他老叫唤这₂/这₃圪朵儿疼哩，我引上他看看去₃。

你这₂/这₃圪朵儿能发传真不？

您儿就坐这₂/这₃圪朵儿哇，凉莹莹的。

这₂/这₃圪朵儿的菜便宜。

就这₂/这₃圪朵儿吃哇，我走不行走不动啦。

我妈在那₂/那₃圪朵儿种了可多花儿哩，这₃两天正开得可好哩。

那₂/那₃圪朵儿咋那些人？

你咋把车停的那₂/那₃圪朵儿啦？

你看，那₂/那₃圪朵儿抽奖哩。

奶奶给你把鞋放的那₂/那₃圪朵儿啦。

3. 这₃面儿、那₃面儿

山阴方言中，"这₃面儿""那₃面儿"的意义和用法与普通话中的"这面儿/这边儿""那面儿/那边儿"基本保持一致。"这₃面儿""那₃面儿"所指代的范围要比"这₃圪朵儿""那₃圪朵儿"所指代的大一些。例如：

这₃面儿有个卖面的哩，就在这₂儿买哇。

二虎把菜店从那₃面儿搬的这₃面儿啦。

她把车停的这₃面儿啦，买东西还得去₁那₃面儿去₃哩。

我表妹家就在马路那₃面儿哩。

公交车都在那₃面儿哩，这₃面儿没有。

那₃面儿那₃个书店的书比这₃面儿的全。

4.这₃头[thəu⁵²]、那₃头[thəu⁵²]

山阴方言中,"这₃头""那₃头"的意义和用法与普通话中的"这头儿""那头儿"的基本保持一致。"这₃头""那₃头"所指代的范围要比"这₃面儿""那₃面儿"所指代的小一些,却比"这₃圪朵儿""那₃圪朵儿"所指代的大一些。例如:

我就在汽车站这₃头哩,你在哪哩?

咱就在滑梯这₃头等的哇,让你爸爸路过把咱接上。

晌午你也来₁姐姐他们这₃头吃饭来₃哇。

你把我放的加油站那₃头就行啦。

您儿们就在超市那₃头等我的,我立刻儿接您儿们去₃。

你那₃头还有盆没啦?

5.这₁/那₁、这₂/那₂

"这₁""那₁"与"这₂""那₂"不需与其他名词结合,直接放在介词之后用来指代方位或处所。例如:

你迎这₁/这₂走,那₃面儿过不去₂。

你往这₁/这₂看,看看这₂是个谁?

你往这₁/这₂搬,这₃面儿地势_{地方}大。

你看他咋朝那₁/那₂过来₁啦?

你给咱往那₁/那₂圪挤圪挤。

你往那₁/那₂坐坐,我给咱缓上会儿。

(四)表方式的指示代词

1.这₁样儿、那₁样儿

山阴方言中,"这₁样儿""那₁样儿"相当于普通话的"这样""那样",在句中可以做主语、谓语、宾语和状语。例如:

您儿看看这₁样儿能不?

他老这₁样儿的,你快少和他打交道哇!

小家伙儿能做成这₁样儿的就管够不赖的啦。

你能不能嫑这₁样儿说,你怕你妈心上不难活哩。

那₁样儿可真难看哩,你可少作怪上点儿哇。

他就那₁样儿的,您儿快少说上句哇。

谁想看你那₁样儿哩!

你要那₁样儿洗,多会儿也洗不净。

2.这₁/那₁、这₂/那₂

"这₁""那₁"和"这₂""那₂"具有相同的语法功能,可以单独作状语,也可与介词组合之后做状语。其意义相当于普通话的"这样""那样"。例如：

你觉意迎这₄/这ₑ说能不？

朝这₄/这ₑ写，写多会儿去₃哩？

您儿要迎这₄/这ₑ说，就是您儿的不对啦。

这₄/这ₑ地叠，你看看你那₂叠成个啥啦！

我想朝那₄/那ₑ试试哩，您儿看能不？

甭迎那₄/那ₑ地按，按烂呀。

那₄/那ₑ地倒，把水都倒外头啦！

朝那₄/那ₑ做，这₄/这ₑ的肯定不对。

（五）表性状的指示代词

1.这₂些[ɕiE⁵²]/那₂些[ɕiE⁵²]、这₃些[ɕiE⁵²]/那₃些[ɕiE⁵²]

"这₂些"、"那₂些"和"这₃些"、"那₃些"相当于普通话的"这种""那种"。例如：

这₂/这₃些话是你说的？

这₂/这₃些东西你待往回拿。

我不想要这₂/这₃些家具。

那₂/那₃些人你少沾染哇。

谁让你管他们那₂/那₃些事哩？

人家才不待理那₂/那₃些人哩。

2.这₄/那₄、这ₑ/那ₑ

"这₄"、"那₄"和"这ₑ"、"那ₑ"可以与量词结合后修饰名词，前面常常出现范围副词"就"，表示范围或对比，其意义相当于普通话中的"这么""那么"。例如：

就这₄/这ₑ两日他倒瘦成个那₁啦。

就这₄/这ₑ回事，您儿一个儿自己甭瞎思谋啦。

早知道过这₄/这ₑ个生儿生日，我过也不待过它啦。

做那₄/那ₑ顿饭估计得一前响上午的工夫。

就那₄/那ₑ双袜子还花了我三十五哩。

他就那₄/那ₑ个人，不啥个会说话，心是个好心。

"这₄"、"那₄"和"这ₑ"、"那ₑ"也可以置于数量结构之前，表示"这么""那么"的意义。例如：

就这₄/这ₑ一身还花了他一个月工资哩。

这₄/这ₑ两桶两个月就吃完啦。

就这₄/这ₑ一页儿你写了一前响上午啦，咋还没写完哩？

就那₄/那ₑ两个啦，让你爷爷也吃上点儿别的。

他就买那$_A$/那$_C$一盒盒儿，咱这$_2$多人够谁吃？

那$_A$/那$_C$一幅他也得画可长时间哩。

3.这$_A$/那$_C$个、这$_C$/那$_C$个

"这$_A$个""那$_A$个"和"这$_C$个""那$_C$个"常用于"是"字句，表示"这样的""那样的"意义，但"这$_C$个""那$_C$个"的语气要比"这$_A$个""那$_A$个"的语气更肯定些。例如：

他说的就是这$_A$/这$_C$个。

这$_1$女人擦玻璃擦的也就是那$_A$/那$_C$个，明年换个人哇。

他觉意就是那$_A$/那$_C$个，您儿觉意咋底个？

他考的也就是那$_A$/那$_C$个，寡达气。

（六）表程度的指示代词

"这$_A$"、"那$_A$"和"这$_C$"、"那$_C$"的语法功能基本相同，都可以放在形容词、能愿动词、表心理活动的动词及否定副词前起到修饰作用，表示程度较深。虽然都常常带有夸张和强调的意味，但在语气表达上略有差异。"这$_C$""那$_C$"所表达的语气比"这$_A$""那$_A$"所表达的要更强烈一些。例如：

你开车能不能甭这$_A$/这$_C$快？

我就不知道啦，你咋这$_A$/这$_C$能说，赶紧缓缓那$_2$个嘴哇。

我咋这$_A$/这$_C$爱见你哩。

这$_3$两个字咋这$_A$/这$_C$不好写。

我也不知道他家离咱这$_2$儿那$_A$/那$_C$远。

人家那$_A$/那$_C$能吃也不长肉。

他咋那$_A$/那$_C$好听个闲话？

你姥姥那$_2$会儿那$_A$/那$_C$不容易也熬过来$_2$啦。

（七）表数量的指示代词

1.这$_2$些、那$_2$些

"这$_2$些""那$_2$些"还可以重叠为"这$_2$些些""那$_2$些些"，用来指代较多的人或事物，强调数量多。例如：

这$_2$些些人，咱给尔$_{人家}$吃啥呀？

你咋活了这$_2$些些面？

这$_2$些些肉，冰箱也放不下啦。

你咋舍得把那$_2$些些东西都给人啦？

那$_2$些些铅笔放那$_2$儿不用，你咋非要用我的哩？

他一个儿$_{自己}$那$_2$能拿上来那$_2$些些东西？

2.这$_2$/那$_2$些儿、这$_3$/那$_3$些儿

"这$_2$些儿""那$_2$些儿"和"这$_3$些儿""那$_3$些儿"可以用来指代事物，

不可以用来指代人，并强调数量少。例如：

就这$_2$/这$_3$些儿油啦，明儿个再买上些儿哇。

这$_2$/这$_3$些儿药都给她们拿过去$_1$哇。

这$_2$/这$_3$些儿饼子还是我给你口[ər^{52}]$_留$下的哩。

那$_2$/那$_3$些儿土我给拉回去$_1$啦。

那$_2$/那$_3$些儿水泥，那$_2$能抹个地？

那$_2$/那$_3$些花盆子给了姐姐哇。

3. 这$_4$/那$_5$些、这$_5$/那$_5$些

山阴方言中，"这$_4$些""那$_4$些"和"这$_5$些""那$_5$些"都可以指代较多的人或事物，并强调数量多。但是"这$_5$些""那$_5$些"所指代的量要比"这$_4$些""那$_4$些"所指代的量更大些。例如：

这$_4$/这$_5$些菜够吃一个礼拜啦。

这$_4$/这$_5$些书你多会儿能看完？

你妈给做下这$_4$/这$_5$些饭你咋又走呀？

他一天那$_4$/那$_5$些营生，你寻他做啥哩？

那$_4$/那$_5$些字你一口气全写完啦？

那$_4$/那$_5$些人也没懂的把行李$_被褥$给叠起。

"这$_4$/那$_4$些""这$_5$/那$_5$些"可以重叠为"这$_4$/那$_4$些些""这$_5$/那$_5$些些"。"这$_4$/那$_4$些些""这$_5$/那$_5$些些"用来指代较多的人或事物，但从所表示的数量的级来看，"这$_5$/那$_5$些些"所指代的量要比"这$_4$/那$_4$些""这$_5$/那$_5$些"所指代的更大一些。例如：

这$_4$/这$_5$些些人都不让你去$_1$，你去$_3$做啥去$_3$哩？

咱们家多会儿闹下这$_4$/这$_5$些些盆？

这$_4$/这$_5$些些吃的都给他往走拿呀？

您儿刚回来不是缓的，咋洗了那$_4$/那$_5$些些衣裳。

你一个儿$_自己$能吃了那$_4$/那$_5$些些？

花了那$_4$/那$_5$些些钱儿就买了个这？

"这$_4$/那$_4$些""这$_5$/那$_5$些"儿化为"这$_4$/那$_4$些儿""这$_5$/那$_5$些儿"。"这$_4$/那$_4$些儿""这$_5$/那$_5$些儿"不可以用来指代人，只可以用来指代事物，并强调数量较少。例如：

你咋就买了这$_4$/这$_5$些儿？

我就剩下这$_4$/这$_5$些儿啦，够不？

您儿拿这$_4$/这$_5$些儿吃的估计半路就吃完啦。

就剩下那$_4$/那$_5$些儿啦，你还全给吃啦。

就那$_4$/那$_5$些儿纸啦，全让她给铰啦。

这₁/这ᴄ大个箱子你咋就□[ər⁵²]放了那₁/那ᴄ些儿东西。

4. 这₂/那₂点儿、这₃/那₃点儿

"这₂/那₂点儿""这₃/那₃点儿"与"这₂/那₂些儿""这₃/那₃些儿"的意义及用法基本一致。例如：

这₂/这₃点儿酒姐夫一顿就喝完啦。

我妈就给了我这₂/这₃点儿钱儿。

就那₂/那₃点儿营生，我不待会儿就做完啦。

他就那₂/那₃点儿本事，你才用他哩。

5. 这₁/那₁点儿、这ᴄ/那ᴄ点儿

"这₁/那₁点儿""这ᴄ/那ᴄ点儿"用来指代事物时，强调事物不仅少，而且小。例如：

今年咱村的山药上声都这₁/这ᴄ点儿。

就这₁/这ᴄ点儿肉还花了我一百块儿钱儿哩。

做哩不做个大的，做了这₁/这ᴄ点儿个桌子。

出去₂一前晌一上午啦，你咋就割了那₁/那ᴄ点儿草。

老师就留了那₁/那ᴄ点儿作业，欢儿欢儿赶紧倒写啦。

那₁/那ᴄ点儿个箱子放下这₁/这ᴄ些些东西。

"这₁/那₁点儿""这ᴄ/那ᴄ点儿"也可以用来指代人，强调年龄小或者个子小。例如：

这₁/这ᴄ点儿个人哪也敢去₁。

这₁/这ᴄ点儿个娃娃认的那₁/那₁些些字。

人家孙女，那₁/那ᴄ点儿个人还会说英语哩。

那₁/那ᴄ点儿个人还敢翻墙头哩。

二、山阴方言指示代词的主要特点

（一）指示代词具有丰富的内部屈折形式

山阴方言中，指示代词可以指代不同的意义，而这些不同的意义主要是通过指示代词的内部屈折这一方式来完成的，即多采用改变韵母和声调的途径来实现内部屈折。山阴方言的指示代词"这"共有五种语音形式，"那"也有六种语音形式。不同的韵母可以表示不同的指示作用，不同的声调可以表达不同的语气。"这"的五种读音形式和"那"的前五种读音形式具有不同的指示作用，虽然这₁/那₁、这ᴄ/那ᴄ指示作用基本相同，但这ᴄ/那ᴄ所指代的量要比这₁/那₁所指代的更大一些。

（二）指示代词具有丰富的意义和语法功能

山阴方言中，指示代词"这"和"那"可以与其他语素结合构成新词，并具有不同的意义和语法功能。以"这₁""那₁"为例，除了上述分类中的各种指示作用之外，"这₁""那₁"可以与"了[ləʔ⁰]/[zəʔ⁰]"组合成"这₁了[ləʔ⁰]/[zəʔ⁰]""那₁了[ləʔ⁰]/[zəʔ⁰]"。"这₁了[ləʔ⁰]/[zəʔ⁰]""那₁了[ləʔ⁰]/[zəʔ⁰]"可以用于假设复句的偏句中，相当于普通话中的"这样的话""那样的话"。"要/要是""要不是"等这些表假设关系的关联词可以出现在句中，也可以不出现在句中。例如：

要是这₁了，我就啥也不说啦。

要这₁了，你妈和你爸爸也不知道哇？

这₁了，你就一个儿自己做哇，我啥也不管你啦。

要是那₁了，你好好说说她。

要那₁了，你给他打上个电话问问。

那₁了，你就和他去哇，我还以为你又出去₂瞎跑去₃呀。

"这₁[tṣɒ³¹³]"、"那₁[nɒ³¹³]"还可以单独出现在假设复句中，表示"如果是这样的话""如果是那样的话"的意义。例如：

这₁，你就好好伺候尔人家哇！

这₁，你就拿上用去₃哇，反正我这₃阵儿也不用。

这₁，咱今儿个今天就得多喝点儿哩。

那₁，人家过得肯定挺不赖！

那₁，我就给你一百。

那₁，你就肯定考住啦！

又如"那ɕ"，只能出现在"那ɕ么儿"这一组合中。但"那ɕ么儿"不具有指示作用，却是一个表强调的语气副词，常常与"也"配合使用，相当于"不管怎样""无论如何"。例如：

那ɕ么儿我也不想去₁。

他老儿那ɕ么儿也不放心。

我那ɕ么儿也拿不出那₂些些钱儿来₂。

咱那ɕ么儿也是个受苦人，好好受哇。

□[niəu⁵²]们你们那ɕ么儿也好说，佤这₂就不知道咋办呀？

（三）同一指示代词有不同的指示作用

山阴方言中，同一指示代词可以与不同的语素组合。组合之后，指示代词具有了不同的意义和语法功能。如"这₂"，可以与"些"组合为"这₂些"用来指示人、物，"这₂"与"些"组合之后儿化为"这₂些儿"可以用来指代事物，并强调数量少。"这₂"还可以与"儿"、"圪朵儿"组合为"这₂儿""这₂圪朵儿"用来指示处所。"这₂"还可以放在数量结构前，既可以指示人或物，也可以指示性质。

（四）指示代词有实指和虚指的用法

山阴方言中,近指"这"和远指"那"都有指示和代替作用。指示代词有虚指和任指两种用法。例如:

那₂你早早儿回来₂哇。(虚指)

你这₁也不吃,那₁也不吃,你到底想吃啥哩?(任指)

第三节 疑问代词

山阴方言中,从疑问代词的构词方式来看,疑问代词可以由疑问代词的基式与其他语素或词缀组合而成。从疑问代词所具有的非疑问用法来看,疑问代词可以表示虚指和任指。从疑问代词与指示代词的关系来看,疑问代词与指示代词具有很强的对应关系。

一、山阴方言疑问代词的类别

(一)问人

山阴方言中,除了疑问代词"谁"可以用来问人,"谁们[mã⁵²]""谁们家[tɕiɛ⁰]"也都可以用来问人,"谁们""谁们家"并非"谁"的复数形式。"谁""谁们""谁们家"既可以用来表示单数,也可以用来表示复数。"谁""谁们""谁们家"的用法与普通话中的疑问代词"谁"的用法基本相同,都可以在句中做主语、宾语和定语。与"谁"和"谁们"相比,在山阴方言中,"谁们家"的使用频率略低一些。例如:

谁给你打的电话?

你这₂是说谁哩?

谁的书啦,咋放我这₂儿啦?

谁们给把家打扫啦?

那₁些东西你齐给了谁们啦?

谁们的手机啦,咋□[ər⁵²]放的厕所啦?

谁们家去₁哩?

谁们家给照的相啦?这₂可没照成。

他们说的是谁们家啦?

这₂是谁们家的娃娃啦?看那₂好看的。

"谁"和"谁们"不表示疑问时,可表示任指,即周遍性,也就是在所认定的范围之内没有例外。例如:

你们谁们想吃谁们吃哇,我是一点儿也不饿。

你这₁话说出去₂谁信哩。

他们两个谁也认不得谁。

谁想参加就赶紧报名去₃哇。

谁们知道他一个儿(自己)去₁哪去₃啦。
谁们想去₁谁们去₁，我可不去₁。
她说的那₂英语，谁们也听不懂。
"谁""谁们"还可以表示虚指，即可以指称不知道、不想说或说不出的人。例如：
我那₃个本儿不知道让谁给拿走啦，咋也寻不见啦。
打了一黑夜麻将啦，也不知道是和谁耍的。
这₁半天啦，她也不说把帽子给了谁啦。
他一个儿(自己)也想不起来₂和谁们喝的酒啦。
家里头就剩下我和您儿啦，您儿说谁们给您儿做的饭？
——这是谁们唱的啦，咋这₁难听。
——我唱的，咋啦？

（二）问物

1. 啥

山阴方言中，"啥"可以用来问事物，相当于普通话中的"什么"。"啥"在句中可以做主语、定语和宾语。做定语时，不需要加表示领属关系的结构助词"的"。例如：
他啥也不会，我也不知道咋办呀。
啥好咱买啥。
姐姐，咱晌午(中午)吃啥呀？
他刚刚儿和你说啥哩？
这₂是个啥电视剧啦？我咋没看过。
你看啥书的哩？
"啥"修饰"人"时，可以用来询问某人的品行。例如：
你认的崔晓不，那₂是个啥人？
咱也不知道人家是个啥人，你认得人多，给咱打问打问。
"啥人"不表示疑问时，多用来说明所提之人的品行不怎么样，或者也可用于戏谑或开玩笑。例如：
你咋成这₁说哩，你是个啥人啦。
他是个啥人你可比我清楚哩，你还过来₂问我哩。
你婆婆是个啥人，你一个儿(自己)还不知道？
可世界的人也知道我是个啥人，你要不信，你就一个儿(自己)问去₃。
山阴方言中，"啥"不表示疑问时，可表示任指。例如：
你啥也不用买啦，赶紧回来₂哇。
你想做啥做啥，没人管你。

想吃啥她一个儿_{自己}做呀,可是也饿不着。

孩子想看啥书你就买啥书,买上人家不想看的,你也是白买。

咱这₂光景,那₂还不是要啥有啥的光景。

还可表示虚指。例如:

我也做不了个啥,你顾不上就作声的。

那₁点儿个娃娃能做个啥。

这₂是个啥啦,我好像在谁家见过。

他看的那₂是本儿啥书?

我妈早就饿啦,就思谋地说吃个啥哩。

山阴方言中,"啥"可以与"些儿"组合为"啥些儿",直接与"人""地势_{地方}""东西"等组合,意思就是"不是一般的""好的""比较重要的"等。例如:

啥些儿人谁和他说话哩,那₁可不是个啥好东西。

啥些儿话人家也不跟我说,我那₂能知道人家想做啥哩。

那₁老人可精哩,啥些儿东西都一个儿_{自己}□[thɛɛ³¹³]_藏的哩。

人家那₂啥些儿地势_{地方}都去₁过啦,咱连个太原也没去₁过。

啥些儿东西人家都吃过啦,咱就请他吃点儿莜面哇。

2.哪

"哪"与量词或数量结构组合后可以用来问物,表示选择。例如:

你这₂儿哪个最好?

哪家门市还开门的哩?

哪个车是你的新车?

哪两袋子山药_{土豆}是我的?

这₃两个学生,哪个学习好?

你觉意哪个水笔用得得劲?

你要哪种本儿哩?田字格的,还是拼音本?

你把我哪本儿书给拿走啦?

(三)问处所

山阴方言一部分表示处所的疑问代词与指代处所的指示代词有对应关系,即山阴方言中,除了"哪""哪了[ləʔ⁰]/[zəʔ⁰]"是用来询问处所的疑问代词,"哪圪朵儿""哪面儿"等也是用来询问处所的疑问代词。

1.哪、哪了[ləʔ⁰]/[zəʔ⁰]

"哪""哪了"问处所,相当于普通话的"哪儿"。例如:

哪有卖棉花的哩?

你这₂是哪疼哩,咱好好检查检查。

你在哪坐的哩，我过来₂啦。
您儿把我那₃摞书给拾掇哪去₃啦？
哪了有滚水₍开水₎哩？
这₅些东西咱往哪了放呀？
您儿这₂是在哪了寻下这₅些人？
这₃两天您儿在哪了买菜哩？
在对话中，"哪"与语气词"哩"组合为"哪哩"，出现在答句中表示谦虚。例如：
——你女儿肯定又考得可好哩哇？
——哪哩，就是个那₁。
——您儿今年又不少挣哩哇？
——哪哩，刚够然嚼的₍刚够基本生活的₎。
——小家伙越长越吸人₍漂亮₎啦。
——哪哩，您儿快甭夸她了。
"哪"不表示疑问时，可表示任指。例如：
㑅们₍我们₎谁也不知道他跑的哪去₃啦。
你想在哪睡在哪睡哇。
我同学给了我幅画儿，你看的挂哇，想挂哪挂哪。
就你那₂点儿东西，哪儿也能放下。
我想去₁哪买就去₁哪买，还非得去₁他那₂儿买去₃哩？
除了可以表示任指之外，"哪"还可以表示虚指。例如：
问他放哪啦，他也想不起来₂啦。
他也不知道他外甥女在哪个班哩？
我婆婆说好像在哪见过你，面不熟面不熟的。
她这₃参吓的根本想不起来₂在哪让人撞的啦。
这₃本儿书有两页我也寻不见啦，不知道掉哪去₃啦。

2. 哪圪朵儿

山阴方言中，"哪圪朵儿"问处所，相当于普通话的"哪儿"。例如：
真想凉莹莹的吃碗凉粉哩，哪圪朵儿有卖的哩？
我拿回来₂的东西您儿给放的哪圪朵儿啦？
你把车停的哪圪朵儿啦，我咋也寻不见。
这₂是哪圪朵儿啦，咱两个儿是不是走错啦？
咱县医院搬的哪圪朵儿啦？

3. 哪面儿

"哪面儿"也可以用来问处所。例如：

你家在哪面儿哩？
我在路东哩，你在哪面儿哩？
哪面儿有卖耳环的哩？我想买副耳环哩。
咱们往哪面儿坐呀？
这₂是哪面儿啦？我又倒转向啦。

（四）问时间

1. 多会儿

山阴方言中，"多会儿"问时间，相当于普通话中的"什么时候"。例如：

你多会儿回来₂呀？
你们学校多会儿开学呀？
爸爸，咱多会儿吃饭呀？
你儿子阴历多会儿的生儿_{生日}？
您儿多会儿洗衣裳呀？

"多会儿"不表示疑问时，可表示任指。例如：

你多会儿写完咱多会儿吃饭。
我多会儿回家我妈和我爸爸也给我留饭的哩。
您儿多会儿想过来₂了就给我打电话，我接您儿去₃。

"多会儿"也可以表示虚指。例如：

我上顿饭多会儿吃的我也忘啦。
他多会儿回来₂的我那₂能知道。
他愿多会儿走哩，我才不待管他哩。

"多会儿"还可用于反问句，用来反驳和否定对方，全句的语气比较强烈。例如：

你多会儿和我说的？
我多会儿去₁你家吃过饭？
她多会儿问你要过个钱儿？
我妈多会儿骂过你？
您儿多会儿给我看过个娃娃？

2. 多长时间

山阴方言中，"多长时间"用来问时间段。例如：

你那₂点儿作业还得多长时间才能写完哩？
咱这₂还得多长时间哩？我想早点儿回哩。
从他们村到你这₂儿得多长时间？
你多长时间没写日记啦？
西瓜切开多长时间啦？

3.啥时候

山阴方言中,"啥时候"问时间,相当于普通话的"什么时候"。例如:

您儿啥时候去₁太原去₃呀?

咱啥时候吃顿饺子呀?

你女儿啥时候上的小学啦?

咱啥时候出去₂逛达逛达去₃呀?

你啥时候领东西去₃呀?

因为"啥"不表示疑问时,可表示任指,因而"啥时候"不表示疑问时,也可以表示任指。例如:

让他睡的哇, 想啥时候起就啥时候起。

您儿看哇,我啥时候也行。

您儿啥时候有时间咱啥时候去₁。

也可表示虚指。例如:

我上次啥时候去₁的北京我也想不起来₂啦。

你可有意思哩,我能知道人家啥时候回来₁的。

我记得您儿啥时候好像和我说过这₄个话。

"啥时候"与"多会儿"一样,也可用于反问句,其意义和作用相当。例如:

我啥时候和你说过?

她啥时候管过我?

我啥时候看过你手机?

(五)问原因

1.为啥

山阴方言中,"为啥"问原因,相当于普通话中的"为什么"。例如:

你为啥不去₁?

姥姥家为啥不买个冰箱?

爷爷为啥要请人哩?

你能和他说,为啥不能和我说?

你为啥不叫请尔人家妗子们?

"为啥"可用于反问句,用来回答和反驳对方,表明自己的态度和立场,所表达的语气要比"多会儿"所表达的强烈些。例如:

我为啥要和他说话哩?

为啥非得染头发哩?不染头发就不让过年啦?

你为啥要和她相跟哩?

我为啥要把我的东西给她哩?

人家为啥要帮你哩？

"为啥"也可以用来表示责问。例如：

为啥人家能考住，你就考不住？

为啥老买黑的哩？

好啦，为啥还要抹哩？

他一个儿_自己_不能洗，为啥老让你给他洗哩？

为啥老让我洗锅哩？

2. 咋

"咋"是谓词性代词，相当于普通话的"怎么"。"咋"做状语，可以用来问原因，可以位于主语之前，也可以位于主语之后。例如：

你咋买了这₁些芒果？

咋你一个儿_自己_回来₂啦？你女婿来₃？

我今儿个_今天_咋饿成个这₁？

他们咋洗了这₁长时间？

他咋把画儿给放的沙发后头啦？

咋又少下啦？

你咋又去₁她那₂儿去₃啦？

她咋又倒躺下啦？

牛奶咋洒下一地？

（六）问性状

1. 咋底个

山阴方言中，"咋底个"用来问性状，相当于普通话的"怎么样"。"咋底个"可以出现在谓语或补语的位置上，出现在谓语位置上，常常用来询问听话者的看法和状况。例如：

你觉意这₃个颜色咋底个？

这₃个自行车咋底个？

这₃双鞋咋底个？舒服不？

这₃个人您儿们觉意咋底个？

你胳膊咋底个啦？好点儿啦没？

"咋底个"出现在补语的位置上，常常用来询问事情或行为的结果。例如：

这₃回考试考得咋底个？

过年呀，家打扫得咋底个啦？

快开学呀，你这₂作业写得咋底个啦？

您儿那₂鸡子喂得咋底个啦？

他这₃两天缓得咋底个啦？

不论询问的是看法和状况，还是事情或行为的结果，听话者都可以以"不咋底个"来回答。例如：

——这₃个本儿咋底个？给你哇。

——不咋底个，我才不要哩。

——妈，您儿看我这菜切得咋底个？

——不咋底个。

2. 咋

"咋"可放在判断动词"是"或动词"知道"的后面，也可以与"啦"组合之后出现在句中。例如：

你这是咋的啦？难活哩？

我也不知道咋的啦？心上麻烦的。

他这是咋的啦？谁又惹下他啦？

又咋啦？

"咋"还可以组成一些固定格式，如"咋也得""不咋些儿""咋也不咋"等。

"咋也[iɛº]得"相当于普通话的"无论如何"。例如：

这₁大的事，你咋也得和你妈、和你爸爸说上声哩哇？

她咋也得认我这₂个舅舅哩哇？

你咋也得给尔人家别人留点儿哩哇？

我妈咋也得给我留口稀饭哩哇。

我咋也得把这₃点儿写完哩。

"不咋些儿"相当于普通话的"不要紧""没什么事"，可以单独成句，也可以在句中做谓语。例如：

我不咋些儿，你赶紧过去₂眊眊他去₃。

人家不咋些儿，你咋喝成个这₁？

她腿不咋些儿啦，能慢慢儿地圪揉上走啦。

她脸上的红颗儿颗儿小红点儿都退啦，不咋些儿啦。

——姥爷咋底个啦？

——不咋些儿啦，再输上一天液就不用输啦。

"咋也不咋"表示"没有任何问题""没有什么事儿"，其意义与"不咋些"相当。"咋也不咋"可以单独成句，也可以在句中做谓语，其所表达的语气比"不咋些儿"所表达的更为肯定、更为强烈些。例如：

您儿这₂咋也不咋，给我打电话说是感冒啦。

这₃双鞋还咋也不咋的哩，又倒买新的呀。

沙发咋也不咋，尔人家倒不要啦，我给收揽起啦。

——你操心些儿,慢点儿倒,甭烧着哩。
——咋也不咋,我多大啦。
——你还敢看小说哩,操心叫老师看见的。
——咋也不咋,我在语文书底下压的哩。

(七)问方式

山阴方言中,"咋"用来问方式,相当于普通话的"怎么"。"咋"多出现在主语之后,充当状语。例如:

那$_1$远的路,您儿咋过来$_2$的?
您儿咋知道的?
你眼镜儿腿咋就断啦?
他咋进来$_2$的啦?
你咋做的啦?

"咋"可以表示任指。例如:

尔$_{人家}$是咋打扮咋好看,咱是咋打扮也寡气。
人家咋说咋对。
你想咋想就咋想。
我在我一个儿$_{自己}$家想咋睡就咋睡,想几点起就几点起。

(八)问数量

1. 几

"几"多与量词结合,用来询问数量,但数量不太大。例如:

咱家今儿个$_{今天}$来了几个人哩?
您儿这$_3$回来能住几天?
一个箱子里头装了几个?
你每天上几节课?
他点了几个凉菜、几个热菜?
我爸爸今儿个$_{今天}$买了几斤肉?
你拿了几双袜子?

"几"也可与部分名词结合,表示询问数目。例如:

你家在几楼哩?
今儿个$_{今天}$几号啦?
□[niəu^{52}]$_{你}$家电视几英寸的?
这$_3$两天几九$_{数九}$啦?
你看的那$_3$个电视剧在中央几台演哩?
你这$_2$会儿在几大队哩?

2. 多少

"多少"也可以问数量，数量要大一些。例如：

你这₂会儿还有多少钱儿哩？

她还有多少作业没写完哩？

家里头还有多少肉哩？

操场上能坐下多少人？

"多少"表示不确定的数量时，放在谓语动词后做宾语，表示数目比较多，量比较大。例如：

咱家人多，买多少，能吃多少。

您儿知道多少说给我多少。

你有多少就给我拿多少。

"多少"也可以放在名词前，表示数目比较多，量比较大。例如：

你看咱院多少车哩，停也没个停处。

街上多少人哩，挤得走也走不了。

你看人家家多少书哩，众处处放的都是书。

"多少"表示不确定的数量时，放在谓语动词前做状语，谓语动词后头加"点儿"，表示数目比较少，量比较小。例如：

爷爷多少知道点儿啦，您儿不行就和他老儿说了哇。

咱多少买上点儿，有那₂个意思就行啦。

多少吃上点儿，要不后半夜又饿呀。

你多少盖上点儿，操心凉了的。

你多少写上点儿，省得开学呀才又补作业呀。

"多少"还可以用于反问。"多少"可以置于谓语动词之后做宾语，也可以与名词组合之后，置于谓语动词之后做宾语，多有夸张之意。例如：

坏了那₂些些，还有这₂些些哩，这₂不知道买了多少哩？

全凭多亏有碗沿子哩，要不还不知道给舀多少哩？

这₂是喝了多少酒哩，咋又喝成个这₁啦？

你洗了多少衣裳哩？

（九）问行为

山阴方言中，"做啥"或"□[tsuʌ⁵²]"问行为，询问所发生的动作或行为，在句中做谓语。例如：

你买这₁做啥哩？

他大清早起大早上做啥去₃啦？

你这参₃做啥的哩？

您儿去₁他家做啥去₃啦？

您儿又做啥去₃呀？不是好好儿缓的。

"□[tsuA⁵²]"是"做啥"的合音,与"做啥"的意义和用法相同,可以互换。但从语气表达上来看,"□[tsuA⁵²]"所表达的语气略微委婉一些。

二、山阴方言疑问代词的主要特点

（一）疑问代词具有丰富的构成方式

山阴方言中,部分疑问代词是通过合音构成的、部分是通过基式与词缀或其他语素组合而成的。如:问行为的"□[tsuA⁵²]"是通过"做啥"合音构成的。问人的疑问代词"谁们"是由基式"谁"与后附式词缀"们"组合构成的。问物的疑问代词"啥"可以与"时候"组合,组合之后可构成问时间的疑问代词"啥时候"。问处所的疑问代词有疑问代词"哪""哪了",也有由"哪"与"圪朵儿""面儿"组合而成的疑问代词"哪圪朵儿""哪面儿"。

（二）疑问代词有任指和虚指的用法

山阴方言中,部分疑问代词不表示疑问时,有两种非疑问用法,即既可以表示任指,也可以表示虚指。表任指时,疑问代词用来表示所认定的范围之内没有例外;表虚指时,疑问代词用来指称不知道、不想说或说不出的人、事物、时间和处所。如:问人的疑问代词"谁""谁们"、问物的疑问代词"啥"、问处所的疑问代词"哪"和问时间的疑问代词"多会儿""啥时候"等都有这两种用法。

（三）疑问类别与疑问代词对应关系复杂

山阴方言中,同一疑问类别可以通过不同的疑问代词来表示疑问,如问时间的疑问代词有"多会儿"和"多长时间",问原因的疑问代词有"为啥"和"咋"。同一疑问代词可以表示多种疑问类别,如疑问代词"哪"可以用来问物,表示选择,也可以用来问处所。又如疑问代词"咋"可以用来问原因,也可以用来问方式,还可以用来问性状。

第四章 副 词

山阴方言中，副词修饰或限制动词、形容词性短语，只能做状语，不能做定语、谓语和补语。副词做状语时，不需要加结构助词"地"。部分副词重叠后仍是副词，其语法性质并未发生变化。山阴方言的副词类别丰富，表达细致，我们按照程度、范围、时间频率、情态、语气和否定等六个小类分别对其进行论述。

第一节 程度副词

不同的程度副词在语义上所表示的程度有很大的差别。下面在论述山阴方言程度副词在语义上所表示的程度的基础上，进一步深入细致描写和分析山阴方言程度副词的语法功能。

一、表示程度较高的副词

（一）可

山阴方言中，不用"很""特别""非常"等程度副词，而是用程度副词"可"。程度副词"可"可修饰形容词和表示心理活动的动词。"可"有[khəʔ⁴]和[khaʔ⁴]两种读音，两种读音分别表示两种不同的程度。"可[khaʔ⁴]"所表示的程度要比"可[khəʔ⁴]"所表示的更高一些。"可[khəʔ⁴]"相当于普通话的"很"，"可[khaʔ⁴]"相当于普通话的"特别""非常"。例如：

她可好出去₂逛达去₃哩。

她各人（自己）没个女儿，可爱见我那₃个小女儿哩。

我可想吃碗方便面哩。

人家家打扫得可干净哩。

今年的花儿开得可好哩。

那₁女儿可懒哩。

在山阴方言口语中，人们经常拖长"可[khaʔ⁴]"的读音，这样常常用来表示程度很高，已经无法用语言表达的意思。"可[khəʔ⁴]"没有这一用法。

山阴方言中，"可"常常用来修饰形容词。例如：

那₃个超市的菜可便宜哩。

人家们穿的衣裳都可好哩，你看看我的。

他们家亲友可多哩。

那₃本儿书写得可有意思哩。

那₃个学生跑得可快哩。

佴们老师管得可严哩。

"可+形容词"不可以做状语和定语，即在山阴方言中，不可以说"可多买""可快跑""可好的衣裳""可便宜的菜"。

"可"还可以与"会"等能愿动词组合为"可会"，用来修饰动词，表示某人很擅长做某事。例如：

人家可会做饭哩。

那$_1$老人可会算计哩。

我妈可会打火罐哩。

人家可会复习哩，每次考得也可好哩。

佴那$_2$个同学可会说话哩。

（二）越利、越发、绝利、绝发

"越利""越发"表示程度进一步加深，直接修饰形容词，用来说明人或事物原有的性状发生了变化，这种变化仅限于同一人或同一事物。例如：

这$_3$两天街上的人越利/越发少啦。

年底啦，他越利/越发忙的，我也好几天没见啦。

老二的菜这$_3$两日卖得越发/越利贵的。

你写的字越发/越利好啦。

他老儿这$_3$两日做营生做的越发/越利乏的。

这$_3$回他越发/越利高兴啦哇？

"越利""越发"也可以修饰动词性短语。例如：

你这$_2$女儿越利/越发长得吸人$_{漂亮}$的。

这$_3$两天越利/越发管得可[khəʔ⁴]严哩。

我这$_3$回越利/越发没法儿和人家说啦，咋往开张嘴哩？

尔们$_{人家们}$家这$_3$两年越利/越发过得可好哩。

你这$_2$会儿咋越利/越发学成个这$_1$样儿的啦？

"越利""越发"与"不+形容词/动词"组合为"越利/越发+不+形容词/动词"。例如：

他净说些没使用的，爷爷越利/越发不想和他说话啦。

这$_3$两天这$_1$形势，越利/越发不待出门啦。

这$_2$会儿人家大啦，越利/越发不听咱的啦。

每天耍得心哄的，越利/越发不想写作业啦。

我感冒了好几天啦，这$_3$两天越利/越发不精神的。

"绝利""绝发"所表示的意义和用法与"越利""越发"的基本相同，但所表达的语气比"越利""越发"的要强烈一些。例如：

这$_3$回人家绝利/绝发不借给你钱儿啦。

这₂可闹灰啦，绝利/绝发出不去₂啦。
听见这₁，她绝利/绝发哭得厉害啦。
这₃下有人管他啦，他绝利/绝发啥也不敢做啦。
这₁些人天天在佤家吃饭哩，我妈绝利/绝发乏的。
我不知道他说了句啥，奶奶绝利/绝发气得厉害啦。
我可长时间没给她绞头发啦，头发绝利/绝发长的。

（三）更利

"更利"相当于普通话的"更加"，含有比较的意味。"更利"的用法与"越利""越发""绝利""绝发"的基本相同。例如：

这₃回人家更利有个说上的啦。
您儿这₁样儿洗锅更利费水。
他就那₂瞎逗达哩，人家恼得更利厉害啦。
他不好好儿学习，这₃回把尔（人家）老师还给打啦，更利把他妈快气死呀。
暖气也停啦，又下了场雪，更利冷的。
他老儿把娃们惯得更利没样儿啦。
今儿个（今天）十五哩，街上人更利多的。
这₁娃娃这₂会儿更利顽（淘气）的。

二、表示程度较低的副词

（一）有点儿

"有点儿"表示程度不高，有"稍微"之意，多用来表达不如意的事情。"有点儿"直接修饰形容词，形容词多含消极义或贬义。例如：

这₃个裤子有点儿短啦。
外头有点儿冷，您儿多穿上点儿。
这₃两天我有点儿牙疼，不色个（不太）想吃饭。
夜儿个黑夜（昨天晚上）睡得有点儿迟啦。

山阴方言中还可以构成"有点儿+不+形/动"这一组合。形容词、动词或动词性短语多含积极义或褒义。例如：

他今儿个（今天）有点儿不舒服哩，炕上忔仰（躺）的哩。
你女儿今儿个（今天）有点儿不高兴，一接回来₂就恼的。
尔娃儿心里头有点儿不高兴也不想和你说。
我觉意他这₁样儿做有点儿不合适。
你说这₁话可有点儿不讲道理啦。
要说出这₁话来₂，就有点儿没意思啦。
咱还有点儿不好意思，人家可觉意也没觉意。
我让尔（人家）和我去₁哩，尔（人家）还有点儿不愿意。

"稍微"还可以与"有点儿"连用。例如：
她今儿个_{今天}回来₂得稍微有点儿迟啦。
我今儿个晌午_{今天中午}吃得稍微有点儿多啦。
这₃个字你写得稍微有点儿大啦。
他稍微有点儿怕你。
叔叔家离俺家稍微有点儿远。
这₃个题稍微有点儿难。

（二）略微

山阴方言中，"略微"表示数量不多或程度不深，放在动词和形容词之前。动词常常可以重叠，重叠后，表"轻微"义，与"略微"所表示的程度义基本相同，谓语中心之后常常出现"点儿""些儿""会儿"等。例如：
你给咱略微往里挪挪。
你略微动动脑子，这₁简单的题还能错成个这₁哩。
他略微给看了看，说我爷爷就是有点儿感冒。
我略微给上了点儿色。
我妈略微知道点儿。
我妹妹略微给我抹了点儿粉。
你略微往那₃面儿些儿，我连个站处也没啦。
他略微说了些儿，估计也没啥事。
不着急的哩，您儿走得略微慢些儿。
你大爷今儿过来₂略微坐了会儿。
你叫她略微等上我会儿。
再略微馏上会儿就行啦。

"略微"相当于普通话中的"稍微"。山阴方言口语中，老年人多用"略微"，大多数年轻人更愿意选用"稍微"一词。

（三）不色[saʔ⁴]（个）

"不色[saʔ⁴]（个）"表示的程度略低，有"不太""不很"之意。"不色[saʔ⁴]（个）"可以直接修饰形容词或动词。"个"常常可以省略。例如：
我不色（个）饿，您儿们先吃哇。
那₁女儿不色（个）高。
他洗得不色（个）快，我等上会儿他。
人家不色（个）好和人打交道，常也是一个儿_{一个人}。
他不色（个）想吃，咱吃哇。
我想睡会儿哩，不色（个）想出去₂啦。
我妈这₂会儿不色（个）打麻将啦。

第二节 范围副词

山阴方言中,一部分范围副词,如"都""就"等的意义和语法功能与普通话的相同。这里就不再赘述。

一、总括副词

（一）中 [tsuə̃^{313}]

"中"表示所指范围内无例外,与"全""都"意义相近。句中谓语多为"是",除了起到联结作用,还起到了强调的作用。例如:

桌子上咋中是水?

你这₂作业咋中是错的?

街上中是人,挤死啦。

人家家中是书,你看看咱家!

地上中是泥,你坐地上做啥呀?

上例中的谓语"是"常常可以省略不出现,这并不影响句子意思的完整表达,句中出现了"副词+名词"这一组合结构。例如:

墙上中奖状。

家里中吃的,咋又买了这₁些些。

炕上堆的中衣裳啦,这₁也是没衣裳。

她写的中错的,你给咱好好儿检查检查。

背心儿上中头发,赶紧掸掸。

（二）齐

"齐"与"中"都表示所指范围内无例外。"齐"常常直接修饰"是",而且"是"一般不可以省略。例如:

齐是别人的错,你一点儿不是也没。

齐是男的,我不想去₁。

那₃两条路齐是在那₁老汉手里修的。

这₂齐是给我的?没别人的?

这₁齐是她的书。

姐姐买的齐是感冒药,没别的啦。

（三）一划

"一划"表示全部。全句谓语多由"是"承担,而且"一划"还常常与"都"配合使用,起到强调语气的作用。例如:

那₁女婿可精哩,别人喝的酒,人家一划喝的都是水。

小家伙儿的衣裳一划都是新的。

他女儿那₂东西一划都是我给她买的。

我姐姐今年逢九哩，从里到外一划都是红的。

二、限定副词

山阴方言中，表限定的副词多与普通话的相同。这里仅就"产[tshæ⁵²]"的意义和用法进行论述。

"产[tshæ⁵²]"相当于普通话中的"只"，用来表示限定在某种范围之内，可置于动宾短语之前，用来限定宾语的范围。例如：

你甭产吃馒头，就上点儿菜。

坐的那₂儿甭产喝水，你给咱说句话哇么。

一到冬子₍冬天₎，尔们₍人家们₎家产吃山药₍土豆₎和白菜哩。

那₁老人不会做饭，产吃方便面哩。

他老儿身体不好，一天产吃药啦。

每年冬子₍冬天₎产买菜也得花好几千哩。

"产"也可以直接放在名词、名词性短语或量词结构前。例如：

我爷爷和我奶奶产药钱儿一年也得花不少哩。

产文具盒儿就好几个啦。

产书就堆下一地。

床底下产他的鞋。

产一个就这₄贵哩？

产一个也不够用。

产这₃一层也得打扫可[khəʔ⁴]长时间哩。

否定副词"不"可以直接修饰"产"，相当于普通话中的"不只""不仅"。"不产"与"是"连用，限制名词、代词或名词性短语。例如：

不产是你，别人也都没有。

不产是咱班的，他们班的也让逮住啦！

不产是菜，别的也挺便宜的。

不产是这₃两个人，还有两个在那₃个家哩。

不产是书柜里头，炕上堆的也都是他的书。

"不产"也可以限制动词或动词性短语。例如：

他不产在学校得过奖，在省里头也得过奖。

不产给他买了一双，给姐夫也买了一双。

不产山上有，咱们这₂儿也有哩。

我爸爸不产煮了些牛肉，还熬了点儿鸡肉。

我姐姐不产给洗了衣裳，把家也给打扫啦。

三、统计副词

山阴方言中，表统计的副词有"一共""总共""拢共儿""各共""共各"等。这些副词都表示数量的总和，相当于总括、总计。

（一）一共

"一共"置于动宾短语之前，用来总括数量。总括的数量可以很小，也可以很大。总括的数量较小时，常常与"就"搭配使用。总括的数量较大时，句末语气词常常为"哩"。例如：

我一共就买了这₄些儿，您儿还全给他啦。

一共就煮出来₂两圪垯块牛肉，给你哥哥拿走一圪垯块。

佤两个儿一共就花了一百块钱儿。

他一共看了五六本儿书哩。

我爸爸说他今儿个今天一共走了一万多步哩。

佤村一共一百来户人哩。

"一共"可以直接修饰数量词、数量短语或表数量的代词。总括的数量可大可小。例如：

一共五十斤哩，她全拿走啦？

一共两箱苹果哩，她没给咱留点儿？

一共两瓶水，先让他们喝哇。

一共两个小时啦，你就写了这₅点儿作业？

这₃个电视剧一共七八十集哩。

一共就这₄点儿，您儿一个儿自己吃哇。

（二）"总共"

"总共"相当于总括、总计，表示合在一起的总数或总量，总数可以是确数，也可以是概数。例如：

佤们我们单位总共三四十个人。

他们班总共四十来₃个人。

人家家总共养了十来₃盆花儿哩。

我姥姥这₃头总共三十五口。

当"总共"总括的数量较小时，常常与"才"配合使用，构成"总共才"。例如：

佤两个儿总共才二十块钱儿。

这₄一盒草莓总共才十个。

总共才两个，尔们人家们两个一人一个。

总共才开了半个小时的会，我早倒回啦。

连带做手术总共才住了四天的院。

（三）拢共儿

山阴方言中，"拢共儿"表示数量的总和，相当于总括、总计。总括的数量都比较小。"拢共儿"置于动词性短语之前，总括或总计的数量大多指向宾语中的数量词或数量结构，或者指向动补短语中表时量或动量的补语。例如：

我拢共儿煮了一袋儿方便面，全让他一个儿_自己_给吃啦。

他今儿个_今天_拢共儿吃了一顿饭。

妈拢共儿卖了一千五，您儿还全给耍钱输啦。

拢共儿就剩下半瓶啦，不够啦！

我拢共儿出去_2_了不待会儿，你咋把家给闹成个这_1_啦？

他拢共儿跑了一圈就跑不动啦。

你拢共儿就拖过两回地。

我妹妹拢共儿写了两页就不想写啦。

"拢共儿"常常与"就"搭配使用，组合为"拢共儿就"，后面直接跟名词性短语，所总括的数量较小。例如：

他拢共儿就十来块钱儿啦，能给你买点儿啥？

拢共儿就一页儿作业，这_c_长时间啦，还没写完哩？

家里头拢共儿就两袋袋儿面啦，你全给人啦。

车上拢共儿就一箱子桔子，让他给搬哇。

我拢共儿就一沓子纸，你全给我画成个这_1_啦？

"不+AA儿+点儿"这一组合可以修饰限制名词，A多为积极义形容词。"拢共儿"置于这一名词性短语前用来总括这类名词性短语，表示总括的长度、高度和深度等都很小。需要特别指出的是，形容词"大"出现在这一结构中，不需要重叠。例如：

拢共儿不远远儿点儿路，送啥哩。

拢共儿不高高儿点儿个梯子，他也不敢爬。

拢共儿不长长点儿绳子，还剩下这_6_些儿。

拢共儿不深深儿点儿个窨子，我给下哇。

拢共儿不大点儿药，一口倒全喝啦。

（四）各共、共各

山阴方言中，"各共""共各"的用法与"拢共儿"的基本一致，表示总括、总计，总括的数量较小，"各共"常常可以与"才"搭配使用。例如：

他们家各共才一个自行车，还让别人给借走啦。

这_2_会儿村里头各共就那_2_十来_3_个年轻人。

你各共才写了一行"上"？

姐夫各共才买了十斤猪肉。

各共才十来块钱儿，你还怕我不给你哩。

而"共各"常常与"就"搭配使用。例如：

佤家共各就我和我妈两个人。
咱村共各就那₂一个学校。
共各就这₁点儿啦，您儿一个儿(自己)吃哇。
我早起(早上)共各就喝了碗稀饭，这₃参饿的。
共各就那₂一身衣裳，洗了就没个穿上的啦。

第三节 时间、频率副词

一、时间副词

山阴方言中，时间副词可分为表初始、表将来、表进行、表持续、表最终和表过去等六类。

（一）表初始

山阴方言中，表初始的时间副词有"刚[tɕiŋ³¹³]""刚刚儿""才""才才""才今儿""头且""头子[zəʔ⁰]/[ləʔ⁰]""原先"等。

1. 刚、刚刚儿

"刚""刚刚儿"的用法与普通话中的"刚"的用法基本一致，表示动作或变化出现在不久前，可以修饰动词或少数表示变化的形容词。"刚"和"刚刚"可以互换使用。例如：

我刚/刚刚儿吃了饭，正安顿的过去₂呀。
妈刚/刚刚儿给你炒了些瓜子儿，你走顿间拿上。
姐姐刚/刚刚儿拿起书，你先一个儿(自己)耍会儿去₃。
人家刚/刚刚儿把地给擦了，你倒给踩下一地脚板印儿。
您儿刚/刚刚儿好了，先好好儿缓的哇。
西红柿刚/刚刚儿红了，还不能吃的哩。

2. 才、才才、才今儿

"才""才才""才今儿"相当于普通话中的"刚才"，表示事情在前不久发生。"才""才才"可以修饰动词或少数性质形容词。例如：

我才把我妈送回去₂。
我爸爸才把我女儿给送的幼儿园。
姐姐才从单位回来₂，咋又倒走啦？
树才才绿了。
姐姐养的花儿早就开啦，我的才才开了。
我才才把自行车修好，咋又倒坏啦？
面才才还硬的哩，不待会儿就软啦？

"才今儿"主要用来修饰动词。例如：

我才今儿还看见他在街上逛达的哩。
佢们_{我们}才今儿去₁叔叔那₂儿去₃来₃。
他老儿才今儿和我姥姥相跟上开药去₃来₃。
他婆婆才今儿还在这₂儿坐的哩。

3. 头且

"头且"相当于普通话中的"刚才",多用于对比的前后句中,表示刚刚发生的某件事情,紧接着就出现了变化。例如:

人家头且答应下啦,没两日又变卦啦。
他头且走,人家两个儿倒开开电视啦。
你头且打扫完,人家又倒给你闹下一地。
老师头且寻完他妈,他又倒打了一架。
头且才穿的新衣裳,出去₂了不待会儿倒给你闹下一身泥。

4. 原先

山阴方言中,"原先"相当于普通话中的"原来",表示以前某一时期,含有现在已经不是这样的意思。例如:

我表弟他们原先在六小上学,后头又在二小上的。
他原先在学校当老师哩,后头调的教育局去₃啦。
那₁人原先可[khəʔ⁴]能喝酒哩,这₂会儿也喝不动啦。
我原先也不啥个吃鱼,这₂会儿也常吃哩。
他老儿们原先在老家住的哩,这₂会儿在我这₂儿住的哩。

(二)表将来

山阴方言中,表将来的时间副词有"立地""立刻儿""欻马[tshuA³¹³/³¹ma⁵²]""紧点儿""就令儿"。

1. 立地、立刻儿、欻马

"立地""立刻儿""欻马"相当于普通话中的"马上""立刻",指动作行为或事态在很短时间内发生或出现变化。句中常常与"就"配合使用。例如:

刚刚儿还好好儿的,咋立地倒给恼啦?
我立地就写完啦。
我立地就过去₂啦,你就在那₂儿等的哇。
你哥哥立地就下去₂啦,让他给拿哇。
饭立地就能吃啦,你吃上点儿再走。
我和他说好啦,你立刻儿去₁他家取去₃哇。
我立刻儿就给你挂起啦,忙啥的哩。
我立刻儿洗澡呀,不待出去₂啦。

咱立刻儿出去₂转弯转弯去₃。

让他立刻儿回顿间给你捎上。

在山阴方言中，"欻马"的意义及用法与"立地""立刻儿"的基本相同，但从使用频率上来看，"欻马"的使用频率相对来说要低一些。例如：

我欻马就过去₂啦，等上我不待会儿。

他欻马就给您儿送过去₂啦，您儿稍微等上会儿。

姨父欻马就给把药送将来₂啦。

2. 紧点儿

"紧点儿"相当于"马上就"，多用来指说话的时间与将要发生的动作行为或出现的事物、现象等间隔的时间非常短，即说话之后很快就发生了某个动作或出现了某件事情。例如：

那₃参紧点儿吃呀，这₃参又不想吃啦。

紧点儿开学呀，你这₂作业写完啦没？

我紧点儿憋不住呀。

她紧点儿超过我呀。

咱家卫生纸紧点儿没呀。

小家伙儿紧点儿就会说话啦。

3. 就令儿

"就令儿"相当于"马上"，多用来指两件事情或两个动作先后紧接着发生。句中常常与"倒"配合使用。例如：

老师一说，她就令儿倒记住啦。

我上完课就令儿倒回家啦。

她看完书就令儿倒睡着啦。

我吃完饭就令儿倒把锅给洗啦。

伍们_{我们}耗完我爷爷奶奶就令儿倒回来₂啦。

（三）表进行

山阴方言中，表进行的时间副词主要有"正"，表示动作正在进行，主要构成"正……的哩"格式。"正"相当于普通话中的"正""正在"，但山阴方言不用"正在"表示进行。例如：

我正做饭的哩，他打电话让出去₂吃去₃哩。

我和我表妹正坐的哩，她那₃个同学就进来₂啦。

伍们_{我们}正回的路上哩。

他正开车的哩，您儿有啥做上的哩？

孩子正看书的哩，你赶紧把电视关了哇。

他们两个正商量的哩，你等上会儿。

（四）表持续

山阴方言中，表持续的时间副词有"一各共""老""还还[xæ³¹³/³¹xəʔ⁴]"。

1. 一各共

"一各共"可以表示某种动作行为或者某种性质状态从某时开始并一直持续到现在，相当于普通话的"一直"。例如：

他一各共还是个那₁样儿的哩，就那₁德性。

炉子一各共还着的哩，不着的能这₅暖和？

那₁女人一各共也过得可苦哩。

尔_人家_两个儿一各共也可好哩。

碗一各共还在水池子泡的哩。

他们家一各共也没人，门一直锁的哩。

锹一各共还在南房放的哩。

人家一各共还在家哩。

2. 老

"老"可以表示某种动作行为或某种性质状态在某段时间或离现在较近的一段时间内持续存在，相当于普通话的"总""总是"。例如：

这₃两天厕所的灯老忽闪哩，你给咱修修哇。

那₁女人那₂会儿老也穿的个蓝褂子。

您儿甭老坐的，出去₂转弯转弯去₃。

这₃个疮儿咋老也好不了？

你咋老吃挂面哩？

你女儿这₃两天老流鼻血哩。

我妈老忘拔钥匙。

3. 还还[xæ³¹xəʔ⁴]

这一时间副词虽是由"还"重叠而成，但读音却不同。"还还"表示动作行为或性质状态从某一时间持续至说话时。例如：

你家这₂花儿还还开的哩？

火还还着的哩？

那₃两天买的花儿还还可香哩。

人家们都复习的哩，你咋还还看电视的哩？

你咋还还在这₂儿坐的哩？

你咋还还敢在这₅些人跟前瞎说哩？

（五）表最终

山阴方言中，表最终的时间副词主要有"临完""到最后"。

1. 临完

"临完"表示事情已经发展到了结束的时间点,常常与"也"配合使用,多表达了说话者的遗憾之情。"临完"相当于普通话的"最终"。例如:

我临完也没见上她最后一面。

他们临完也没说下个啥。

老两口思谋的回趟朔州哩,临完也没回成。

我哥哥临完也没念成高中。

那₁老汉临完也没吃饭就走啦。

2.到最后

"到最后"表示事情已经发展到了结束的时间点,常常与"也"配合使用。例如:

我到最后也没闹精[tɕi³¹³]明人家两个儿说的是啥。

她嫌贵哩,到最后也没舍得买。

到最后人家啥也没给她。

到最后也是个□[mæ³¹³]扔,要那₁做啥哩?

到最后也没当成兵,学的开了车啦。

（六）表过去

山阴方言中,表过去的时间为"倒",相当于普通话中的"已经",表示状况或事态已经出现或已经发生。例如:

正月十五也倒过啦。

丽丽的女儿倒两岁啦?

你咋早早儿倒起啦?

我出去₂的时候,人家倒等上我啦。

等他去₁了,会倒开完啦。

"又"和"倒"可以组合为"又倒",表示说话者对某一事态往复周期特别短而表示始料不及。例如:

又倒九点啦。

我又倒饿啦,咱晌午中午吃啥呀?

又倒过生儿生日呀,今年快不过哇。

又倒快开学呀。

又倒星期一啦,这₂一个礼拜过得真快哩。

又倒过年呀,一年一年过得真快哩。

二、频率副词

山阴方言中,表频率的副词主要"可[khəʔ⁴]能""三天两头""呆猛儿""碰达""碰猛达"等。

（一）表示频率较高的副词

山阴方言中，表示频率较高的副词有"可[khəʔ⁴]能""可[khəʔ⁴]肯"和"三天两头"。

1. 可[khəʔ⁴]能

"可能"由程度副词"可"与能愿动词"能"组合而成，用来修饰动词，表示动作行为经常发生，相当于普通话中的"经常""常常"。例如：

他这₃两天可能出去₂喝酒去₃哩。

我女儿这₃两天刚回来₂，乏的，可能睡哩。

那₁人可能骂他儿子哩。

楼上头那₃两口子可能嚷架哩。

那₃老俩口可能出去₂旅游去₃哩。

2. 可肯

"可肯"由程度副词"可"与能愿动词"肯"组合而成，表示时常。例如：

这₃两天可肯下雨哩。

你姥姥今年可肯难活哩。

他这₃个礼拜可肯下乡去₃哩。

他老儿可肯去₁老魏那₂儿去₃哩。

我可肯在院子碰见你爸爸哩。

3. 三天两头

"三天两头"表示在一段时间内动作行为发生的次数较多，相当于"常常"。例如：

他三天两头就去₁趟北京，不知道做啥去₃啦。

你咋三天两头就擦回玻璃，不嫌麻烦。

那₃三个人三天两头就凑的一圪垯一块儿啦。

那₁老汉三天两头就过来₂一趟。

她女儿三天两头就换身新衣裳。

（二）表示频率较低的副词

山阴方言中，"呆猛儿""碰达""碰猛达"表示在一段时间内动作行为重复次数较少，相当于普通话中的"偶尔"。例如：

他呆猛儿才回来₂一趟，回来₂也就那₂睡的哩。

咱呆猛儿也买的吃点儿好的。

这₂会儿人们呆猛儿才吃顿粗粮。

我爸爸碰达在门房儿和他们打会儿扑克儿。

我碰达在街上还能碰见他哩。

他们碰达过来₂上会儿，也钻呆不住。

她碰猛达才买回菜。

我妈说他们小时候碰猛达才吃回肉。
佤们_我们_也是碰猛达才联系一回。

第四节 情态副词

山阴方言中，情态副词常用来表示动作主体和动作行为的情状或方式。本节从以下三个角度来分析山阴方言的情态副词。

一、表示动作行为进行时的情态

山阴方言中，表示动作行为进行时的情态的副词主要有"亥亥儿""欢儿欢儿""如如儿""款款儿""挺挺儿""一火""猛不防""猛猛儿"等。

（一）亥亥儿

"亥亥儿"表示巧合，恰好。例如：

我亥亥儿吃饭呀，人家给你跑回来$_2$啦。

你亥亥儿那$_2$会儿去$_1$哩？

娘儿两个正安顿上出去$_2$呀，亥亥儿下将雨啦。

这$_3$点儿面亥亥儿够咱三个人的。

你没个借处啦，亥亥儿问他借哩？

（二）欢儿欢儿

"欢儿欢儿"用来表示催促，说话者希望听话者立即做出行动上的回应。例如：

你欢儿欢儿起哇，十点呀。

你欢儿欢儿去$_1$汽车站接接你爸爸去$_3$。

你欢儿欢儿写作业去$_3$哇，甭磨啦。

欢儿欢儿进来$_2$哇，外头冷的。

（三）如如儿

"如如儿"用来表示动作缓慢从容。例如：

你如如儿说，着急忙慌地啥也听不清。

你如如儿地把娃娃给放这$_2$儿，我给你看的。

她如如儿地给你把那$_3$些书放桌子上啦。

您儿起顿间如如儿地起，忙啥哩。

你如如儿把门关住些，甭惊动你姥姥姥爷。

（四）款款儿

"款款儿"可表示动作轻柔、缓慢。例如：

你款款儿放那$_2$儿哇，我完了往起拾掇哇。

我给您儿把衣裳款款儿放的柜子啦。

我把手机给你款款儿放的桌子上啦。
这₂是我给您儿的，您儿款款儿放起哇。

（五）挺挺儿

"挺挺儿"义同"老实""安静"，一般多用于长辈对晚辈，晚辈年龄偏小。例如：

你挺挺儿坐上会儿哇，乏死我啦。
那₁娃娃一会儿也不挺挺儿的。
你挺挺儿坐那₂儿写上会儿作业哇。
就看电视的时候能挺挺儿不待会儿。

（六）一火

"一火"表示动作很快或者事情发生得很突然，相当于普通话中的"一下子"。例如：

他老儿没扶住，一火给跌倒啦。
他没坐凳子上，一火坐地上去₃啦。
他没操心住，一火给撞树上去₃啦。
娘儿两个没看住个娃娃，一火把娃娃给掉地上去₃啦。
她一火把书给扯啦。

（七）猛不防、猛猛儿

"猛不防""猛猛儿"表示动作发生得很突然，而且来不及防备。例如：

他睡梦地猛不防就给坐起来₂啦。
她猛不防让她同学给推了一把。
我猛不防想起明儿还上课哩。
让他猛猛儿吓了我一跳。
你咋猛猛儿说出句这₁话来₂？
她猛猛儿问了我一句，我显担心差点儿没认出来₂。

二、表示动作行为进行的方式或手段

山阴方言中，表示动作行为进行的方式或手段的副词主要有"背地""紧""紧估""专门儿""真专""一尽儿"等。

（一）背地

"背地"表示动作为不是当面进行的。例如：

老师背地还寻过你妈哩。
我姥姥背地也攒下两个钱儿哩。
你背地说说她，我说尔人家，听也不听。
他背地给他妈口[ər⁵²]放下五千块钱儿。
尔娃儿背地没少给你说好话。

（二）紧的、紧估

"紧的""紧估"表示动作比较紧凑，句子多含有催促、提醒和不满之意。例如：

我这₂儿紧的说，你咋动也不动？

我紧的写也写不完啦，你还圪捣上我。

您儿紧的对尔_人家_好也没用。

你和她出去₂走上会儿，要不一天紧的坐的哩。

您儿紧估惯哇，可要惯得灰哩。

紧估让我喝水哩，啥吃上的也没。

你紧估说他哇有啥用哩？

您儿紧估看哩，咋不买？

（三）专门儿、真专

"专门儿""真专"表示有意识地去做某事，或者明明知道不应该做而这样做，语气中常含贬义。例如：

她专门儿把我书给□[thɛɛ³¹³]_藏_起啦。

我专门儿问的她。

你爸爸专门儿撩逗你哩，你还真哭啦。

他专门儿给挂的那₂儿啦，你还给取下来₂啦。

他真专把我本儿给扯啦。

姐姐真专把水给倒地上啦。

我还睡的哩，她就真专把灯给开开啦。

人家真专儿把画儿给贴的墙上啦。

（四）一尽儿

"一尽儿"表示干脆、索性、直接。例如：

我一尽儿多买上点儿，给姐姐也拿上点儿。

你一尽儿不理他，他也没个啥说上的。

可喝了些药也不顶事，一尽儿不喝也好啦。

我妈和我爸爸这₂会儿一尽儿就住的我这₂儿啦。

你一尽儿倒全吃啦，甭往下剩啦。

三、表动作主体的状态

山阴方言中，表动作主体的状态的副词主要有"强伙儿""好样儿""动不动"等。

（一）强伙儿、好样儿

"强伙儿""好样儿"表示好不容易完成某件事或达到某个标准。例如：

她强伙儿不咳嗽啦，您儿甭给她吃凉的啦。

我强伙儿瘦啦，不敢瞎吃啦。
我强伙儿才想起来$_2$。
我强伙儿才把这$_3$本书给寻着。
我好样儿才写完，都让我妹妹给我扯啦。
您儿好样儿出来$_2$啦，咱多走上会儿。
他老儿好样儿好啦，这$_3$回可得多注意些儿。
爸爸好样儿才睡着，你又打电话给惊醒啦。

（二）动不动

"动不动"表示某件事情常常出现或发生，常常与"就"搭配使用，多含有厌烦之意。例如：

你这$_2$会儿咋学的还动不动就给跑啦？
这$_3$两天动不动就停水啦。
动不动就把你给惹下啦。
你咋动不动就恼啦？
她动不动就不和人说话啦。

第五节 语气副词

山阴方言中，语气副词分类比较细致，同类语气可由不同的语气副词来表达，并表现出细微的差异。

一、表确认、断言、肯定

山阴方言中，表确定、断言和肯定的语气副词主要有"还[xæ^{313}]怕哩""源根儿""自底根儿"。

（一）还怕哩

"还怕哩"表示说话者对对方所说的持赞同的态度，多用于对话，进一步确认和肯定对方所说内容的真实性，相当于普通话中的"那还不是"。例如：

——那$_1$老汉可看好那$_2$娃们哩！
——还怕哩，有啥好吃的也都给娃们们口[thɛe^{313}]$_放$的哩。
——这$_2$会儿这$_2$光景，好光景。
——还怕哩，想吃啥吃啥，想喝啥喝啥。
——她还会一个儿$_{自己}$做衣裳哩。
——还怕哩，人家啥还会做哩。

（二）源根儿、自底根儿

"源根儿""自底根儿"表示对自己所说的特别肯定，相当于"原本""本来"。二者相比，"自底根儿"所表达的语气要比"源根儿"所表达的语气更强烈些。"源根儿"多用于老年人口语中，目前"源根儿"的使用频率较低。例如：

源根儿也不想说给您儿，您儿就当不知道就行啦。
源根儿人家也不是给你的，你忙啥哩？
那₃些东西源根儿是人家们的，咱不要尔_人家_的。
那₃个箱子里头自底根儿放的都是些小说，就您儿不知道。
这₃两本儿书自底根儿也不是给你买的。
你爷爷自底根儿也可看好你哩。

二、表释因

"怨不得儿"是山阴方言中主要用来表释因的语气副词。"怨不得儿"相当于普通话中的"怪不得"，常常放在句首，表示明白了原因，便不再觉得奇怪。例如：

怨不得儿这₃两天没啥个见她，出去₂旅游去₃啦。
怨不得儿尔_人家_奶奶夸尔_人家_孙女哩，看那₂长得吸人_源亮_的。
怨不得儿长不高，不好好吃饭那₂能长高？
怨不得儿尔_人家_不想回来₂哩，□[niəu⁵²]_你们_管还没人管尔_人家_哩。
怨不得儿这₇早倒睡下啦，明儿个_明天_出远门儿呀。

三、表推测

（一）表确定性推测

山阴方言中，表确定性推测的副词主要有"业已""捉准""详情""详情是""保险""管保""敢肯定"。这七个副词可以用来表示说话者对情况的估量和推测，含有较强的主观性，语气较为肯定。其中"业已""捉准""详情"常常与"是"配合使用，用来加强肯定的语气。例如：

八点多啦，他们业已起啦。
灯着的哩，业已是回啦。
你爸爸捉准是买菜去₃啦。
捉准是接他女儿去₃啦。
详情她在家看电视哩。
详情我妈也不知道我回来₂啦。
详情是在那₂儿看下象棋的哩。
详情是他喝多啦瞎说哩。
这₃回□[niəu⁵²]_你们_保险回不成啦。
他们保险闹不成。
他管保在单位值班哩。
我妈管保忘拿手机啦。

85

我敢肯定她没写作业，耍的哩。

他敢肯定他明儿个早起₍明天早上₎五点就能起来₂?

（二）表揣度性推测

山阴方言中，表揣度性推测的副词主要有"包不住""不敢定""管握""咋也"。

1. 包不住

"包不住"相当于"不一定"，表示猜测、估计，含有肯定的语气，常常位于句首，多与"又"搭配使用。例如：

包不住直接从大同回山阴啦。

包不住又倒给她侄女儿买下衣裳啦。

包不住又给塌下不少饥荒。

包不住又出去₂吃饭去₃啦。

山阴方言中，"包不住"有其肯定形式，即"包住"。"包住"常常用于反问句中，出现在对话中，构成固定格式"那₁还[xəʔ⁴]包住哩"，含有十分肯定的语气。例如：

——瞌睡成个那₁，肯定一黑夜没睡。

——那₁还包住哩？

——他这₃两天是不是又去₁北京去₃啦？

——那₁还包住哩？他媳妇儿这₃两天又难活₍不舒服₎哩。

2. 不敢定

"不敢定"相当于"不一定"，表示猜测、不确定的语气。例如：

这₅大的雪，他不敢定回来₂不啦。

人家们还不敢定知道不？

啥也都不敢定哩，甭出去₂瞎说去₃。

尔们₍人家们₎还不敢定在家没，咱过去₂做啥去₃哩？

人家还不敢定在哪红火哩，咱可坐这₂儿等尔₍人家₎的。

3. 管握

"管握"表示猜测、估计或不太确定的语气，相当于普通话的"也许""大概"。例如：

钥匙管握在茶几上哩。

他管握忘了拔电源啦。

你哥哥管握快到呀。

□[niəu⁵²]₍你们₎管握十五下还回来₂哩？

人家学习管握可[khəʔ⁴]好哩？

4. 咋也

"咋也"所表示的猜测和揣度含有肯定的语气,相当于普通话的"大概""也许""可能"。例如:

这₂迟啦,咋也睡下啦。
自行车咋也让他骑走啦。
老师咋也走啦,咱也走哇。
妈和爸爸咋也去₁他们那₃头去₃啦。
她咋也想过来₂哩,尔人家她妈不让她过来₂。
她咋也洗完衣裳啦。
我咋也难活呀,身上疼的。
这₃会儿间啦,姥姥咋也睡下啦。
他咋也不好意思过来₂啦。
小家伙咋也会写字啦。

四、表强调

山阴方言中,表强调的副词主要有"好赖""贵贱""长与短""啥不啥""咋不咋""横[xuɔ̃³¹³]顺""款款儿"。

1.好赖、贵贱、长与短

"好赖""贵贱""长与短"相当于普通话的"无论如何""不管怎样"。例如:

我好赖也是你妈哩哇,你有啥也得让我知道知道哩哇。
好赖也就是个这₁啦,您儿啥也甭说啦。
他贵贱不想念书啦。
这₁娃儿贵贱不给好好学习。
人家长与短不去₁,我也没办法。
您儿长与短甭说给她老儿,操心惊着的。

2.啥不啥、咋不咋

"啥不啥""咋不咋"由"啥""咋"的肯定式与其否定式"不啥""不咋"组合而成,相当于普通话的"不管怎样",常常与"先"搭配使用。例如:

啥不啥先吃饭哇,吃完饭咱再想办法。
啥不啥你先把作业给咱写了。
咋不咋先起哇,睡的那₂儿也想不出个啥办法来₂。
咋不咋先过年哇,有啥过了年再说哇。

3.横[xuɔ̃³¹³]顺

"横顺"表示说话者对某事的一种主观肯定的语气,即不管如何都已经这样了,常常与"也"搭配使用,相当于普通话中的"反正"。例如:

横顺他也是个瞎画,想咋画咋画去₃哇。

横顺也得去₁哩，迟不如早，早早儿去₁哇。
横顺也学不成，想看电视看上会儿去₃哇。
横顺也轮不上咱，咱走它哇。
我这₂病横顺也看不好啦，咱早点儿回它哇。
——我看他去₁不成。
——横顺哩，每天那ₑ忙，哪有工夫哩？

4. 款款儿

"款款儿"表示所发生的动作行为与说话者的愿望恰巧相反，相当于普通话中的"偏偏"，含有一种责备的语气。例如：

他款款儿把我那₃两本儿书给拿走啦。
你款款儿坐的遥控器上啦，我去₁哪寻去₃哩。
你放起啦，人家款款儿用呀。
他款款儿给你压的书底下啦。
你儿子款款儿尿下我一裤子。

五、表侥幸

山阴方言中，表侥幸的副词主要有"倒还[xəʔ⁰]""险险""险担心""可可儿""亥亥儿"。

（一）倒还[xəʔ⁰]

"倒还"表示由于某种有利因素，避免了不幸或得到了好处，相当于普通话中的"多亏""幸亏"。例如：

倒还拿了把伞，要不今儿个₍今天₎就让淋灰啦。
倒还我回啦，我没回来₂看你一个儿₍自己₎咋办呀。
倒还夜儿黑夜₍昨天晚上₎早睡了会儿，要不今儿早起₍早晨₎起也起不来₂。
倒还和我妈说啦，这₁要没说，可[khəʔ⁴]要让往灰骂哩。
倒还我给看的哩，要不娃娃就给掉地上去₃啦。

（二）险险、险担心

"险险""险担心"都可表示庆幸，相当于普通话中的"差点儿"，常常构成否定结构"险险没""险担心没"。例如：

我那₃天出去₂险险给跌倒。
那ₑ大一碗面她险险给全吃了。
他让我给取个快递，我险险给忘了。
全凭我给掏了掏，险担心把手机给放的洗衣机洗了。
他险担心让车给撞了。
我爷爷险担心让他给气死。
我险险没想起来₂。

他险险没买上药，人家紧点儿关门呀。
她险担心没写完作业。
两个人打得险担心没拉开。

（三）可可儿、亥亥儿

"可可儿""亥亥儿"表示正是在某个时间点遇到某些事情，相当于普通话的"恰巧""正好"。例如：

可可儿他回来₂啦，你去₁太原去₃呀。
我可可儿买了两个，给上你一个。
她可可儿有哩，我就把她的拿上啦。
亥亥儿我打扫完啦，人家也回来₂啦。
我和你爸爸亥亥儿才睡着，你叔叔给打将来₂个电话。
我今年过生儿生日亥亥儿就是新年那₃天。

六、表意愿

山阴方言中，表意愿的副词主要有"宁""待""不待""要要"。

（一）宁

"宁"表示比较两方面的得失利害后选取其中一方面,常常可构成"宁……也……"的结构。例如：

我姐姐宁在家躺的，也不和她相跟上上街去₃。
我宁出去₂拾破烂儿去₃，也不和媳妇儿伸手要钱儿。
我宁不吃不喝，也得供养口[niəu⁵²]你们念成书哩。
他宁一个儿自己复习，也不想出去₂补课去₃。
我爸爸宁多走上两步去₁那₃家买菜去₃，也不在他那₂儿买。

（二）待、不待

"待"表示愿意做某事，"不待"表示不愿意或懒得做某事。例如：

你待理他哩。
你要是待过去₂取就给取上哇。
您儿待打扫就打扫打扫，不待打扫就甭打扫它了。
您儿待管她哩。
我不待换衣裳啦，就这₂哇。
我不待思谋它啦，就那₂去₃哇。
他不待理发去₃啦。
您儿不待起就躺的哇。
我不待写。
今年过年我不待回它啦。

（三）要要

"要要"表示执意必须、非要做某事。例如：

说的不让您儿去₁，您儿要要去₁哩。

要要喝酒哩，又倒喝多啦。

这₂迟啦，要要回哩，黑洞洞的，别人不放心的。

尔人家要要学英语哩，我就给尔人家报上啦。

要要想吃个雪糕哩，吃完就令儿倒咳嗽起啦。

七、表疑问、反诘

山阴方言中，表疑问、反诘语气的副词主要是"到究""到本儿""莫非""那₁么""过真儿""第个儿""谅为"。

（一）到究、到本儿

"到究""到本儿"常用于问句，表示深究，相当于普通话的"到底"。例如：

你到究做啥去₃啦？

你到究在哪哩？

□[niəu⁵²]两个你们两个到究啥关系啦？

他到本儿还你钱儿啦没？

你到本儿考了多少分儿？

今儿个今天到本儿还有车没啦？

（二）莫非

"莫非"表示揣测或反问。例如：

今儿个今天打架的人里头莫非还有你哩？

莫非是我想去₁哩？

她莫非又倒病下啦？

你这₂莫非说的是平鲁话？

你买的莫非是土鸡蛋？

（三）那₁么

"那₁么"多用于对话中，根据对方所陈述的事实来推断，用来反问对方"你为什么……"或"你为什么不……"，多含有责怪和埋怨的意味。例如：

——单位早就通知啦。

——那₁么你不说给我？

——我在她们家没吃饱。

——那₁么你不作声，我在外头给你买上点儿吃的。

——我一个儿自己在家哩。

——那₁么你不过我这₂儿来₂？

（四）过真儿

"过真儿"多用于反问。例如：

你过真儿能说过尔_{人家}去$_3$？

人家过真儿理你哩？

他过真儿借给你钱儿哩？

你过真儿是个那$_1$人？

（五）第个儿

"第个儿"相当于普通话中的"莫非""难道"，可以置于句首，也可以置于主语之后，常常与"还"搭配使用。例如：

你第个儿还怕个谁？

我第个儿还还寻他哩？

第个儿他还能不知道哩？

第个儿人家还不瞅你点儿便宜？

第个儿你还还想出去$_2$哩？

（六）谅为

"谅为"表示反诘，相当于普通话的"难道为了"，在句中常常与"还"搭配使用。例如：

谅为个耍两个人还嚷架哩？

谅为这$_1$点儿营生还用您儿过来$_2$哩？

谅为看个牙还去$_1$个太原？

谅为洗双袜子还用洗衣机洗哩？

第六节　否定副词

山阴方言中，"不"和"没"可以表示否定。

一、不

山阴方言中，"不"的用法基本与普通话的保持一致，即"不"加在表示动作的动词或词组前边往往对某种意愿的否定（不愿意、不肯、不想）（朱德熙 2002：200）。例如：

我不和他说话。

我不睡啦。

他不念书啦。

人家不好吃辣的。

他自退了休就不看书不看报。

"不"主要用来否定未然动作或未然事件。例如：

□[niəu^{52}]两个_{你们两个}去$_1$哇，我不去$_1$啦！

我今年不回啦！
他谁也不通知啦。
你咋不穿秋裤？

二、没

山阴方言中，"没"可以放在动词前面做状语，表示否定，用来否定已然动作或已然事件。这一用法基本与普通话的一致。例如：

我没买那₃条裤子。
他们两个儿谁也没理谁。
尔们_人家们_没来₁，咱们吃它哇。
今儿个_今天_的营生又没做完。

"没"也可以放在形容词前面做状语。例如：

他老儿还没好哩。
树还没绿哩。
西红柿还没红哩，不能吃的哩。

在山阴方言中，"没"出现在句末可以构成"VD啦没"这一常用的反复问句格式。例如：

——你吃饭啦没？
——没哩。我还没吃哩。
——鱼死啦没？
——没，没死哩。

山阴方言中还可以构成"有ID没"这一反复问句格式。例如：

你家有扳子没？
你那₂儿有打印机没？
他有那₃本儿书没？
你这₂儿有个垫子没？

山阴方言中，除了"没"可以单独回答以上例句，"没有间"也可以。"没有间"出现在句中时，被否定的对象多为名词或名词性短语，常常置于全句主语的位置上，而不出现在宾语的位置上。例如：

纸也没有间，咋画哩？
水也没有间，坐这₂儿做啥哩？
椅子也没有间，就那₂站的哩。
牙膏也没有间，咋洗漱哩？
身上一分钱儿也没有间。

以上句子都可以变换为"连……也没有间"格式。例如：

连纸也没有间，咋画哩？

连水也没有间，坐这₂儿做啥哩？
连椅子也没有间，就那₂站的哩。
连牙膏也没有间，咋洗漱哩？
身上连一分钱儿也没有间。

否定词为"没"时，被否定的对象则出现在宾语的位置上。上例可以变换为：

没纸，咋画哩？
没水，坐这₂儿做啥哩？
没椅子，就那₂站的哩。
没牙膏，咋洗漱哩？
身上没一分钱儿。

但不可以说：

没有间纸，咋画哩？
没有间水，坐这₂儿做啥哩？
没有间椅子，就那₂站的哩。
没有间牙膏，咋洗漱哩？
身上没有间一分钱儿。

山阴方言中，"没有间"不可以用来否定动词，而"没"却可以用来否定动词。例如：

我没打她。
他没拿你笔。
我姥姥没念过书。
我没关灯。
他们家的粮还没收哩。

下面的句子在山阴方言中不成立：

我没有间打他。
他没有间拿你笔。
我姥姥没有间念过书。
我没有间关灯。
他们家的粮还没有间收哩。

第五章 助 词

第一节 结构助词

从读音上来看，普通话中表示定中关系的结构助词"的"、表示状中关系的结构助词"地"和表示中补关系的结构助词"得"在山阴方言中均读作[tiɑʔ⁰]，写作"的"；但山阴方言中的"的"除了可以表示定中关系、状中关系和中补关系外，还有其他特殊语法功能和语法意义。

一、联结定语和中心语

山阴方言的结构助词"的"可以用来联结定语和中心语，表示修饰关系和限制关系。例如：

这₂是我的作业本儿。
你的药我给你放的桌子上啦。
你把你一个儿_自己_的盖物_被子_叠起。
这₂是你姥姥的袄儿。
那₁好的东西咋倒不要啦？
我爸爸做的饭可好吃哩。
我给你复印的资料你给了谁啦？
你说的那₂话也不全对。
咱那₃天喝的酒那₂是啥酒啦？
今儿个_今天_街上的人真多哩。
柜里头的兜兜儿哪去₃啦？
夜儿黑夜_昨天晚上_的饭还剩的可多哩。

二、联结状语和中心语

山阴方言的结构助词"的"可以用来联结状语和中心语。例如：

你给咱好好儿地修修。
你挺挺地坐那₂儿哇。
那₁点儿个小家伙一笔一画地写得可认真哩。
我都一袋儿一袋儿地装起啦。
你一个儿_自己_把那₂书好好儿地整理整理。
亮莹莹地挂下一院。
乱七八糟地堆下一院。
我妈稀里糊涂地就应承下啦。

三、联结补语和中心语

山阴方言的结构助词"的"可以用来联结中心语和补语。中心语可以是动词，也可以形容词。例如：

村里头的路铺得平旦旦的。

窗子关得严赞赞的。

花儿姐姐的豆面擀得可薄哩。

那₃个老师讲得可好哩。

两个人在外头耍得一身汗。

那₁娃娃肉胖得跟个铁塔似的。

那₁苹果酸得滴溜溜的。

四、表示"强调""应该""可能"

（一）"的"用来强调时间

山阴方言中，"的"还可以插入动宾短语之间，表示动作已经完成，主要用来强调动作完成的时间，因此句子中必须出现与时间有关的词或短语。例如：

我可迟啦才回的村。

我妈前晌上午十点多才把她送的幼儿园。

你十二点回的家，你妈十二点睡的觉。

你不是早起早上才去₁的太原，那咋后晌下午倒回来₂啦？

我叔叔两三年啦才还的我爸爸那₂五万块钱儿。

伱们我们半夜才到的青岛。

（二）"的"用来表示确认

山阴方言中，"的"可以放在动词后表示确认，用来强调动词后所出现的人、物或事件等事实。例如：

我爷爷穿的红袜子。

我说的他。

桌子上放的那₃个盘子。

那₃个小女儿抱的条狗。

人家学的琵琶，你想学啥哩？

他念的英语。

（三）"的"表示可能

山阴方言有这样一句歇后语：豆腐掉的灰堆啦——打不的打，吹不的吹。山阴方言口语中还有这样一句：这₂会儿的娃们说说不的，打打不的。从歇后语和日常口语中，我们可以看出，山阴方言中"的"表示可能的句式有两种：一种是"V+不+的+V"的格式，一种是"V+V+不+的"格式，这两种格式所表达的意义均由否定部分来承担，表示不能做某事。

山西北区方言"的"都具有表示可能这一用法，但所构成的格式与山阴方

言所构成的并不相同。以怀仁方言为例,"的"放在动词后,多用于肯定与否定相叠表示疑问的句子。例如:

　　这东西吃的吃不的?(这东西能不能吃)
　　这句话说的说不的?(这句话能不能说)
　　这件事做的做不的?(这件事能不能做)

怀仁方言的这种句型与普通话中的可能补语句型"V+得"和"V+不得"基本一致,其否定回答的格式为"V+不+的"。上例的回答可以为:

　　吃不的。(不能吃)
　　说不的。(不能说)
　　做不的。(不能做)

山西北区的五台方言中的"的"也有这一用法,即"的"可以放在动词后面表示性能上允许,否定式表示性能上不允许。它相当于北京话的"能"或"不能"。例如:

　　东西吃的吃不的啦?
　　肯定回答:吃的喽。/否定回答:吃不的喽。

上例中"吃的吃不的"是问能吃不能吃。"吃的喽"是说能吃;"吃不的"是说不能吃。大同、宁武有"吃的吃不的"说法,但回答时不能用"吃的喽""吃不的",而是要用"能吃","不能吃"。

"的"在山西北区及其他片区的这一用法在山阴方言中已经很少使用了。如果需要表达可能或能够的意思时,山阴方言基本上采用与普通话一致的用法。

五、表示动作趋向

山阴方言中,"的"还可以用来表示趋向,相当于普通话中的"到"。这一用法与山西部分方言点的用法保持一致。例如:

　　你把作业写的这$_3$个本子上。
　　我妈洗完衣裳都搭的铁丝上啦。
　　他气的把水倒的地上啦。
　　今儿个$_{今天}$你爸爸走错啦,走的尔$_{人家}$对门儿去$_3$啦。
　　他二叔喝多啦,掉的沟里头啦。
　　哥哥把山药$_{土豆}$给您儿放的窨子啦。
　　他偷人家东西哩,让抓的公安局去$_3$啦。

六、作代词的构词语素

山阴方言中,指示代词"这$_{д,c}$""那$_{д,c}$"可以与"的"组合构成表示方式的指示代词"这$_{д,c}$的""那$_{д,c}$的",相当于普通话中表方式的"这样""那样"或"这么""那么"。例如:

这人么的还能行哩？
朝这人么的洗就剩下个费水啦。
你迎这人么的睡操心头疼顿的。
那人么的让人笑话哩。
你迎那人么的肯定不对。
他就那人么的写的，学生们都学的他的。
朝那人么的走你就走错啦。

七、表示"是""担任"

山阴方言中，"的"还可以表示"是""担任"的意义。例如：

□[niəu⁵²]们_{你们}那₂儿谁的主任啦？
老李的队长。
你的当家的，甭问我。
他的老板，咱给尔_{人家}打工的。
我的副的，正的是人家。

八、构成"说的……"格式

山阴方言中，"说"与"的"组合放在动词之前，表示"说好了"。作为一个分句，不可独立成句，常与另一分句的意义相对，另一分句常常是由"咋"构成的反问句，也可以是否定句，表达了说话者不满的情绪。例如：

说的过来₂吃饭哩，这₁又不来₁啦。
说的佤们_{我们}两个儿一起过去₂哩，他咋一个儿倒去₁啦？
你说的给我哩，咋又给了妹妹啦？
说的我爸爸接我哩，你咋来₁啦？
我说的让他过去₂取去₃哩，咋你给去₁的？

在山阴方言中，上例中的两个分句可以颠倒位置，说话者所表达的语气更强烈些。例如：

他咋一个儿倒去₁啦，说的佤们_{我们}两个一起过去₂哩？
咋又给了妹妹啦，你说的给我哩？
你咋来₁啦，说的我爸爸接我哩？
咋你给去₁的，我说的让他过去₂取去₃哩？

九、"的"的一种特殊用法

普通话中，如果全句的谓语为"知觉动词"时，主谓结构可以充当其宾语。在山阴方言中，助词"的"可以插入谓语"知觉动词"与其宾语"主谓结构"之间，使知觉动词名词化，这使得原有的句子结构发生了变化，但全句的意义并未发生变化。例如：

我思谋的他就回不来₂啦。

妈觉意的这₃个比那₃个好，咱就买这₃个哇。

我觉意的他老儿知道啦。

我估计的他两天就写完啦。

他说的您儿们明儿个_明天_过来₂呀，真的假的？

第二节 动态助词

动态助词不仅与动词、动作有很密切的关系，而且与句子或事件所发生的时制有着很重要的联系。动态助词常常后置于动词或形容词，可以起到表达体貌的作用。根据山阴方言的特点，结合动作、事件在一定时间进程中的状态，我们对山阴方言的动态助词做了深入细致的考察。

一、了

"了"读作[ləʔ⁰]，是山阴方言中动态性很强的完成体标记，放在动词、形容词后面，用来叙述一个已经成为现实的完整事件。例如：

我就看了不待会儿电视。

他一个儿_自己_在沙发上坐了会儿。

他睡了一觉全好啦。

他让人家老师给骂了一顿。

你把你的那₃些书给了你表妹哇。

他还了我书啦。

你女婿出去₂给买了可[khəʔ⁴]些些，你甭买啦。

我妈整整儿哭了一前晌_上午_啦。

从上例中可以看出，山阴方言中"了"相当于普通话中的"了₁"，放在动词之后时，"了"常常出现在三种结构当中，即 V+了+O、V+了+O₁+O₂、V+了+C。第一种结构当中，O 多为体词或体词性短语；第二结构当中，V 多为表示"给予""赠送""交还"等意义的动词，O₁ 和 O₂ 分别是间接宾语和直接宾语；第三种结构当中，C 多为表动量或表时量的补语。

山阴方言中"了"用于双宾句中的语序和普通话的保持一致，都是"V+了+O₁+O₂"。与普通话不同的是，当动宾短语充当谓语时，宾语为名词且不受任何修饰成分修饰时，山阴方言的句末必须带"啦"，而普通话的句末可以不带"了"。比较如下：

普通话：他买了菜。

山阴方言：他买了菜啦。

普通话：我妈洗了衣服。

山阴方言：我妈洗了衣裳啦。

普通话：他浇了花儿。
山阴方言：他浇了花儿啦。
当形容词充当句子的谓语时，"了"放在形容词之后，可以表示状态或程度发生了某种变化。例如：
你买的鞋小了一号儿。
家里头又少了两瓶子酒。
头发长了一寸。
我病了两天，整整儿瘦了十斤。
黑夜_{晚上}下的这₃点儿雪比一白天下的厚了那₂两三寸。
这₃两天她那₂个肚比那₃两天又大了一圈儿。
普通话中，"了"还可以出现在"∧+了+O"的格式中，而在山阴方言中，"了"不出现在这一格式中。普通话这一格式中的O在山阴方言中常常被提至主语的位置上，构成"S+∧+啦"这一格式。普通话中的"红了脸"，在山阴方言中常常说成"脸红啦"。

二、下

"下"读作[ɕiʌ³³⁵]，作为体助词，由趋向动词虚化而来，表示动作已经完成，结果已经出现。例如：
我妈给做下一锅烩菜，□[niəu⁵²]_{你们}都没回来₂。
他走那₂会儿给他妈□[ər⁵²]_放下一千块钱儿。
我女儿还认下个干妈。
人家可给你儿子起下个好名字。
他这₃回可是戳下天鬼_{闯下大祸}啦。
家里头站下一家人。
堂且_{堂屋}地上骨碌_滚下一地葫芦。
出现在上例中的动词，大多是非持续动词，也有持续动词。"下"表示事件的结果已经出现，上例中的"下"都可由"了"来替换。
相对动词而言，"下"较少出现在形容词后头。"下"出现在形容词后，其作为体标记的特征相对更弱些，主要用来表示状态及其程度的变化。其后的宾语多由数量短语或指量短语来承担。例如：
这₃条裤子长下一寸，我咋穿哩？
你袄儿湿下那_ɛ大一片，赶紧脱下哇。
你这₂秤咋短下这_ɛ些些？
山阴方言中，"下"还可以构成"V+不+下+O"这一格式来表示可能式，也可以构成"V+下+O+没"这一反复问句格式。可见"下"兼有补语的用法，仍处于语法化的过程中。

三、过

"过"作为经历体标记，表示曾经发生的事情，曾经完成的动作或行为，曾经有过的经历或已有的经验。山阴方言的动态助词"过"与普通话基本相同，放在动词或形容词后面，表示动作或性状曾经发生或实现。例如：

我吃过那₃种药，可顶事哩。

他和我说过这₁话，我那₂会儿还不信。

咱俩个儿好像在哪见过？

她给咱们家还擦过一回玻璃哩。

我问他要过，他就是不给我。

小家伙还骑过马哩。

老两口共各没红过个脸。

经历体的否定式和反复问句都是由否定词"没"来承担。例如：

我没看过这₃个电视剧。

伱们我们还没见过你₃种人哩。

我还没去过西藏哩。

他们没吃过我爸爸做的饭，可好吃哩。

他没出去₂唱过歌。

你擀过饺子皮没？

您儿们小时候饿过肚没？

你说过这₁话没？

你上过写字课没？

姐夫喝过这₃种酒没？

四、起

"起"的基本意义是表示向高处移动，可置于动词后做趋向补语，也可以与介词"往"结合为"往起"。在这一基本意义的基础上，"起"虚化为表示动作结果的补语，带有完成义。例如：

我给你把盖物被子叠起啦。

你做起作业啦没？

我妈给我侄女缝起个不袋子沙包。

人家们一个星期就□[tshʌ³¹³]砌起堵墙。

穿起衣裳啦没？赶紧的，迟到呀。

这一类动作的语义仍未脱离空间范畴。"起"表示某种动作有了结果，可以构成"V+不+起"这一格式用来表示可能式，也可以构成"V+起+啦+没"这一反复问句格式。这些格式中"起"的补语意义还很实在。

山阴方言中，"起"还具有"起来"义，置于动词后，其后可以出现宾语，也可以不出现宾语。动词完成后的状态已经出现，语义上涵盖了空间和时间两个范畴，仍可以构成"V+起+啦+没"这一反复问句格式，这说明"起"作为补语的意义已经开始虚化。例如：

这₃两个钱儿你存起哇。

你给咱把那₃幅画儿挂起哇。

爸爸把那₃两个箱子给放起啦。

你赶紧把地上那₃些东西拾掇起哇。

奶奶悄悄儿给你□[thɛe³¹³]藏起点儿好吃的。

你个儿高，给咱把这₃个箱子搁起。

在此基础上，"起"的意义出现了进一步的虚化，即"起"可以放在动词、形容词之后，表示动作或状态的开始。例如：

他们两个喝的喝的唱起啦。

两个人耍的不待会儿就嚷起啦。

外头下起雪啦。

我肚上那₃个疤又发痒起啦。

你咋怕起她啦？

又烧起啦，赶紧吃药哇。

小家伙倒掉起牙啦。

您儿腿又疼起啦？

上的班咋打起扑克儿啦？

上例中，"起"的作用已脱离空间，彻底虚化为体助词，表示事件的起始，"这₂会儿虚的还戴起眼镜啦"这类句子中，"起"只能是起始体助词。"起"的体意义是"起始"，句末须与语气词兼当事时助词"啦"配合使用，表示动作开始进行，或状态开始并持续下去。正因为如此，在含有完全虚化为体助词"起"的句子中，表示起始体标记"开"可以替换"起"。替换之后，意义不发生变化。

五、开

山阴方言中，"开"作为起始体标记，主要用来表示动作行为的开始和状态的变化，突显行为事件的起点而未指明其终点，多放在动词、形容词之后，句末须出现语气词兼当事时助词"啦"。例如：

□[niəu⁵²]们你们倒吃开饭啦？

你咋又倒耍开啦？赶紧写作业去₃。

老师讲开课啦，你好好儿听课哇。

我还没跑哩，他倒跑开啦。

这₂会儿学的咬开人啦。

您儿咋喝开中药啦？

他咋穿开运动衣啦？

老两口又叫唤开啦。

早起_{早晨}早早儿倒响开炮子啦。

六、上

"上"可表趋向，读作[şɒ³³⁵]，指由低处向高处的位移，可以做谓语或做趋向补语。由做趋向补语引申，"上"也可以表示动作行为有了某种结果。"上"的读音也随之发生变化，弱读为[şəʔ⁰]。例如：

那₂会儿那₂人们吃上顿饺子倒可高兴啦。

人家在外头挣上钱儿啦，看看那₂荣耀的。

我今儿个_{今天}才见上人家。

我女儿今年下半年就念上小学啦。

他给你借上书啦。

伉们_{我们}寻上人给你要下的，你不想要就不要啦？

上例中的"上"所构成的"V+不+上+（O）"这一格式可以用来表示可能式，也可以构成"V+上+O+没"这一反复问句格式，"上"作为结果补语，其意义仍然比较实在。

在此基础上，"上"进一步虚化，置于动词、形容词之后表实现体。仅就动词性谓语句来看，实现体标记"上"的实现义不仅指向动作，而且也指向动作的对象，涵盖了事件成为现实的整个过程。

"上"置于持续动词或形容词之后，表示开始并持续。例如：

太阳又倒晒上啦。

小家伙四岁就学上英语啦。

我今年早早儿就腌上菜啦。

明儿个_{明天}我妈引上我去₁我姥姥家去₃呀。

你咋吃上没个完啦？

你爸爸又在外头和人拉咑_{聊天}上啦。

人家两个早就好上啦。

咱喝上口水回它哇。

"上"也可置于非持续性动词之后，不再表示持续，而是表示动作行为的实现。例如：

给上那₂五十块钱儿，谁稀罕哩！

盖上那₁一间小房房儿，这₁些人咋住哩？

你见上一回就领教啦。

你插上一头的花儿就好看啦？

老师就念上那₂一回，我记也记不住。
你非得让人家骂上你两句才算完哩。
每天圪哄的看上那₂两眼，我看他考不住个大学。
走上不待会儿不顶事。

上文所列举的例子中，有的"开"可以由"上"替换，有的"开"也可以由"起"替换，有的"开"可以由"上""起"替换，但所表达的意义却不同。试比较：

老师讲开课啦，你好好儿听课哇。
我还没跑哩，他倒跑开啦。
你咋又倒耍开啦？赶紧写作业去₃。

上例中的动词都是持续性动词，"开""上"附着在持续性动词之后，表示开始并继续，因此"上"可以替换"开"，出现在上例中。

您儿咋喝开中药啦？
他咋穿开运动衣啦？

上例中的体标记"开"可以替换为"上""起"。替换之后，"开"和"起"都用来表示起始体，"您儿咋喝开中药啦"和"您儿咋喝起中药啦"、"他咋穿开运动衣啦""他咋穿起运动衣啦"的话语意义是"之前您从来不喝中药，现在怎么喝中药了呢""之前他从来不穿运动衣，现在怎么穿运动衣了呢"；而"上"则是实现体，用来表示动作已完成，包括穿运动衣整个事件已经成为现实，却并不包含以上话语意义。这里的"上"并未完全虚化。

早起₍早晨₎早早儿倒响开炮子啦。

这一例子中的体标记"开"可以替换为"上"，也可以替换为"起"，都可以用来表示开始并继续，这时"起""上"均已经完全虚化。

当"上"不表示继续，只表示动作行为的实现时，"起""开"都不可以替换。如上例中的"上"如果替换为"起""开"，那么句子就不成立：

*给起/开那₂五十块钱儿，谁稀罕哩！
*盖起/开那₍这₎一间小房房儿，这₍这₎些人咋住哩？
*你见起/开一回就领教啦。
*你插起/开一头的花儿就好看啦？
*老师就念起/开那₂一回，我记也记不住。
*你非得让人家骂起/开你两句才算完哩。
*每天圪哄的看起/开那₂两眼，我看他考不住个大学。
*走起/开不待会儿不顶事。

七、的

在山阴方言中，"的"除了可以做结构助词之外，还可以做动态助词。"的"

可以用来表示动作行为、状态的持续或事件的进行，即"的"既可以做持续体标记，又可以做进行体标记，但我们很难将进行和持续分开，因此下文将对持续体"的"和进行体"的"统一论述。

"的"表示动作、行为、事件正在进行，可以构成"V_1的+V_1的+V_2"连动式这一结构。这一结构表示 V_1 这一动作在进行的过程中 V_2 紧接着就发生了，这是具有终结点的持续。例如：

您儿咋看的看的关啦？

他吃的吃的就给噎住啦。

老人在街上走的走的就给跌倒啦。

灯咋着的着的就灭啦？

他写的写的就耍开啦。

我这₂会儿老是说的说的就想不起下一句啦。

"的"还可以构成"ID+V+O+的哩"这一结构。这一结构表示某处正在发生某事。在这一结构中，ID 多为处所名词或方位短语，宾语一般不受数量短语的修饰。例如：

锅里头煮牛肉的哩。

嘴上还流血的哩。

教室上课的哩。

外头下雪的哩，您儿出去₂顿间多穿上点儿。

手机上打游戏的哩。

街上放礼花_{烟花}的哩。

普通话中，ID_L+V+着+ID 这一结构可以表静态（ID_L 为表示处所的词语），ID 为数量名短语时，山阴方言中这一结构可表示某种状态的持续或存在，不用"的"，而用"了"。山阴方言中用"了"则是侧重于叙述一个已经完成的整体事件。比较如下：

普通话：山上长着一棵树。

山阴方言：山上长了一棵树。

普通话：桌子上放着一个杯子。

山阴方言：桌子上放了一个杯子。

普通话：院子里坐着很多人。

山阴方言：院子里头坐了可多人。

普通话：窗台上摆着两盆花。

山阴方言：窗台上摆了两盆花。

普通话：手机里存着一张你的照片。

山阴方言：手机里头存了一张你的像。

普通话：墙上贴着一幅画。
山阴方言：墙上贴了一幅画。
但是当修饰名词的数量短语中的量词为"一"而且不出现在句子时，亦或是当不定量词修饰名词时，山阴方言中用"的"，而不用"了"。例如：
墙上贴的幅画儿。
窗台上放的盆花儿。
桌子上放的可些些书。
地上堆的可些些娃娃。
头上戴的朵花儿。
上例中的句末都可加"哩"，句子变换为：
墙上贴的幅画儿哩。
窗台上放的盆花儿哩。
桌子上放的可些些书哩。
地上堆的可些些娃娃哩。
头上戴的朵花儿哩。
但是这两组的语言表达却不同。从对 VD 的焦点问题可以看出，"墙上贴的幅画儿"的疑问式是"墙上贴的什么"，其话语意义就是知道墙上贴着东西，却不知道是什么；而"墙上贴的幅画儿哩"的疑问式则是"墙上有什么"，其话语意义就是根本不知道墙上有什么。

山阴方言"的"表示持续体时，可以构成"VD 的哩"这一格式。VD 前常常出现表进行的时间副词"正"。例如：
我正吃饭的哩，立刻儿寻你去$_3$。
他们两个正走的哩，从上头就掉下来$_2$个花盆。
尔们$_{人家们}$正下象棋的哩，咱两个儿拉嗒$_{聊天}$上会儿。
你赶紧的哇，妹妹还等你的哩。
他在场面上碾荞麦的哩，没在家。
爸爸铰指甲的哩，你甭瞎跑，操心撞着你爸爸的。
我看视频的哩，看完这$_3$点儿再睡。
但是山阴方言中却没有普通话中"A+着+O"这类结构，如"红着眼"。
山阴方言中，"的"可以与句中第一个动词结合后置于第二个动词之前，用来表示方式。例如：
他开的车出去$_2$寻你去$_3$啦。
每天抱的个娃娃就睡着啦。
我哥哥听的歌写作业哩。
两个老汉在院里头站的拉嗒哩。

他脚板底下踩的两圪垯砖坐那₂儿学习哩。

他哥哥穿的轮滑鞋上学去₃啦。

你戴的口罩儿说话也不嫌憋得慌。

山阴方言中，"的"和语气词"啦"可以组合为"的啦"，相当于普通话的"到了……的时候啦"。例如：

管的啦，再不管就迟啦。

说的啦，这₂大啦啥也懂不得。

教的啦，人家们五岁都会说英语啦。

吃的啦，我饿得不行啦，等不住他啦。

走的啦，要不误火车呀。

睡的啦，要不明儿个_{明天}又起不来₂啦。

八、顿、顿子、顿间、顿……的

"顿""顿子""顿间"放在动词后面，表示"（将来）……的时候"。例如：

你回顿/顿子/顿间叫上我。

跑顿/顿子/顿间穿上我给你买的那₃双运动鞋。

吃顿/顿子/顿间慢点儿，操心卡住的。

坐顿/顿子/顿间扶住点儿。

打顿/顿子/顿间甭硬打。

如果动词后面带宾语的话，"顿子"要拆开使用，即"顿"置于动宾之间，"子"放在宾语后面。例如：

捞顿面子，甭烧着哩。

洗顿衣裳子，给咱也洗洗哇。

写顿作业子，抬起点儿头。

拿顿东西子，我和你一起去₁。

坐顿座位子，离的他远远儿的。

"顿间"结合得相对紧密些，置于动宾之间。表示"……的时候"。例如：

你安顿间灯了，慢点儿，操心电的。

看顿间电视，坐的远些儿。

擦顿间玻璃，甭掉下来₂哩。

去顿间姥姥家，咱给姥姥买点儿吃的哇。

下顿间坡坡儿，捏住点儿闸。

"顿"与"的"组合之后可构成"顿……的"格式，"顿"多置于动词之后，"的"则常常放在句末，表示"等……的时候"，多用于对话中。例如：

——你出去₂顿给我捎的买点儿毛线。

——等我去₁顿商店的。
——你赶紧梳梳头去₃。
——我这₃参不待梳,等我出顿门的。
——咱把玻璃擦擦哇。
——过顿年的。

第六章　语气词

　　山阴方言中，句子的结构、各类副词的出现、说话者的主观感情及语气词等等手段因素均可实现句子语气的表达。其中语气词常常位于句末，读作轻声，与上述因素搭配使用，不仅起到了表达各种感情的作用，还起到了成句的作用。

　　语气词的用法也是错综复杂的：一个语气词可以表达多种语气，同一语气也可以由不同的语气词来表达，不同的语气词也可以构成组合层次。山阴方言中，语气词可以表示时间，也具有表示情态的人际功能，还可以表示说话者的态度或情感。本章主要讨论语气词的这三种用法及总结不同语气词的组合层次。

第一节　表时间的语气词

　　山阴方言主要通过体范畴来表示时间，体不仅与动词有关，而且与整个事件有关。在山阴方言中，除了动态助词之外，语气词也是一种表达体范畴的重要手段。

一、啦

　　山阴方言中，"啦"置于句末，相当于普通话的"了$_2$"或"了$_1$+了$_2$"，表示动作或状态的变化，是实现体的标记。例如：

　　我赶十点肯定到学校啦。
　　我弟弟夜儿个黑夜（昨天晚上）就回来$_2$啦。
　　她给把灯开开啦。
　　爸爸喝药啦。
　　他们都洗头啦。

　　上例中，"啦"承载了动作的实现。从第一例中的时间词"十点"可以看出，"啦"还可以表示以后发生某种变化，这个时间距离说话的时间可以很近，也可以很远，因此"啦"可以有将来实现体、过去实现体和现在实现体。正因为如此，"啦"可以与表实现体的"了""上"和表起始体的"开"等搭配使用，出现在同一句子中。

　　"啦"虽然相当于普通话中的"了$_2$"，但与"了$_2$"也不完全相同。普通话中句末有时不需要"了$_2$"的出现，但是在山阴方言中句末必须加"啦"。具体分析如下。

　　第一，动补谓语句中的补语为趋向动词时，普通话中句末可以不带"了$_2$"，但山阴方言中谓语动词后不需要加"了"，但句末必须加"啦"。试比较：

普通话：他从院子里跑了出来。
山阴方言：他从院里头跑出来₂啦。
普通话：我妈妈把我的书送了下去。
山阴方言：我妈把我的书送下去₂啦。
普通话：自行车猛地撞了过来。
山阴方言：自行车猛不防就撞过来₂啦。

第二，疑问句式中，普通话不需要带"了₂"，但山阴方言必须加"啦"。试比较：

普通话：关灯了₁没有？/关了₁灯没有？
山阴方言：关灯啦没？/关了灯啦没？
普通话：打电话了₁没有？/打了₁电话没有？
山阴方言：打电话啦没？/打了电话啦没？

第三，动宾谓语句中的宾语前没有任何修饰成分时，普通话句末可以不带"了"，但山阴方言句末必须带"啦"。上文已有论述，这里不再赘述。

山阴方言的"啦"和普通话的"了₁"都可以表示实现体，但山阴方言中"啦"的使用范围更广些。

二、哩

山阴方言中，"哩"可以用来标记进行体，表示动作或事件正在进行。例如：

你爸爸正回的路上哩。
我等我女儿下学的哩，他看下象棋的哩。
你打电话那₃会儿我还在街上哩。

参照动作或事件发生的时间，"哩"可以用来标记现在进行体，也可以用来标记过去进行体。第一例中参照的时间是说话的时间，第二例中"等我女儿下学"和"看下象棋"同时发生，"等我女儿下学"是以"看下象棋"为参照时间，第三例以"你打电话那₃会儿"为参照时间，"在街上"这一动作为过去进行。

山阴方言中，"哩"还可以与进行体标记"的"搭配使用。例如：

他开车的哩。
我奶奶打毛衣的哩。
我在家等你的哩，你过来₂不啦？
你哥哥正盘肠(犹豫)的哩，他也不知道咋办呀？

表进行的副词"正"可以与进行体标记"的"配合使用，出现在上例中的动词前，这使得语气词"哩"所负载的体标记的功能受到了削弱，而其所负载的语气的功能却得到了凸显。

山阴方言中的"哩"相当于普通话中的"呢"。山阴方言中，否定已经或将要出现的新情况时，语气词"哩"必须出现；而普通话中的"呢"常常可以不出现在句中。比较如下：

普通话：人家还没走远，你小声点儿。
山阴方言：尔$_人家$还没走远哩，你悄悄儿的哇。
普通话：她还没照完相，等她照完我们就回去了。
山阴方言：她还没照完相哩，等她照完佤们$_我们$就回去$_2$啦。
普通话：我八点回来，她还没做饭。
山阴方言：我八点回来$_2$的，人家还没做饭哩。
普通话：这么迟了，你还没睡着？
山阴方言：这$_5$迟啦，你还没睡着哩？
普通话：我那次买的苹果还没吃完。
山阴方言：我那$_3$次买的苹果还没吃完哩。

三、呀

山阴方言中，"呀"用来表示动作、事件发生在将来。例如：
我写作业呀。
你回村呀？
我去$_1$超市去$_3$呀，你有啥买的没？
给她买好衣裳，我就安顿的做手术呀。
放了假，你准备做啥呀？

"呀"可以以说话时间为参照点，动作、事件都发生在说话之后，如上例中的第一例、第二例和第三例；也可以以句中的某一事态为参照点，如第四例中"做手术"的时间在"给她买好衣裳"之后，第五例中"做啥"的时间在"放了假"之后。

"呀"还可以与表进行的副词"正"配合使用出现在同一个句子中。例如：
我正开电脑呀。
我妈正锁门呀，我爸爸就回啦。
我正睡呀，他给我打过来$_2$个电话。
别人正做饭呀，他就过来$_2$啦。
我正出大门呀，碰见王老师啦。

上例中的"正"表示的并不是动作或事件正在发生，而是表示动作或事件的准备工作，而另一动作或事件随之发生。

山阴方言中，如果句中没有出现参照时间的话，"啦""哩""呀"可以形成一条时间链。例如：
吃饭呀。

吃饭的哩。
吃饭啦。

从上面的例子可以看出，"呀""哩""啦"不仅可以起到成句的作用，而且还表示了动作或事件的时间。"呀"表示"吃饭"这一动作即将开始，是将来时；"哩"表示"吃饭"这一动作正在进行，是现在进行时；"啦"表示"吃饭"这一动作已实现，是过去时。以说话时间为参照点，"呀""哩""啦"形成了一条较完整的时间链。

第二节　表人际功能的语气词

一、陈述

山阴方言中，语气词不出现在句中也可以表达陈述语气，只需要通过整句话的下降语调就可以判断为陈述语气。例如：

我才把桌子给收拾好。
我吃个苹果。
这₂是我侄儿，我二哥家的老大。

但有时语气词却必须出现在句末，因为语气词不仅可以起到成句的作用，而且承载了时、态等语法意义，还可以表达陈述语气。

1. 哩

山阴方言中，"哩"可以表示陈述语气。例如：

我今儿个 今天还得去₁村子哩。
爸爸给擀饺子皮哩。
他们两个开会哩，我先回来₂啦。

对于正在进行的动作或事件，"哩"必须出现在句末。例如：

他发动车的哩，咱们等上会儿。
他在房顶上站的哩。
你爸爸想办法的哩。

2. 啦

"啦"用于陈述句句末，表示陈述语气。例如：

叔叔倒过来₂啦，你咋还没过来₂哩？
我寻见那₃本书啦。
我开开电脑啦。
他又睡着啦。
我把那₃幅画挂墙上啦。
尔 人家写完作业要去₃啦。

动态助词"了"出现在句中时，句末常常有语气词"啦"配合使用。例如：
你吃了两盘粉啦，甭吃啦。
我给她捎了好几回啦。
她写了两页儿啦，还有一页儿哩。
他那₂衬衣打了两回肥皂啦，还也洗不净。
墙刮了两次腻子啦，再刮上一次就行啦。

3. 呀

"呀"是个句末语气词，可以表达陈述语气，表示即将出现的新情况或新变化。例如：
他旅游去₃呀。
你叔叔过来₂呀，我到门口等等他。
快开学呀。
他说他从网上给买菜呀，不用您儿管啦。
每次都是检查作业呀，他才着急地写呀。

4. 的

"的"用于句末，表达说话者对所说的确认无疑，表示陈述语气。例如：
他说给我的。
我今儿个（今天）从大同回来₂的。
他一个儿（自己）出去₂买的，我知也不知道。
你哥哥今儿早起（今天早上）走的。
他们一个儿（自己）做的。

二、疑问

1. 哩

语气词"哩"可以表示疑问，多用于是非问、特指问和正反问。例如：
你在路西面儿住的哩？
你喝水哩？
你女儿还没上幼儿园哩？
还有多远哩？我走不动啦。
你画啥哩？
谁们去大同哩？咱相跟上。
他是不是可瘦哩？
那₃个学生是不是跑得可快哩？

"哩"还可以用于反诘问，不要求必须回答，说话者心目中已经有了答案，而且答案就在句中。句中还常常配合使用副词"还"，这使得说话者所表达的语气更强烈一些。例如：

你哥哥还睡的哩？
她也去₁哩？
你还没买上哩？
这₁点儿作业还没写完哩？
□[niəu⁵²]们_你们还不睡的哩？
你还不回来₂的哩？

2. 啦

语气词"啦"可以表示疑问，多用于是非问、特指问和正反问。例如：
你吃完饭啦？
他到啦？
姥爷倒回啦？咋不多住两天？
您儿一个儿_自己咋回来₂的啦？
你回村做啥去₃啦？
他头发是不是又倒可长啦？
你女儿是不是上小学啦？
你这₂早吃完饭，黑夜吃饭不啦？

"啦"用于是非问时，多是说话者对动作或事件已经有了答案，可以不用升调。例如：
她买上啦？
你去₁我家去₃啦？
你又吃葱啦？
□[niəu⁵²]们_你们单位发玉菱面啦？

3. 哇

语气词"哇"可以表示疑问，多用于是非问，多表示试探或询问的语气，希望对方给予肯定的回答，有时还需对方给予行动上的配合。例如：
咱回哇？娃娃一个儿_自己在家哩。
今儿个_今天这₂稀饭肯定是我妈熬的哇？
他和你爸爸是一个单位的哇？
这₂是你停的车哇？
你会骑自行车哇？
今儿个_今天冷哩，你穿上棉袄哇？

4. 呀

语气词"呀"可以表示疑问，可用于是非问、特指问、选择问和正反问。例如：
你明儿个_明天就上班去₃呀？

你妈从北京回来₂呀？

您儿今儿个_今天_买点儿啥呀？

你买这₁些口罩儿做啥呀？

咱黑夜吃啥呀？

你过来₂取呀还是我给你送过去₂呀？

你考老师呀考公务员呀？

你穿裙子呀穿裤子呀？

你舅舅下个月从陕西来₁呀？

他们就在这₂儿住呀？

"呀"用于是非问时，说话者并不对所提出的问题有所追究，因此也并不在意对方给予什么样的答案。

三、祈使

1. 啦

语气词"啦"可以表示禁止、命令和劝阻等多种祈使语气，多用于否定句中。例如：

甭看电视啦，赶紧写作业去₃。

这₁迟啦，甭回啦，明儿个早起_明天早上_早早儿回哇。

外头雪可大哩，您儿快甭出去₂啦。

甭拉灯啦，晃眼的慌哩。

甭耍啦，咱早点儿回哇。

下次可不能再吃这₁些东西啦。

不能再喝水啦，操心尿炕上的。

2. 哇

语气词"哇"可以表示请求、商量、催促、劝告等多种祈使语气。"哇"所表示的祈使语气略微舒缓一些。例如：

少抽上点儿烟哇。

早点儿回哇，要不你媳妇儿还等你的哩。

等我喝上口水的，我和你一起去₁哇。

咱们也买上点儿哇。

□[niəu⁵²]们_你们_去₁哇，我哪也不想去₁。

你整理整理你那₂些书哇，堆的众处处都是。

今儿个黑夜_今天晚上_咱吃它面哇。

四、感叹

1. 啦

语气词"啦"置于句末，可以表达愤怒、喜悦等各种感情。例如：

难看死啦！
真叫尔_{人家}哄_骗痛啦！
好啦，全好啦！
出来₂啦！
我实在是走不动啦！
真是没法儿说啦！
又迟到啦！

2.呀

语气词"呀"置于句末，表达厌恶、生气、怪怨等各种感情。例如：
你这₂是做啥呀！
你又倒走呀！
懒死你呀！
麻烦死呀！你这₂是净说了些啥。

第三节　表说话者的态度或情感的语气词

一、哩

语气词"哩"表示夸张或强调的语气。例如：
娃们_{孩子们}可高兴哩！
东西可沉哩！我一个儿_{自己}拿不动！
那₁货跑得可快哩！
真想好好打他一顿哩！
那₃棵树长得可高哩！

二、哇

语气词"哇"表示"没关系""就那样""不要紧"等无奈的语气，主要用于"VP 就 VP 哇"这一结构中。例如：
回来₂就回来₂哇，看把你高兴的。
谁想笑话就笑话哇，我啥也不怕。
短了就短了哇，完了再给你买。
说了就说了哇，反正你奶奶迟早也得知道哩。

"哇"还可以表示犹豫、左右为难的语气，多用于肯定与否定的对举句中，其中的肯定句和否定句含有假设关系。例如：
说你哇，不听；不说你哇，是真气得慌哩。
买哇，贵的；不买哇，没个用上的啦。
写哇，写不出来₂；不写哇，单位明儿个_{明天}就要哩。

耍哇，人多的，哄哄的；不耍哇，一个儿_{自己}在家也可没意思哩。

做哇，咱也不会；不做哇，我儿子也想要个哩。

第四节　语气词的组合层次

山阴方言中最常用的语气词有：哩、啦、呀、的、哇、么。山阴方言中，语气词可以连用。两个语气词连用，在结构上没有直接的关系，而是处在句子结构的不同层次上，而且各自仍然保留各自原来的语气，只是前一个语气词的语气明显有所减弱，全句的语气大多落在了最后一个语气词上。例如"你吃饭哩哇"一句，应该先分析为"你吃饭哩/哇"，之后再进一步分析为"你吃饭/哩"。

山阴方言的语气词大多既可表示时间，也可以表示人际功能，还可以表示说话者的态度或情感，因此组合时多有交叉。山阴方言中一般都是两个语气词连用，而且出现的顺序也是固定的，表示时间的语气词多出现在第一层，表示人际功能及表示说话者的态度或情感的语气词则多出现在第二层。山阴方言中连用的语气词主要有：哩哇、哩呀、呀哇、哇么。

一、哩哇

"哩哇"用于句末，"哩"表示疑问，"哇"缓和了全句的疑问语气，降低了全句的疑问程度。比较如下：

你去太原哩？

你去太原哩哇？

"你去太原哩"表示说话者原本并不知道对方要不要去太原，而"你去太原哩哇"表示说话者已经知道对方可能要去太原，提问是为了让对方给予证实。因此，"哩哇"多用于是非问句中，可以表示半信半疑，提问就是为了让对方给予证实。例如：

您儿明儿个_{明天}也开会哩哇？

□[niəu⁵²]们_{你们}也没开学哩哇？

你哥哥和你嫂子说的是明儿个_{明天}回来₂哩哇？

咱今儿晌午_{今天中午}吃饺子哩哇？吃饺子我就回呀。

你得把那₃个材料送的局里头哩哇？

"哩哇"还可以用于反问句，即用疑问句的形式来表示肯定或否定，多含有戏谑或责备的口气。例如：

你又瞎说哩哇？

他肯定又是哄人哩哇？

他没吃饱哩哇？

妈肯定又在圪仰_躺的哩哇？让她起来₂活动活动哇。

她又耍哩哇？赶紧让她写作业哇。

二、哩呀

"哩呀"放在前一分句的句末，"哩"表示动作仍将持续，"呀"表示说话者对对方所做出的行为或所说出的话感到惊讶。副词"还"常常出现在前一分句的谓语之前。前后两个分句所表达的意义是相反的或是相对的。例如：

我还看哩呀，你咋把电视给关啦？

他还得写哩呀，你咋倒给收揽起啦？

他还吃哩呀，您儿咋倒给拾掇下去₂啦？

老师还讲哩呀，你咋倒走呀？

人家还睡哩呀，您儿咋把盖物_{被子}倒给叠起啦？

他咋还试哩呀，我是逛达不行啦。

三、呀哇

"呀哇"用于疑问句句末，"呀"用来表示动作发生的时间，表示即将出现的新情况或新变化。"哇"用来表示疑问，全句表达了揣测和商量的语气，用来证实对方的意图。例如：

你明儿个_{明天}回山阴呀哇？

这₃回有孙子啦，您儿给看看娃娃去₃呀哇？

快到岱岳_{地名}呀哇？

又倒快放暑假呀哇？

十二点啦，吃饭呀哇？我饿得不行啦。

你和他说呀哇？

您儿过来₂取呀哇？

四、哇么

"哇么"用于祈使句句末，"么"一般不单独出现，须与"哇"融合在一起，共同表示商量、请求等祈使语气。女性和儿童使用时，多含有撒娇的意味。例如：

咱走哇么！我想回啦！

你先回哇么！我还得一阵儿哩！

你吃哇么！我不饿。

给哥哥拿上哇么！我完了再上街给你买！

你给咱洗洗衣裳哇么！我今儿个_{今天}啥也不想做。

您儿给看看哇么！我□[tʂAʔ⁴]_做不将来₂啦。

你给思谋思谋哇么！伲们_{我们}这₅些人也想不出个啥办法来₂。

第七章　来和去

山阴方言中，"来"和"去"的语音形式多样，"来"和"去"的语法功能复杂，"来"和"去"的语音形式与其语法功能有密切的关系："来₁"和"去₁"，单音节趋向动词，在句中主要做谓语，"来₁"读作[lee³¹³]，"去₁"读作[tɕhy³³⁵]。"来₂"和"去₂"，与其他单音节趋向动词结合为双音节趋向动词后，在句中可以做谓语和趋向补语，"来₂"读作[lee⁵²]，"去₂"读作[tɕhi⁵²]；"来₃"做助词和语气词，均读作[lɛe⁰]，"去₃"置于"去₂"或其他动作动词之后表示目的，读作[tɕhiəʔ⁰]。

第一节　来₁和去₁

来₁[lee³¹³]和去₁[tɕhy³³⁵]都是以说话者所在位置为坐标来表示趋向的位移动词，兼具位移、方向和立足点等语义特征，在句中主要做谓语。例如：

他今儿个_{今天}来₁学校啦。

看看你来₁哪啦？

佤_{我们}来₁你这₂儿买点儿东西。

你去₁药店买点儿去₃哇。

你去₁哇，我不待去₁啦。

咱们走上去₁哇。

从上例可以看出，"来₁""去₁"二者所表示的方向正好相反。"来₁"表示朝着说话者所在地进行位移，其终点与说话者所在地重合，而起点却与说话者所在地相反；而"去₁"表示朝着说话者所在地的相反方向位移，其起点与说话者所在地重合，而终点却与说话者所在地相反，那么"来₁"要求其宾语一定表近指，而"去₁"则要求其宾语一定表远指。因此，如果同一个表示地点的名词性成分出现在"来₁"和"去₁"之后做宾语，那么说话者对它的心理感受完全不同。比较如下：

我来₁超市买点儿东西。

我去₁超市买点儿东西。

我来₁他家眊眊他。

我去₁他家眊眊他。

他来₁山阴啦。

他去₁山阴啦。

以"我来₁他家眊眊他"和"我去₁他家眊眊他"为例，"他家"出现在

"来₁"之后做宾语时,这表示了说话者与"他"之间的心理距离很近,他们之间的关系也很亲密,而"他家"出现在"去₁"之后做宾语时,这表示了说话者与"他"之间只是礼节性的交往。

第二节 来₂和去₂

"来"和"去"分别可以与"上""下""进""出""回""过""起"组合为双音节趋向动词。双音节趋向动词中"来"读作[lɛe⁵²],记作"来₂","去"读作[tɕhi⁵²],记作"去₂"。大多数双音节趋向动词可以单独做谓语,也可以出现在别的动词后面表示趋向,做趋向补语。例如:

你多会儿回来₂的?
人家们早就起来₂啦。
你今儿个_{今天}咋跑过来₂啦?
他咋下去₂的啦?
我进去₂拿上东西就往外走,没看见谁在哩。
你跑过去₂做啥去₃啦?

"起"和"去₂"可以结合为双音节趋向动词,放在动词之后做趋向补语,普通话中没有这一用法。例如:

姥爷能一个儿_{自己}慢慢儿站起去₂啦。
坐起去₂,别人都吃饭呀,你还在这₂儿躺的哩!
你把刀放起去₂哇,操心割着的。
这₃两个钱儿也不多,你拿起去₂哇,买点儿书呀啥的。
你把书装起去₂,咱明儿个还得早早儿走哩。

除了上述双音节趋向动词之外,山阴方言中还有"将[tʂɒ³¹³]来₂""将[tʂɒ³¹³]去₂"这一对双音节趋向动词。常常放在动词之后,组合为"V+将来₂/去₂"这一结构,如:拿将来₂/去₂、拉将来₂/去₂、送将来₂/去₂、走将来₂/去₂。

体词性短语常常出现在"V+将+来₂/去₂"之后,构成"V+将+来₂/去₂+ID"。例如:

妈给拿将来₂一袋子山药_{土豆}。
姐姐给你女儿买将来₂个棉袄。
他不知道从哪开将来₂个车。
他们抬将来₂可多桌子。
我给你爸爸抱将去₂个倭瓜。
他端将去₂两盆花儿。
我爸爸给我三爷爷买将去₂双鞋。

他给搬将去₂可大个坛子。

现代汉语中"V+来/去"这一结构在山阴方言中常常用"V+将+来₂/去₂"来表达。例如：

普通话：他拿来一支笔。

山阴方言：他拿将来₂一杆笔。

普通话：请来一位医生。

山阴方言：叫将来₂个医生。

普通话：我给他寄去很多特产。

山阴方言：我给他寄将去₂可多特产。

普通话：他送去一桶水。

山阴方言：他送将去₂一桶水。

这里，我们还需要解释一下"起来₂"、"起去₂"中"来₂"和"去₂"的读音。这里"来₂""去₂"分别读作[lɛe⁰]和[tɕhi⁰]，而不读作[lɛe⁵²]和[tɕhi⁵²]，这主要是因为前一音节"起"在山阴方言中读作[2，两个相同声调的字连读时有困难，因此，后一音节中的"来"和"去"读作轻声，而不读作[2。因此，不可将此处的"来₂"和"去₂"与"来₃""去₃"混同在一起。

第三节 "来₃""去₃"组成的语法结构

一、来₃

（一）"来₃"可做概数助词

数词为小于十的整数，量词为"斤"或"两"时，"来₃"可以组合为"数词+斤/两+来₃+的"这一结构，这一结构常常用于日常对话。例如：

——你割了几斤肉？

——就五斤来₃的（猪肉）。

——你喝了多少？

——就二两来₃的（白酒）。

数词等于十或是十的倍数时，"来₃"可以组合"数词+斤+来₃+的+（名词/名词短语）"这一结构，也可以构成"数词+来₃+斤"这一结构，这两种结构所表示的意义大致相同，常常用于日常对话。例如：

——熟肉还买了这₁些些哩？

——就十斤来₃的。/就十来₃斤。

——那₃些书总共卖了多少？

——就二十来₃斤，能有多少钱儿。

量词不再局限于"斤"时，数词多为十、十的倍数、一百及一百的倍数时，

"来₃"常常可以组合"数词+来₃+量词"这一结构。例如：

就十来₃块钱儿，甭还啦！

就五十来₃米路，他也不待走！

一百来₃个人哩，往哪安顿呀！

三百来₃个学生都得参加考试哩！

数词大于一百小于二百时，山阴方言常常组合为"百十+来₃+量词"这一结构。例如：

这₄点儿东西就得百十来₃块钱儿哩？

百十来₃斤点儿东西，说拉就拉回来₂啦，不费事。

那₁老汉一个儿自己就包了百十来₃亩荒地哩。

（二）"来₃"可做语气词，兼表已然

"来₃"放在句末，可以用于疑问句中，相当于普通话中的"啦"，是实现体标记，表示动作已经实现，即已经成为事实。例如：

刚刚儿谁来₁来₃？

你问他啥来₃？

老师说啥来₃？我咋一句也听不懂。

电视上演啥来₃？看得高兴的。

"来₃"表原因时，可以用于肯定句。例如：

——你脸咋的啦？

——让树枝子给划的来₃。

——你这₂衣裳咋圪绌成这₁啦？

——洗衣机洗的来₃。

——墙咋成这₁样儿的啦？

——我女儿给画的来₃。

——（身上的黑青）你又妈扭掐你来₃？

——没，这₂是我一个儿自己碰的来₃。

——他咋哭成个那₁？

——我骂的他来₃。

在日常对话中，谓语部分常常可以省略，直接由主语与"来₃"组合为"S+来₃"这一结构。例如：

——肯定是我爸爸又忘拔电源啦。

——我来₃，不是尔人家。

——这₂是谁扫的地啦？

——我来₃，咋啦？

——你洗的锅哇？

——嗯，就是我来₃，你咋知道的。

（三）"来₃"可做语气词

"来₃"相当于普通话中的"呢"，多用于是非问和特指问，用来询问刚刚发生的事。例如：

你们刚刚儿说谁来₃？

你们谁写作业来₃？

谁用我香皂来₃？

他又问你借啥来₃？

你姥姥是不是又哭来₃？眼睛咋红成个那₁？

你是不是看电视来₃？

（四）"来₃没""来₃不"

山阴方言中，"来₃没来₃""来₃不来₃"常常出现在主语为第三人称的句子中，放在主语后面，用于陈述句，可以表示某件事情来得很突然，令人感到很吃惊或不可思议。例如：

他来₃没来₃/来₃不来₃给我邮了一箱子土特产。

他来₃没来₃/来₃不来₃推了一把。

她来₃没来₃/来₃不来₃咬了我一口。

她来₃没来₃/来₃不来₃把我书就给扯啦。

"来₃没"是"来₃没来₃"的省略形式，"来₃不"是"来₃不来₃"的省略形式。"来₃没"和"来₃不"都可以出现在上例中。

"来₃没""来₃不"还可以放在句子的主语之后，多用来表示反问，表达了一种责问的口气。例如：

你来₃没/来₃不打的他做啥哩？

尔_人家来₃没/来₃不骂你哩？

他来₃没/来₃不就给扯啦？你也没问问他因为啥？

你来₃没/来₃不开这₂快做啥哩？

你来₃没/来₃不给我这₂些东西？

"来₃没"还可以位于句末，"来₃"相当于普通话"了₁+了₂"，常常用于反复问句，用来询问某个行为、事件或状态是否已经发生过。"来₃不"没有这一用法。例如：

你今儿个_今天去他家来₃没？

你做饭来₃没？没做咱就出去₂吃哇。

你写字帖来₃没？

您儿今儿个_今天去₁姐姐那₂儿来₃没？

你们这₃两天上英语课来₃没？

他洗手来$_3$没？

她吃草莓来$_3$没？

在回答以上反复问句时，肯定回答时需要加助词"来$_3$"，即肯定回答形式为"V 来$_3$"，否定回答时不需要加，即否定回答形式为"没 V"。因此，"来$_3$"在肯定句和否定句中的使用上具有不平衡性。

"来$_3$没""来$_3$不"可以儿化为"来$_3$没儿""来$_3$不儿"，与"来$_3$没来""来$_3$不来"的用法基本相同，但"来$_3$没儿""来$_3$不儿"都不可以用于反复问句。

二、去$_3$

"去$_3$"可以放在谓词性结构后充任连谓结构的后一个直接成分，读作[tɕiəʔ⁰]，表示目的，仍具有运动趋向的意义。例如：

你写作业去$_3$哇。

您儿先睡去$_3$哇，我等他的哇。

佤回村去$_3$呀，你回不？

我贴对子$_{春联}$去$_3$呀，你和我一起去$_1$哇么。

我做营生去$_3$呀，不和你拉嗒$_{聊天}$啦。

后置的表示目的的"去$_3$"是一种虚化了的动词，因此趋向动词"去$_1$"可以出现在前面的谓词性结构当中。例如：

我去$_1$东面儿那$_3$个理发店理个发去$_3$。

你去$_1$取卡去$_3$哇。

我和他去$_1$学校对对答案去$_3$。

他早早儿就去$_1$单位去$_3$啦。

你叔叔去$_1$地里去$_3$啦。

人家每天去$_1$货站进货去$_3$哩。

"去$_1$"和"去$_3$"都可后置，但是意思不同。如"开车去"，当"去"读作"去$_1$[tɕhy³³⁵]"时，意思是不是坐公交车去，也不是走着去，而是开着车去；当"去"读作"去$_3$[tɕiəʔ⁰]"时，意思就是"去开车"。试比较：

穿拖鞋去$_1$/穿拖鞋去$_3$

坐拖拉机去$_1$/坐拖拉机去$_3$

戴上花儿去$_1$/戴上花儿去$_3$

引上娃娃去$_1$/引上娃娃去$_3$

三、去$_3$来$_3$

山阴方言中，"去$_3$来$_3$"可用于疑问句。例如：

你去哪去$_3$来$_3$？我可[khuə³³⁵]世界寻不见你。

你这是做啥去$_3$来$_3$？闹下一身土。

您儿看啥戏去₃来₃？好看不？
您儿和谁打麻将去₃来₃？
"去₃来₃"可用于陈述句。例如：
我和我女儿买书去₃来₃。
我出去₂抽烟去₃来₃。
他回山阴眊他妈去₃来₃。
妈肯定串门子去₃来₃。
你爸爸和你王三叔那₃两天挑苦菜去₃来₃。
我前晌_{上午}上课去₃来₃。

"去₃""来₃"处于不同的句法结构层次，"去₃"与谓语中心构成连谓结构，具有表示目的的趋向意义，而"来₃"则主要用来表示动作发生的时间，即过去时，相当于普通话中的"了₁+了₂"。

第八章 "给"字句

山阴方言的"给"有三种读音：[kei⁵²]、[kæ⁵²]、[kəʔ⁴]。三种读音对应三种不同的用法。本章将讨论山阴方言的"给"字句，包括"给"做动词、介词和助词，"给给"，"给咱/我"等诸多形式的具体用法。

第一节 山阴方言"给"的用法

一、动词"给"

山阴方言中，动词"给"含有"给予"的意义，表示使对方得到某些东西。例如：

他给了我两个橘子。
我给了我表妹可[khəʔ⁴]些些书。
隔壁儿给了咱一盘子油糕。
单位给了我一间办公室。
姐姐给了我一个新背心儿。
我妈给过她一床盖物_被子_。
咱那₂会儿困难的时候，人家还给过咱五百块钱儿哩。
你年省_去年_还给过我个倭瓜哩，我觉意挺好吃的。

动词"给"还可以表示使对方遭受某种遭遇。例如：

我奶奶照屁股给了他一脚。
他上来₂就给了我一圪都_拳头_。
他来₃不来₃给了我一刮_一巴掌_。

"给"表示"给予"义时，由"给予者""接受者"和"转移物"共同组成了一个完整的互动关系，因此，山阴方言有相对完整的表达方式——ID₁+给+ID₂+ID₃。

二、介词"给"

（一）表示交与、传递

"给"引进交与、传递的接受者，用在动词前。例如：

你给叔叔拿上两瓶酒哇。
单位给俫们_我们_发了袋面。
你妈给我拿了一兜兜儿菜，嫩莹莹的。
那₃个老师给俫们_我们_发了好几张卷子。

山阴方言中，介词"给"可以与动词紧密结合后，构成"V给"。这类动词为数较少。例如：

他口[mæ³¹³]给我个盒盒儿就跑啦。

我还给他那₂二百块钱儿啦。

我就借给她五个盘子，她最后也没还。

他匀给我一袋儿海带。

我倒分给她一箱子啦，她咋还要哩？

她卖给我一条裙子。

他输给人家个摩托车。

你就租给我一间房？我不够用。

（二）表示"为"或"替"

"给"只是在语法意义上近似于"为"或"替"，其所指的对象及动作和动作相关的受事是一致的，但是"给"不能与"为"或"替"随意替换。例如：

她给我女儿讲了可[khəʔ⁴]多故事。

我妈就给我舀了一碗稀饭。

姐姐给我买了个新背心儿。

我妈给我爸爸扎了两针，这₂才缓过来₂。

过年那₂会儿，我给我奶奶买了些菜。

今儿个_{今天}兄弟家_{弟媳}过生儿_{生日}哩，我妈给她炸了两个油糕。

我妈年轻那₂会儿常给我姥姥姥爷打毛衣毛裤哩。

两个儿耍的饿啦，你赶紧给尔家_{人家}做上点儿吃的。

每次吃顿饭，我女儿就给我拿过碗和筷子啦！

（三）引进动作的对象

这里所指的"动作的对象"可以是动作的受益者，也可以是动作的受害者，这主要是因为从词汇意义上看，动作的发出者做出的动作是有益的、积极的动作行为还是无益的、消极的动作行为。例如：

你赶紧给奶奶拿拿眼镜去₃。

他给我买上药啦。

你咋又给她买了这ɿ些玩具。

妈又给咱熬上肉啦。

你儿子给你拿回茶叶啦。

妹妹给你把书扯啦。

你女儿给我尿下一身。

我爸爸给你打了圪垯_块玻璃。

他给我烧了可[khəʔ⁴]大个窟儿_洞。

你又倒给姥姥摆下一地。

三、助词"给"

山阴方言中,"给"做助词时,常常可以与"叫""让"配合使用,由"叫"或"让"引出动作的施事者,"给"置于动词前,可以构成"ND_1+叫/让+ND_2+给+VD"这一格式,表示使对方做某件事。"叫""让"不能用"给"来代替。例如:

妈叫/让你给通通下水道。

你妈叫/让我给你捎过来₂一袋子莜面。

你女儿叫/让我爸爸给尔_{人家}买瓶酸奶哩。

他叫/让我给你捎句话。

妈叫/让你出去₂给买袋儿咸盐去₃。

"ND_1+叫/让+ND_2+给+VD"这一格式,也可以表示容许对方做某种动作。例如:

写完作业,你叫/让你姐姐给检查检查。

你叫/让他给听听,听听这₂是谁唱的。

我爸爸叫/让您儿给尝尝饺馅子。

我想叫/让您儿去₁我那₁儿给我看两天娃娃。

他叫/让我过来₂给您儿擦擦玻璃。

"给"放在表被动义和处置义的动词前,由"叫""让"引出施事,表示某种遭遇。例如:

他叫/让车给撞啦。

她的车不知道叫/让谁给划啦。

眼镜儿腿子叫/让她一屁股给坐断啦。

我买的点儿瓜子叫/让他一个儿_{一个人}给全嗑完啦。

"给"还可以与"把"连用,由"把"引出受事,构成"把+ND+给+VD"这一格式,将受事宾语提前到谓语的前面。"给"常常可以省略。例如:

这₇热的天气,你咋把窗子给关住啦。

你把灯给开开哇,黑得看不见啦。

他把书给送过来₂啦,我给你放桌子上啦。

你把本儿给拾起,给你姐姐拿过去₂。

你把被套儿给□[tʂAʔ⁴]_弄下来₂,我今儿给洗洗。

上一格式中的"给"可以放在"把"之前,构成"给+把+ND+VD",不需要特别强调的话,"给"之后的与事宾语通常不出现在这一结构中。例如:

你给把白菜放外头啦?

他给把咸盐倒的调料钵子啦。

我妈早就给把饭做起啦。

我给把大衣挂起啦。
沙子给把路也挡啦。

四、"给咱""给我"

山阴方言中,"给"还可以表达一种客气的语气,"给"常常可以省略,不出现在句子中。例如:

你给往过来₂递递那₃本书。
他给洗的锅。
婆婆给做的面,可[khə ʔ⁴]好吃哩。
你给接接这₃个碗,烧死我啦。
你给念念,这₂是两个啥字?

如果上例中"给"所表达的语气需要加重时,可以通过"给咱""给我"来表达。"给我……"表示命令语气,"给咱……"表示商量语气。从表达语气的轻重上来看,"给我"的语气要比"给咱"的重。比较如下:

你给我取取那₃双袜子。
你给我洗洗衣裳。
你给我把桌子擦擦。
你今儿就给我出去₂买去₃。
你给我站的一边儿去₃,我又没和你说话!
你赶紧给我把眼睛圪挤住!睡觉!
你给咱做饭哇,我今儿个(今天)乏得动也不想动啦。
你给咱把那₃些衬衣烙烙,我这₃两天就穿呀。
你给咱往过来₂捎捎台灯,我不待下地啦。
你给咱拿上把伞,今儿(今天)预报的有雨哩。
你给咱往起挂挂窗帘子,我和妈都够不见。
你给咱收揽收揽那₃堆东西,没用就□[mæ³¹³]扔了哇。

"给咱……"这一格式的句末还常常出现语气词"哇么",这使得原有的语气更加委婉一些。例如:

你给咱往上拿拿哇么,我提溜不动这ₑ些些东西。
你给咱墩墩地哇么,我给咱洗衣裳去₃。
你给咱洗两个苹果哇么,我饿啦。
你给咱把沙发往那₃头挪挪,我给咱扫扫。
你给咱早点儿睡哇么,还熬夜哩。

五、连用

山阴方言中,"给"字可以连用构成"给给"。第一个"给"是动词,第二个"给"是介词,"给给"连用的语法形式与"V给"的基本一致。"给给"

含有"给予"意义,构成"给给+ID₁+ID₂"这一格式,ID₁为表人的近宾语,ID₂为表物的远宾语。例如:

你给给他那₃杆笔。
妈才给给你那₃串钥匙,你倒寻不见啦?
我给给她两箱子哩,都用完啦?
给给姐姐耳机,她上课用呀。
妈给给我一千块钱,让我眊眊你妈去₃哩。

"给给+ID₁+ID₂"这一格式中的"ID₂"可以由"把"字引出,置于"给给"之前,用来强调ID₂。例如:

你把那₃个袄儿先给给她,我完了再给你买。
你把这₃盘饺子给给你爷爷,我立刻儿再给你下。
你把手机给给你妈,你看你的书。
你把那₃个镚子给给那₂个要饭的。
她把那₃个大的给给你妹妹啦,一个儿_自己留了个小的。

"给给"还可以表示"换做是""搁……身上"意义,"给给"之后常常只出现指人的名词或代词,全句含有假设的意味。例如:

给给你,你早就气死啦。
给给谁,也不知道咋□[tʂAʔ⁴]_弄呀。
给给我,我就要下啦,凭啥不要哩。
给给他,他才不管哩,早就跑啦。
那₂是给给尔_人家那₁女人啦,给给你,早就不知道成啥样儿的啦。

六、"给"的其他用法

山阴方言中,"给"读作[kəʔ⁴]时,常常可以构成"给+你+ID"这一结构。这一结构常常出现在日常交际中,说话者说话的同时,并伴随有"给予""传递"的动作,将"ID"传递给听话者,也正是因为有这样一个伴随动作,"ID"可以省略不出现在对话当中。例如:

——你给我往过来₂递递那₃茴葱。
——给你(这₃茴葱)。
——你给我看看你的笔记。
——给你(笔记本)。
——把你那₂花儿枝子给咱铰上个。
——给你(这₃个花儿枝子)。
——给我拿拿醋。
——给你(醋)。
给你这₃两个笔,没一个能写的。

给你筷子，咋拿手抓的吃哩。
给你药，喝了药，早早儿睡哇。
给你点儿水，看那₂嘴干的。

"给[kəʔ⁴]"还可以与"□[nʌʔ⁴]"组合为"给□[kəʔ⁴nʌʔ⁰]"，构成"给□+你+ⅠⅡ"这一结构，"你"、"ⅠⅡ"可以同时省略不出现，"你"可以单独省略，但是不能单独省略ⅠⅡ。这一结构常常用于日常交际中，与"给你"所使用的语言环境是一致的，说话者说话的同时伴随有"给予""传递"的动作，而听话者相应地做出"接收"的动作，所以听说双方的对话与"给予""传递"到"接收"整个过程是同步进行的，也是完整的。例如：

快给□你这圪垯块表，早就不走啦。
给□你这₂一百块钱儿。
给□桔子，你拿回去₂和妈他们一起吃哇。
给□这₃身新衣裳，出去₂顿穿上。
——你给我拿拿那₃个油钵钵。
——给□。
——凳子不够，差的一个哩。
——给□，我这₂儿多的一个哩。

山阴方言中，"给"还可以读作[kæ⁵²]，常常可以单独出现在日常对话中，"给[kæ⁵²]"的前面一般不出现主语，后面一般不出现指人的近宾语和指物的远宾语。"给[kæ⁵²]"缩短了说话者和听话者之间的时间和空间上的距离。例如：

——刀来₃？
——给。
——书包，书包。
——给。
——你把我书放哪去₃啦？
——给。

第二节 山阴方言的"给"字句

刘丹青把汉语的给予类双及物结构分为五种：
双宾A式：给他书（北京话）
双宾D式：给书他（南京话）
介宾补语式：送书给他（北京话）
连动式：买书给他（北京话）

复合式：送给他书（北京话）|给给我一碗水（甘肃中宁方言）

山阴方言"给"为动词时，只有一种格式，即双宾A式"给他一本书"。"给"为介词时，只有复合式"还给我一本书""卖给我一本书""分给我一本书"，但是没有介宾补语式"还一本书给我""卖一本书给我"，也没有连动式"分一本书给我"。因此，普通话中的介宾补语式和连动式在山阴方言中大多用复合式来表示。如普通话中的"还一本书给我"，山阴方言说成"还给我一本书"；连动式中的"分一本书给我"，说成"分给我一本书"。

山阴方言中"他换给我一百块钱儿"，这是复合式，还有一种句式"他给我换了一百块钱儿"，可以称之为介宾状语式。介宾状语式里的"给"表示"为"或"替"，这两种句式的意义不同：复合式表示的是他用他自己的钱给我换了一百块钱，介宾状语式表示的则是他用别人的钱给我换了一百块钱。

山阴方言"给"字句的格式为"$ND_1+V+给+ND_2+ND_3$"，句中的"给"本身就表示了过去或完成，因此"V给"表示完成体，如"她分给我半箱子橘子"表示她已经把半箱子橘子分给我了，如果变换成"$ND_1+给+ND_2+V+ND_3$"这一格式，则需要在动词后加表已然的"了"，如"她给我分了半箱子橘子"。

山阴方言中"给"字句大致可以分为以下三类。

第一类，可以构成复合式和介宾式，不可以构成连动式。复合式和介宾式的意义不同：复合式表示 $ND_1 V$ 给 $ND_2 ND_3$，介宾式表示 ND_1 为 ND_2 做了某事。山阴方言中可以出现在这一类"给"字句的动词主要有：借、卖、换、租、还、押等。例如：

复合式：他借给我两万块钱儿。
介宾式：他给我借了两万块钱儿。
连动式：*他借了两万块钱儿给我。
复合式：她卖给我一箱子酸奶。
介宾式：她给我卖了一箱子酸奶。
连动式：*她卖了一箱子酸奶给我。
复合式：她换给我些零钱儿。
介宾式：她给我换了些零钱儿。
连动式：*她换了些零钱儿给我。
复合式：她租给我一间小房子。
介宾式：她给我租了一间房。
连动式：*她租了一间房给我。
复合式：叔叔还给我钱儿啦。
介宾式：叔叔给我还了钱儿啦。
连动式：*叔叔还了钱儿给我。

复合式：他押给我一间门面房。
介宾式：他给我押了一间门面房。
连动式：*他押了一间门面房给我。

可以构成复合式和介宾式，不能构成连动式。复合式和介宾式意义相当。介宾式中的"给"相当于"为"。如"上头调给伬们_{我们}十个车"和"上头给伬们_{我们}调了十个车"。山阴方言中可以出现在这一类"给"字句的动词主要有：分、匀、退等。例如：

复合式：单位分给伬一人一袋儿面。
介宾式：单位给伬一人分了₁一袋儿面。
连动式：*单位分了₁一袋儿面给伬一人。
复合式：他匀给我一袋儿海带。
介宾式：他给我匀了₁一袋儿海带。
连动式：*他匀了₁一袋儿海带给我。
复合式：他退给人家一百块钱儿。
介宾式：他给人家退了₁一百块钱儿。
连动式：*他退了₁一百块钱儿给人家。

第二类，可以构成复合式，不可以构成介宾式，也不可以构成连动式。"给"与前面的动词结合得很紧密，山阴方言中可以出现在这一类"给"字句的动词主要有：输、教、给等。例如：

复合式：他输给我个自行车。
介宾式：*他给我输了个自行车。
连动式：*他输了个自行车给我。
复合式：他教给我这₃道题啦。
介宾式：*他给我教了这₃道题啦。
连动式：*他教了这₃道题给我啦。
复合式：他给给我一个书包。
介宾式：*他给我给了一个书包。
连动式：*他给了一个书包给我。

第三类，可以构成复合式，不可以构成介宾式，不可以构成连动式。如果在介宾式动词后加表示趋向的"过来₂/去₂""上来₂/去₂"……等词，就和复合式的意义相当。出现在这一类"给"字句的动词主要有：传、□[mæ³¹³]扔等。例如：

复合式：她奶奶传给她个金镯子。
介宾式：她奶奶给她传下来₂个金镯子。
复合式：他□[mæ³¹³]扔给我个箱子就跑啦。

介宾式：他给我□[mæ³¹³]扔过来₂个箱子就跑啦。

从上面这两种"给"字句式看，山阴方言的"V给"相当于普通话中的给予类双及物结构。试比较：

普通话	山阴方言
他借给我一本历史书。	他借给我一本历史书。
他借一本历史书给我。	*他借一本历史书给我。
她卖给我一箱子红酒。	她卖给我一箱子红酒。
她卖一箱子红酒给我。	*她卖一箱子红酒给我。
我还给她那本书啦。	我还给她那₃本书啦。
我还那本书给她啦。	*我还那₃本书给她啦。

山阴方言中的"V给"句基本表示给予义，如果需要表示普通话中的"取得"义时，则不用"V给"句，而是用别的句式。例如：

普通话：他借给我那本历史书。

→给予义　　山阴方言：他把那₃本历史书借给我啦。

→取得义　　山阴方言：我借了他那₃本历史书。

普通话：我租给她一间房。

→给予义　　山阴方言：我租给她一间房。

→取得义　　山阴方言：她租了我一间房。

普通话：我卖给她很多书。

→给予义　　山阴方言：我卖给她可多书。

→取得义　　山阴方言：她买了我可多书。

山阴方言中，"V给"不可以构成连动式，"给"作为动词的意义只能通过"给+ID₁+ID₂"这一句式来表达。"V给"只能构成复合式和介宾式。构成复合式和介宾式中的"给"，我们认为它是介词，特别是复合式中的"给"。"V给"之间不可以插入其他成分，可以把"V给"看成一个复合词。山阴方言第一类和第三类复合式中的"V给"不可以插入其他成分，但是第一类和第三类复合式可以转换为意义相当、含"给"的其他句式来表达，而由第二类复合式中的"V给"不可以插入其他成分，也不可以转换为其他包含"给"的句式，显然"V给"已经成为一个比较严格的复合词了。由此可见，山阴方言中，"V给"中的"给"已经产生了不同程度的虚化。

第九章　特殊句式

第一节　处置句与被动句套合句式

一、山阴方言中的处置句

山阴方言表处置的"把"字句常常用"把"引进处置对象，谓语中动词所表示的动作使处置对象产生某种结果、发生某种变化或处于某种状态。多用于已然事件。例如：

他把水全喝啦，佴都没喝上。
你儿子把同学的书给扯啦。
您儿给把外头那₃个柜子拾掇拾掇。
你一个儿_{自己}把东西收揽起。
他一下就把你妹妹给推倒啦。

从以上例句可以看出，山阴方言"把"字句具有现代汉语"把"字句的一般特点，如动词一般不能单独出现，"把"的宾语在意念上是有定的、已知的人或事物等。

山阴方言中，"把"字句中的谓语动词前常常插入"给"，构成"把ND+给VD"这一格式。例如：

你妈没操心住把点儿素油给洒啦。
他把花儿盆子给打啦。
他一黑夜把那₃个电视剧给全看完啦。
你把门帘给往起撩撩。
你把铅笔给削削。

"给"还可以移位至"把"之前，构成"给+把ND+VD"这一格式。例如：

他给把东西捎下去₂啦。
我给把衣裳收拾的那₃个柜子啦。
你给把电视开开，我给咱看上会儿。
你顺手给把笼床_{蒸笼}炖的锅上哇。
妈给把指甲铰啦。

山阴方言中否定词有"不""没"和"甭"等，这些否定词都可以置于"把"字的前面。"把"字前加"不"或"没"时，多用于反问句中；而"把"字前加"甭"时，则多用于祈使句。用于祈使句时，表处置的"把"字句可用于未然事件。从使用频率上来看，"把"字前出现否定词"没"和"甭"的频率要比出现否定词"不"的频率高一些。例如：

他不把别人害菜完就不算完。
你咋不把灯开开？
你不把脸洗洗，就那₂出去₂呀？
你没把桌子给擦擦？
你咋没把水给倒了，还在那₂儿□[ər⁵²]放的哩。
你咋没把头梳梳？
他一个儿自己没把话说精明，谁知道他是个啥意思？
你没把电视给关了？
您儿甭把我那₃本书给□[mæ³¹³]扔了哩。
你甭把衣裳放的炕上，挂起去₂。
你甭把他给说恼哩。
你甭把尔人家电脑给闹烂哩。

山阴方言中还有一种由"把"构成的句式。这一句式并不是处置句，也不用来表示处置的结果，其主要的语义特征是描述情状。例如：

他们出去₂逛达了一天，真把我给饿灰啦。
看把他给瞌睡的，就和多长时间没睡啦似的。
把我妈给高兴的，就和个娃们也似的。
把我给热的，净出汗哩。
把你本事的，你□[tʂAʔ⁴]弄去₃。

二、山阴方言中的被动句

山阴方言中"被"动句不用"被"字，而用"叫"或"让"，即由"叫"或"让"引出动作的发出者。例如：

碗也让他打啦。
他让人家在大街上真骂灰啦。
他让雨淋啦。
手叫刀给割着啦。
衣裳搭的外头，叫风给刮走啦。
他叫树枝子划着啦。

山阴方言中，被动句的谓语动词前常常插入助词"给"，构成"叫ND+给+VD"这一格式。"给"可以用来表示主语是动作的处置对象，对谓语部分也起到了强调的作用。例如：

我的手表让我表妹给拆啦。
椅子让他给搬的他那₂儿去₃啦。
我让他给挤的腰还疼哩。
他那₂双皮鞋叫耗子老鼠给啃下个孔儿窟窿。

我的电脑叫我女儿给从桌子上推下去₂掉烂啦。

他叫狗给咬了一口。

三、把 NP+叫/让 NP+VP

山阴方言中，处置式"把"字句常常可以与介词短语"叫/让 NP"套合使用，这便构成"把 NP+叫/让 NP+VP"这一格式，这一格式多用来叙述不如意或不幸的事情。例如：

把盆花儿也让她打啦。

把那₃幅画叫你爸爸挂起哇。

把电视让他占啦，别人看也看不上。

把些菠菜全让你妈给拣啦。

把那₁些酒让他一个儿自己给全喝啦。

你们把那₃个窗子让人给油油。

把钱儿都让那₁女人给卷走啦。

把点儿东西让他全给了人啦。

山阴方言中，这类句子中的主语常常可以不出现，主要是因为施事大多已与"叫"或"让"结合放在动词前做状语，因此不再出现在主语的位置上，而可以出现在主语位置上的代词或名词常常与"把"之后的宾语具有领属关系。

在山阴方言中，"把"常常可以省略不出现在句中。"把"所引出的名词或名词性短语可以受数量短语或指量短语的修饰，当数词"一"、指示代词"这"或"那"不出现时，"把"字则不可以省略。

"全""都"等副词常常可以出现在这一结构中，其出现的位置比较灵活，既可以出现在"叫/让"之前，也可以出现在 VP 之前，其语义指向为谓语中心及其所引出的结果。谓语动词多为自主性动词，而且动词前常常出现"给"，构成"把 NP+叫/让 NP+给 VP"这一格式，"给"增强了这一套合式的处置意味。

四、叫/让 NP+把 NP+VP

山阴方言中，被动句常常可以与介词短语"把+NP"套合使用，这便可以构成"叫/让 NP+把 NP+VP"。例如：

真叫/让你就把我害枯啦。

硬叫/让伍们我们把你们害捣得睡也没睡成。

叫/让那₁人把我的头发给铰成个这₁啦。

叫/让他媳妇把一瓢水全浇他身上啦。

叫/让狗把沙发给挠烂啦。

叫/让人家把他从家里头撵出来₂啦。

可[khɑʔ²⁴]叫/让人家把他骂灰啦。

又叫/让人家把你给耍笑啦。

这类套合格式用来陈述已然的事实，即陈述动作的发出者对某人或某物加以处置，出现了严重的后果，表达了说话者不如意或不满的语用色彩。

这一格式中的动词为自主动词，一般不单独出现在句子中，或可以重叠，或其后可以带结果补语、趋向补语等。谓语动词前常常可以出现"给"，用以增强处置意味，可构成"叫/让 IID+把 IID+给 VD"。

"叫/让"所引出的 IID 为有生命体特征的名词、代词或名词性短语，是动作的发出者。"叫/让+IID"所构成介词短语前可以受"真""硬""可""又"等副词的修饰。"叫/让"如果不出现在句中时，前面的修饰成分需移位至"把"的前面。如上例"可[khAʔ⁴]叫/让人家把他骂灰啦"可以说成"人家可[khAʔ⁴]把他骂灰啦"。这样就不再起到强调施事的作用了。山阴方言口语中更多选用带"叫/让"的句子。

在山阴方言中，受事成分出现在句首，"把"之后常常出现代词用来复指受事成分，也可以用来突出说话的焦点。例如：

他叫人家把他一把倒按倒啦。

那₁大个后生让个小女儿把他数落得一句话也说不上来₂。

你哥哥那₂是硬叫你嫂子把他欺捣成个那₁的。

他老儿叫那₂两个儿子把他操磨的就好活不了。

这类套合格式还可以用于祈使句，用来提醒或者警告对方，句首常常用"操心"，谓语动词前常常出现"给"，用以强调处置义。句末常常有语气词"的"。例如：

操心叫人把你东西给拿走的。

操心叫你妹妹把你书给扯了的。

操心叫尔ₐ家把你捉住的。

操心叫人把你抱走的。

这一套合格式中，"把"字常常省略，而由其所引入的代词、名词或名词性短语置于动词之后做宾语。谓语中的动词多为自主动词，"给你"常常可以出现动词前做状语，强调了施事，也强调了动作及其引起的严重后果。句末常常带语气词"的"。例如：

操心叫我打顿你的。

操心叫我给你一齐烧了的。

操心叫我给你□[mæ³¹³]₍扔₎出去₂的。

操心叫他拿走你书的。

操心叫他给你□[tʂAʔ⁴]₍弄₎烂自行车的。

山阴方言中，"叫/让 IID+把 IID+VD"套合格式叙述了由于外力使得某物或某人受到某种伤害或遭遇。但其另有构成条件和句法特点。例如：

没小防住叫/让油把手烧着啦。

叫/让烙铁_(耍4)把衣裳烙下个孔儿_(窟窿)。

担心叫/让洪水把路给淹了。

叫/让风把电线给刮断啦。

叫/让树枝子把脸给划了一道。

叫/让手机就把娃们的眼睛都给看坏啦。

差点儿叫/让那₃点儿事把你姥爷给麻烦灰。

叫/让那₂一句寡话把你妈给气的。

差点儿叫/让你那₂双袜子把伲们_(我们)给熏死。

险些叫/让一口唾沫把我呛死。

"叫/让"之前可以受"差点儿""险些""担心"等副词的修饰。"叫/让"所引出的 ND 可以是无生命的名词或名词性短语，也可以是无定名词，如"油""风""树枝子""手机"，这些名词大多可以受数量或指量短语及指示代词的修饰，这些名词虽然不能发出动作，但可以对"把"后面的宾语施以严重的影响，因此，这一套合格式常常用来强调动作的发出者。这一套合式中的"叫/让"及其修饰语均可以省略，但山阴方言日常交际中较多使用这类套合格式。当"叫/让"所引出的 ND 为听说双方已知的对象的话，这一套合式可以省略为"叫/让+（给）VD"，但是"叫/让"始终不可以由"给"替换。

"把"之后所介引的 ND 可以是无生命的名词，也可以是人称代词或其他名词性短语。

谓语中的动词多为非自主动词，也有自主动词，如"烙"。动词一般不能单独出现在这一套合格式。动词前常常带"给"以增强动词的处置义，动词之后常常有程度补语、结果补语或宾语。

这类套合格式还常常用于表示警告或提醒类的祈使句中。句首常常出现"操心"，句末常常带有语气词"的"，构成"操心叫/让 ND₁+把 ND₂+（给）VD 的"这一套合格式。例如：

操心叫/让铅笔把你眼睛扎着的。

操心叫/让绳子把你手勒着的。

操心叫/让核子把娃娃给卡住的。

操心叫/让门把手给挤住的。

操心叫/让那₃个车把你车给碰了的。

总之，山阴方言中是有处置句和被动句的套合句式的，即"把 ND+叫/让 ND+VD"和"叫/让 ND+把 ND+VD"。

但是这两种套合句式发展得不平衡。最直观的表现就是，从数量上看，"把

ND+叫/让 ND+VD"这类句式的数量较少,而"叫/让 ND+把 ND+VD"这类句式的数量较多。从语义上来看,这两种套合句式大多都强调了动作及由其产生的结果,在语言表达中人们的焦点便是动作的发出者,即由"叫"或"让"所介引的施事成分。从语法结构上来看,"把 ND"中的 ND 为受事成分,与"VD"结合得比较紧密,而"叫/让 ND"中的 ND 为施事成分,且多位于受事成分之前。因此,将"叫/让 ND"放在"把 ND"与"VD"之前更符合山阴方言语法的结构特点。

另外,这里我们可以运用变换分析来进一步认识一般主谓句、处置句、被动句及两种套合式之间的关系。如下例:[1]

（1）狗咬了我一口。
狗把我咬了一口。
我叫狗咬了一口。
叫狗把我咬了一口。
*把我叫狗咬了一口。
（2）人家要笑你哩。
人家把你要笑啦。
你叫人家要笑啦。
叫人家把你要笑啦。
*把你叫人家要笑啦。
（3）他们合起伙哄您儿哩。
他们合起伙把您儿哄啦。
您儿叫他们合起伙哄啦。
叫他们合起伙把您儿哄啦。
*把您儿叫他们合起伙哄啦。
（4）他拿走书啦。
他把书拿走啦。
书让他拿走啦。
叫他把书拿走啦。
把书叫他拿走啦。
（5）他打了一盆花儿。
他把一盆花儿打啦。
一盆花儿叫他打啦。
叫他把一盆花儿打啦。

---

[1] 加*的句子在山阴方言中不成立。

把一盆花儿叫他打啦。

通过上面句子的变换分析，我们可以看出，在山阴方言中，当句子中的受事为表人的代词、名词或名词性短语时，由"把"引出后须与"VD"紧密结合，而不能置于"叫/让 ID"的前面，也就是说，只能构成"叫/让 ID+把 ID+VD"这一套合格式。这样才能起到强调动作发出者与动作之间的语义关系这一作用。这也使我们更清晰地看到山阴方言中"把 ID+叫/让 ID+VD"和"叫/让 ID+把 ID+VD"这两种套合式发展不平衡的表现。

第二节　比较句

在《马氏文通》"静字"一章中，马建忠先生对"比"字做了分析，即"凡色相之丽于体也，至不齐也。同一静字，以所肖者浅深不能一律，而律其不一，所谓比也。象静为比有三：曰'平比'、曰'差比'、曰'极比'"。太田辰夫先生沿用了"平比""差比"和"极比"的分类，又将"比较"分为绝对的和相对的两种，认为"绝对的比较是比较的对象在句中不出现的，相对的比较是比较对象在句中出现的"。李蓝先生将比较句定义为：表示比较关系，且由相关的比较参项（comparative parameter）构成一定格式的句子。从比较句的构成上看，比较句由比较主体（subject，SJ）、比较基准（standard，ST）、比较标记（marker，M）和比较结果（adjective，A）四个语序类型参项构成。

一、平比句

山阴方言平比句的构成格式主要有两种。

（一）比较主体+和/跟+比较基准+一般儿+比较结果

山阴方言中，这一格式中的比较主体和比较基准可以是体词或体词性短语，"和""跟"为比较标记，"一般儿"用来表示比较主体与比较基准之间所比较的性质、程度或范围等是一致的，比较结果多由形容词来承担，形容词多为积极义形容词。例如：

她和我一般儿高。

我的盖物_{被子}和她的一般儿厚。

我女儿穿的鞋和我的一般儿大啦。

你手里那₃根绳子和我这₃根一般儿长。

这₃箱子鸡蛋和那₃箱子鸡蛋一般儿多。

山阴方言中，比较主体涵盖了所有或一部分比较对象时，比较基准则不再出现在这一格式中，可以构成"比较主体+一般儿+形容词"。例如：

佤们_{我们}两个一般儿高。

佤两个儿的盖物_{被子}一般儿厚。

佤娘儿两个的鞋一般儿大。
两根绳子一般儿长。
两箱鸡蛋一般儿多。

这类比较句式比较特殊，比较主体与比较基准为同一类事物，以"两根绳子一般儿长"为例，上例中的比较主体"两根绳子"暗含了"这一根绳子"和"那一根绳子"，也因为比较结果是"一般儿+形容词"，所以上例中的比较主体可以总括为"两个绳子"。

但是，以上例句如果没有特定语境的话，常常会产生歧义。以上句中的"佤们$_{我们}$两个一般儿高"为例，可以理解为"佤们$_{我们}$两个"可能只是比较对象的一部分，也可以理解为只有"我们两个"。

山阴方言中，比较主体和比较基准可以由谓词性短语来承担。例如：
我跑得和她骑自行车一般儿快。
他编得和机器做得一般儿好。
人家坐那$_2$儿和他站那$_2$儿一般儿高。
他写得和打印机打得一般儿好。

以上格式中，当比较主体可以涵盖所有或一部分比较对象时，比较基准则不再出现这一格式中，构成"比较主体+V得一般儿+形容词"。"一般儿+形容词"充当这一格式中的补语。例如：
佤们$_{我们}$两个跑得一般儿快。
□[niəu^{52}]$_{你们}$两个做得一般儿快。
一畦子韭菜长得一般儿齐。
那$_3$两个娃娃吃得一般儿多。

在一定的语境中，谓语中心可以省略。上例都可以省略为：
佤们$_{我们}$两个一般儿快。
□[niəu^{52}]$_{你们}$两个一般儿快。
一畦子韭菜一般儿齐。
那$_3$两个娃娃一般多。

谓语中心省略后，我们发现，这些例子的格式与上面提及的"比较主体+一般儿+形容词"这一格式在形式上是一样的，这样便很容易引起歧义。辨析时，需要结合具体的语境来进行。

（二）比较主体+有+比较基准+比较结果

这一格式中，比较主体多为省略形式，比较基准由体词或体词性短语承担，比较结果多由形容词来承担，比较结果前常常可以出现表程度的代词"这$_\varepsilon$""那$_\varepsilon$"。"有"之前可以出现"快""都"等副词。例如：
他长的快有你这$_\varepsilon$高呀。

人家算的都有计算器那₂快啦。
我爸爸挖的快有一米那₂深呀。
那₃个毯子快有你炕那₂大呀。

这一格式中"比较主体""比较基准"常常可以省略。在交际过程中,"比较主体"可以根据语境省略,而人们则常常利用手势来表达"比较基准"。如"你儿子多高啦""有这₂高啦",听话者说出"有这₂高啦"这句话的同时还伴随有手势来表示一定的高度。

这一格式也可以用于是非问句,主要是用来询问比较主体是否达到了比较基准的标准。例如:

他有你这₂高没?
□[niəu⁵²]家_你家_那₂圪垯_块_地有偓_我家_的大没?
咱村的人有人家村的多没?
他家的馒头有那₃家的好吃没?
他唱的有这₂好听没?

这类问句的肯定回答多为"嗯"或"差不多",否定回答多为"没"。

二、差比句

山阴方言中,差比句有胜过式和不及式两种,即比较主体与比较基准在范围、程度、性状等方面的差别。

（一）胜过式

胜过式表示比较主体优于、胜过或超过比较基准。山阴方言中,胜过式的构成格式为"比较主体+比+比较标准+比较结果"。这一格式是山阴方言比较句中最常见的,与普通话保持一致。比较主体可以是体词或体词性短语,也可以是谓词或谓词性短语。"比"之前可以出现"肯定""也""可[khəʔ⁴]""都"等副词,比较结果多由形容词来承担。这一结构中的比较主体或比较基准可以承前省,也可以蒙后省。例如:

偓们_我们_这₂儿的空气肯定比他们那₂儿的空气好。
人家们的院子比咱家的大。
尓_人家_家的书比咱家的多。
他们老师留的作业一直也比咱们老师留的多。
今儿个_今天_血压比夜儿个_昨天_高。
姥爷睡着也比你醒的清楚。
念书可[khəʔ⁴]比种地容易哩。
他看得比你看得快。
他们卖得比咱们卖得便宜。
人家们收割得都比咱们早。

他比在家听口[ṣuaʔ⁴]₍听话₎话。

"比较结果"可以更具体些,即"比较结果"后可以出现概数词、数量短语或由数量短语修饰的名词。例如:

他比你高点儿。

他们比咱们多二十来个人哩。

人家家的旺火比咱家的大点儿。

这₃把刀比那₃把刀快些儿。

我的纸比他的多一张。

姐姐比我多五个。

"比较结果"后还可以出现"多的多",没有具体的数值,构成"比较主体+比+比较基准+比较结果+得+多的多"这一格式,表达了说话者夸张的语气。例如:

人家那₂自行车可[khəʔ⁴]比你那₂贵得多的多哩。

他好的可比你想的快得多的多哩。

我姥姥缝的垫子比你的厚得多的多哩。

他数学学得比你好得多的多哩。

他的书包比我的沉得多的多哩。

我爸爸说的比你说的顺听得多的多哩。

(二)不及式

不及式表示比较主体不及比较基准。山阴方言比较句的不及式共有三种。

1. 比较主体+不如+比较基准+比较结果

这一格式中,比较主体和比较基准可以是体词或体词性短语,也可以是谓词或谓词性短语,还可以是小句。比较结果常常可以不出现。例如:

他们不如咱,咱好赖还有个电脑哩。

我的字写得不如人家。

他们过得不如咱。

他们家的饺子不如我妈的。

我去₁不如你去₁,还是你去₁哇。

我一个儿₍自己₎和他说不如你们两个和他说有用。

2. 比较主体+没+比较标准+比较结果

这一格式是第二类平比句的否定形式,其特点大多与第二类平比句基本保持一致。例如:

村里头没咱这₂儿暖和。

我唱得没尔₍人家₎唱得好听。

我没人家能坐得住。

你说得可[khə?⁴]没佤老师说得清楚哩。

这₃一行字没那₃一行字写得好。

这₃回考试没那₃回考得难。

也可以用来回答是非问句。例如：

——你画的有他好没？

——没，我画的没人家画的好。

——这₃个家的窗子有那₃个家的大没？

——没，这₃个家的没那₃个家的大。

——你的眼睫毛有尔_{人家}那_{亡}长没？

——没，我的没尔_{人家}的长。

3. 比较主体+顶不住+比较基准

山阴方言中，这一格式中的比较主体和比较标准多为体词或体词性短语，比较词为"顶不住"，"可[khə?⁴]""还"等副词常常出现在"顶不住"前面，这类差比句格式中的比较结果常常不出现。例如：

我可[khə?⁴]顶不住你。

他那₂车可[khə?⁴]顶不住你的。

他做的饭顶不住我妈的。

这₃个新的还顶不住那₃个旧的哩。

这₃两天的字顶不住那₃两天的。

你说了那_{亡}些话也顶不住人家这₂一句。

4. 比较主体+V 不过+比较基准

这一格式中的比较主体和比较基准多为体词或体词性短语，比较词"V 不过"中的"不过"含有较强的比较或较量的意味。例如：

我打不过他。

咱可[khə?⁴]考不过人家，人家那₂可是数一数二的学生。

咱一家家[tɕiɛ⁰]也说不过人家一个儿。

你做啥也做不过尔_{人家}，你甭不服气。

佤们_{我们}两个耍不过尔们_{人家们}两个去₃，把两个钱儿全输啦。

山阴方言中，"过"作为比较词时，多用于是非问句，构成"比较主体+能 V 过+比较基准"这一格式。很多动词都可以出现在这一格式中。相比较而言，能出现在上述陈述句"V 不过"中的动词要少一些。例如：

你能打过他不？

你能喊过尔_{人家}去₃？

你还能说过人家去₃哩？

养鸽子，老李那₂可[khə?⁴]是数一数二的，你还能养过尔_{人家}去₃哩？

你能跑过他不？

三、极差比句

极差比句是指比较主体在同类的事物的比较中胜过或不及。比较主体与比较基准在进行比较时，所比较的对象范围没有特定的限制，比较基准往往是两个或两个以上的人或事物。极差比句可以分为胜过式和不及式。

（一）胜过式

在山阴方言中，极差比句胜过式大致有两种构成格式。

1. 比较基准+比较主体+最+比较结果

山阴方言中，比较基准表示比较范围，比较主体可以是比较范围中的一个，也可以是与其相关的某个方面。比较结果多由谓词或谓词性短语承担。例如：

那₃两个孙子里头他个儿最高。

可[khuə³³⁵]村里，人家的房盖得最好。

好几年啦，今年的雨水最多啦。

每年冬子₍冬天₎，这₃两天最冷。

家里四个老人，我爷爷岁数最大。

这₃回人家花得最多。

2. 比较基准+就数+比较主体+比较结果

山阴方言中，这一格式与上一格式的用法基本一致。比较基准常常是可以隐含的。例如：

冬子₍冬天₎就数白菜便宜哩。

就数你毛病多哩。

就数他能吃哩。

这₂一天就数你忙哩，进进出出的。

就数你能说哩，你少说上句哇。

可[khuə³³⁵]班就数人家的字写得好哩。

（二）不及式

山阴方言中，极差比句不及式主要有以下两种构成格式。

1. 比较基准+也+没+比较主体+比较结果

比较基准表示比较范围，可以由表示任指的疑问代词、体词或体词性短语等来承担。比较主体则由与比较基准相对应的体词或体词性短语来承担。比较结果多由谓词或谓词性短语来承担。例如：

谁也没他跑得快。

那₁家谁也没那₁女儿吸人₍漂亮₎。

他觉意哪也没他家好。

多好吃的饺子也没我妈包的好吃。

哪个笔也没我那₃个好用。

2.比较基准+也+不如+比较主体+比较结果

这一格式中的比较结果可以出现，也可以不出现。例如：

去哪也不如在家钻$_{桌}$的。

说那₁多也不如你这₂一句有用。

喝啥药也不如多喝点儿白开水。

谁伺候也不如你二姨伺候的得劲儿。

3.比较基准+也+V 不过+比较主体

这一格式中，常常会就某个话题展开，比较基准多为任指，山阴方言中多由代词"谁"来承担，因此比较主体也多由人称代词来承担。例如：

打麻将，就数人家会耍哩，谁也耍不过尔$_{人家}$去₃。

打擦滑儿，谁也打不过他。

佤们$_{我们}$五个谁灰打不过他。

那₁货跑得快哩，咱谁也跑不过尔$_{人家}$去₃。

全村人也算计不过尔$_{人家}$去₃。

四、渐进比句

渐进比句表示程度逐渐加深或减弱。渐进比句是在一个特定范围内，多个事物的逐次比较。渐进比句的比较基准和比较主体均为"一+量词"，比较基准与比较主体的量词为同一量词。渐进比句也可以分为胜过式和不及式两种。

（一）胜过式

山阴方言中，渐进比句胜过式表示程度逐渐加深，其构成格式是"(ID)，一+量词+比+一+量词+比较结果"。例如：

他家那₂两个娃们，一个比一个高半头。

人家弟兄三个，一个比一个大五岁。

这₃两天，一天比一天冷啦。

那₃两双袜子，一双比一双厚，挺暖和的。

你这₃两回照的相，一回比一回好看。

（二）不及式

山阴方言中，渐进比句不及式表示程度逐渐减弱，其构成格式是"(ID)，一+量词+不如+一+量词"。在这一构成格式中，比较结果常常不出现。例如：

这₃五个红薯，一个不如一个。

看看你包的这₃些饺子，一个不如一个。

妈这₃两身衣裳，一身不如一身，买身新的哇。

你看你做的这₃两道题，一道不如一道。

他们家这₃两年的光景，一年不如一年。

第三节 疑问句

一、特指问句

朱德熙先生指出:"在相应的陈述句里代入疑问词语,加上疑问句调就变成了特指问句。"山阴方言中,出现在特指问句中的"疑问词语"多是疑问代词。第三章第三节已对疑问代词及其用法进行了论述,这里不再赘述。

二、是非问句

"只要把相应的陈述句的语调换成疑问语调,就变成了是非问句"。回答是非问句,只需要做出肯定或否定的答复。山阴方言中,可以单纯通过语调来表达。例如:

你的裙子也是红的?
今儿个 $_{今天}$ 星期三?
这 $_2$ 是你的本儿?
我也去 $_1$?

是非问句后面可以有语气词"哩、啦、哇、呀"及语气词的组合"呀哇、哩哇"。例如:

就你一个儿 $_{自己}$ 在家哩?
感冒啦?我给你拿药去 $_3$ 。
咱先吃哇?
你明儿个 $_{明天}$ 买书去 $_3$ 呀?
你去 $_1$ 学校呀哇?
咱今儿个 $_{今天}$ 回妈那 $_2$ 儿呀哇?
他开车哩哇?
他和咱一起回哩哇?

回答是非问句时,用"嗯"等回答,表示同意,用"没""不"等回答,表示否定。

三、选择问句

"选择问句是并列几个项目,让回答的人选择其中的一种"。山阴方言中,选择问句的两个成分之间常常可以插入语气词"呀",构成"……呀……呀"式。选择问句的两个成分之间有明显的语音停顿,语调是升调,句末则是降调。这一格式中的"呀"蕴含了"动作或事件发生在将来"这样的意味。例如:

咱在家吃呀在外头吃呀?
你喝水呀喝酸奶呀?
他们今儿个 $_{今天}$ 回呀明儿个 $_{明天}$ 回呀?
暑假咱两个儿去 $_1$ 云南呀去 $_1$ 厦门呀?

你学架子鼓呀学琵琶呀？

爸爸星期三回来₂呀星期四回来₂呀？

如果谓语部分是体词或体词性短语时，不再构成以上格式，常常构成以下几种格式。例如：

今儿星期五啦星期六啦？

他平鲁的朔县的？

三十九啦四十啦？

三斤？四斤？

四、反复问句

反复问句是山阴方言中常用的一种疑问句式。山阴方言的反复问句与否定词"不""没"之间有很重要的关联作用。根据出现在反复问句中的否定词，山阴方言的反复问句可以分为两类——"不"系反复问句和"没"系反复问句。不同的否定词使得反复问句在句式和意义等方面都有所不同。

（一）否定词为"不"的反复问句

山阴方言中，否定词为"不"的反复问句最常用的格式是"VD+不"。VD可以由动词、形容词及动词性短语来承担，兼表动态助词和语气词的"哩"和"呀"也可以出现在这一格式中。

1. 动词/形容词+不

山阴方言中，"VD+不"是山阴方言构成反复问句的常用格式之一。出现在这一格式中的VD可以由动词和形容词来承担。VD是动词时，主要用来询问将要发生的某件事。VD是形容词时，主要用来询问事物具有某种性质或者处于某种状态。例如：

你立刻儿回不？

你今儿个₍今天₎走不？

我去₁姥姥家去₃呀，你去₁不？

你脚板₍脚₎疼不？

今儿个₍今天₎买的香瓜甜不？

个儿₍个子₎高不？

如果VD是动词，"哩"和"呀"都可以出现在动词之后，构成"VD+哩+不"和"VD+呀+不"格式。带"哩"的格式多用来询问说话这一时间点发生的某件事或某个动作，并希望听话者给予及时答复。例如：

这₍些₎些作业，你写哩不？

你吃哩不？不吃我就洗锅呀。

你要哩不？你不要我就给人呀。

你说哩不？

窗帘儿挂哩不？

在这一格式中，"VD"前可加判断动词"是"，构成"是+VD+哩+不"格式。这一格式多用来表达催促语气，语气也比前一格式强硬些。比较如下：

你睡哩不？

你是睡哩不？

走哩不？

你是走哩不？

带"呀"的格式多用来询问将来一段时间内发生的某个动作或某件事，动作所发生的时间与说话的时间可能离得很近，也可能离得较远。例如：

花儿开呀不？

公交车来₁呀不？咱要不甭去₁啦。

你买呀不？咱两个一起买还能再便宜点儿。

你睡呀不？我想和你说句话哩。

她搬呀不？我不想租给她啦。

饭熟呀不？饿的。

"的哩"可以出现在"不"之后，构成"VD+呀+不+的哩"，这一格式可用来询问说话这一时间点即将发生某件事或某个动作，所表达的语气也更急促一些。但是这两种格式的肯定回答和否定回答是一致的。例如：

你买呀不的哩？人家快卖完呀。

饭熟呀不的哩？饿得不行啦。

你走呀不的哩？妈还在外头等你哩。

她来₁呀不的哩？我还有别的做的哩。

2.动宾短语+不

山阴方言中，动词后带宾语时，与动词单独做谓语时所构成的反复问句的格式大致相同。例如：

她今儿个_{今天}上课不？

你喝水不？我给你倒点儿。

你过年回老家不？

他们家这₂会儿种庄户_{庄稼}不？

"哩"或"呀"可以置于动宾短语之后，构成"动宾短语+哩/呀+不"这一格式。"哩"主要用来询问说话这一时间点即将发生的某件事或某个动作。例如：

你听英语哩不？

他们耍麻将哩不？

他们单位今年要人哩不？

"动宾短语+哩+不"还可以用来询问对方是否有某种习惯。例如：

你抽烟哩不？

你喝酒哩不？

你打游戏哩不？

上例中多用来询问对方是否有喝酒、抽烟或打游戏的习惯，说话者和听话者多为互不了解的陌生人。如果将句中的"哩"换成"呀"，则是用来询问对方要不要抽烟、喝酒或打游戏，说话者和听话者多为了解对方的熟人。

"呀"主要用来询问将要发生的某件事或某个动作。例如：

您儿去$_1$姥姥家呀不？

咱村修路呀不？不好走的。

你收拾那$_3$些书呀不？

花卷儿不多啦，咱今儿个$_{今天}$起面呀不？

3. 动补短语+不

山阴方言中，动词后带可能补语时，与动词单独做谓语和动词带宾语时所构成的反复问句不大一致，即可以构成"VC+V 不 C"这一反复问句格式。例如：

这$_5$难的书，你看懂看不懂？

你说我化妆成这$_1$样儿的，他认出来$_2$认不出来$_2$？

你忙完忙不完，咋还不回家？

这$_5$点儿作业你写完写不完？

就那$_4$点儿营生你给咱闹成闹不成？

"VC+V 不 C"这一格式可以转换为"能+VC+不"。例如：

她那$_1$小，能跳过来$_2$不？

老师讲的你能听懂不？

我给您儿买的棉袄您儿能穿上不？

咱两个能挤上去$_2$不？

这$_5$些钱儿哩，你能拿出来$_2$不？

山阴方言中，如果受事成分和补语同时出现在句中，受事成分可以出现在动补结构之后，也可以出现在句首，做全句的主语。受事成分做全句的主语时，起到了强调的作用。例如：

这$_3$个箱子装下装不下这$_5$些些书？

这$_5$点儿个车口[ər^{52}]$_放$下口[ər^{52}]$_放$不下这$_5$些东西？

这$_3$盘你赢了赢不了？

这$_3$个口儿插进去$_2$插不进去$_2$？

这$_5$些酸奶咱一个礼拜喝完喝不完？

这$_5$大一袋子山药您儿提溜动提溜不动？

地势不大，车停进来₂停不进来₂？

这₁大幅画这₁小个钉子挂住挂不住？

"VC+V 不 C"这一格式可以转换为"能+VC+不"，如果受事成分和补语同时出现在这一格式中，受事成分出现在 VC 之后，构成"能+VC+ID 受事+不"格式。受事成分也可以出现在句首做句子的主语。例如：

你儿子能吃下去₂这₁苦的药不？

咱能借上他那₃本书不？

你能寻见他不？

衣裳上的油点点儿能洗净不？

这₁些笔记你今儿个黑夜 今天晚上能抄完不？

墙头上那₃些苹果你能够见不？

4. V 能愿+VD+不

当动词或动词性短语前出现"会""能""敢"等能愿动词时，山阴方言可构成"V 能愿+VD+不"这一反复问句格式。"哩"和"呀"不可以插入这一格式中。例如：

你会画画儿不？

我姥姥可[khəʔ⁴]会绣花哩，你姥姥会绣花儿不？

他会算那₃道题，你会算不？

他们能用将来₂电脑不？

他没来₁过咱这₂儿，能寻见路不？

人家能抬动，你能抬动不？

就这₁话，你敢和你妈说不？

你敢上房不？

你敢坐他的车不？

与山阴方言邻近的朔城区和平鲁方言中，"会""能""敢"等能愿动词重叠之后可以构成"V 能愿 V 能愿 VD"这一格式，特别是平鲁方言，能愿动词的重叠形式还可以放在陈述句之后，表示疑问。例如：

朔城区方言：

你会会弹琴？

你能能爬上去？

敢敢下井？

平鲁方言：

她会会开车？

明年能能开业？

你一个人睡，敢敢？

你打扫好客厅，能能？

山阴方言中，"啦"可以嵌入"不"之前，构成"V$_{能愿}$+VP+啦不"这一反复问句格式，用来询问之前做不到的事情现在能否做得到。例如：

你儿子会用筷子啦不？

你会念啦不？

他能说将话啦不？

我能学手艺去$_3$啦不？

他敢一个儿$_{自己}$黑夜出去$_2$上厕所啦不？

他敢和人说话啦不？

C. VP 不啦

山阴方言中，"VP 不啦"这一反复问句有两种用法，第一种主要用来询问某件事或某个动作是否在继续，也可以用来询问事物的状态是否仍然在持续。VP 可以是形容词、动词或动宾短语。例如：

你脚板$_{脚}$胖不啦？

您儿眼睛瞀不啦？

娃娃烧不啦？

没少走啦，还走不啦？

这$_{c}$迟啦，你写不啦？

吃完饭，□[niəu⁵²]$_{你们}$打麻将不啦？

他这$_2$会儿联系你不啦？

村里头过年响炮子不啦？

他念书不啦？

"VP 不啦"这一反复问句有预设义，即"事件、动作之前就已发生"或"状态早已出现"，其肯定回答为"（还）VP 的哩"，即事件、动作继续进行，或状态仍在持续。否定回答为"不（VP）啦"，或者"早就不 VP 啦"，即事件、动作早已完成或状态已不存在。从"VP 不啦"的肯定、否定回答来看，兼表语气词和动态助词的"啦"引出了这一格式的预设义。

"VP 不啦"的第二种用法是用来询问听话者现在是否要做某事，而这件事是听话者原本要做的。因此这一用法的预设义就是听话者应该做某事了或者是到了该做某事的时候了。例如：

你回不啦？你不是说你哥哥在家等你的哩？

你今儿个$_{今天}$做这$_3$点儿作业不啦？

你炒菜不啦？人都等的哩。

你睡不啦？十二点啦。

你取去$_3$不啦？这$_2$儿还等的用哩。

这一反复问句的肯定回答为"VP哩",表示动作将要发生,否定回答"不VP的哩","的"和"哩"配合使用,表示"不VP"的状态仍将继续下去。也就是说,这一反复问句用来强调应该做某事了,特别是有后续句时,含有强调的意味。因此,在语用方面,这一句式常常可以表示催促、斥责的语气。山阴方言在斥责或警告晚辈时,常用的就是"你再……不啦"这一句式。

(二)否定词为"没"的反复问句

1. 有NP没

当动词"有"做谓语,后面带宾语时,山阴方言可以构成"有NP没"这一反复问句格式,用来询问是否领有或存在。例如:

这₂圪朵儿有卖菜的没?

咱这₂儿有这₃种药没?

有水没?给我喝上口。

你家有梯子没?

您儿有多余的没?

当"NP"为交际双方已知的事物时,在语用中"NP"常常可以不出现,这一反复问句格式省略为"有没"。

兼表语气词和动态助词的"啦"可以放在这一格式的句末,构成"有NP没啦"。例如:

家里有药没啦?

你那₂儿有酒没啦?

有袜子没啦?这₃双烂啦。

有卫生纸没啦?给我拿卷儿。

你手机有电没啦?我给咱打个电话。

句末带"啦"以后,句子问的是现在是否还有某种东西。这也使得这一反复问句有预设义,即原来有某种东西。肯定回答为"有哩","哩"表示某处仍有某种东西。否定回答为"没啦",即某种东西已经没有了。

2. VP没

"VP没"是山阴方言否定词为"没"的反复问句的常用格式,VP可以由动词、形容词或动词性短语来承担,用来询问某件事或某个动作是否发生,状态是否出现。例如:

我爸爸去₁没?

他说出这₁话,脸红没?

那₃个酸奶可[khəʔ⁴]好喝哩,你买没?

你一个儿_{自己}洗过个衣裳没?

你和面没?不是说黑夜_{晚上}吃面呀?

他今儿个_今天上班去_3没？
他们给送过来_2药没？
你见我眼镜儿没？

3. VD 啦没

山阴方言中，兼表动态助词和语气词的"啦"可以插入"VD没"，构成"VD啦没"这一反复问句格式，用来询问某件事是否已经完成或实现，某种状态是否已经出现或产生变化。"了""上""下"等动态助词都可以出现在句子中。例如：

灯着啦没？
花儿开啦没？
你那_3幅画儿画完啦没？
他今儿个_今天脱了棉裤啦没？
你写完作业啦没？
你表哥寻上工作啦没？
您儿做下饭啦没？
你脸上的黑青散啦没？
你打通电话啦没？
玻璃擦净啦没？
家里头都拾掇完啦没？

4. VD 来_3没

山阴方言中，"来_3"也可以插入"VD没"，用来询问某个行为、事件或状态是否已经发生过。具体的用法在第七章第三节中已有论述。

与山阴方言邻近的平鲁方言也有这一反复问句格式，但是山阴方言的肯定回答与平鲁方言的却有所不同。如"你见我那本书来_3没"一例，山阴方言中的肯定回答为"见来_3"，"来_3"兼有语气词和动态助词两种作用，平鲁方言中的肯定回答为"见来来"。平鲁方言的"来来"并非"来"的简单叠加，第一个"来"为动态助词，表已然，其意义相当于普通话的"了_1"，第二个"来"为语气词。

三、余论

（一）关于"不"系和"没"系反复问句

梅祖麟先生曾指出，"VD不"型的反复问句尽管可以和"VD不VD"归于同一类型，在产生的最早时期可能存在转换关系。朱德熙也曾解释道，"蒋绍愚同志告诉我，'VD+不+VD'句式只见于王维、白居易、杜荀鹤等人的诗里。李白、杜甫、韩愈、柳宗元的诗里没有这种句式。此外，《祖堂集》里'VD+不+VD'型反复问句只有八例，而'VD不''VD也无'两种句式合计超过五百例。相去悬殊。"

至山阴方言中，通过上面的描写可以发现，由否定词"不"和"没"所构成的反复问句类型比较多，但"不"系和"没"系反复问句都没有"VD+不+VD"和"VD+没+VD"这两种类型。"VD 不"和"VD 没"反复问句并未在同一平面上与"VD 不 VD"和"VD 没 VD"并行，因而"VD 不"和"VD 没"这类反复问句类型是山阴方言独有的，不可将"VD+不"和"VD+没"简单看作"VD+不+VD"和"VD+没+VD"的省略形式，退一步讲，如果是省略形式的话，"VD+不"和"VD+没"后省略的 VD 可以根据语境补出。但是事实上，山阴方言中，"不"系和"没"系反复问句中的 VD 却均是无法补出来的。例如：

你今儿个_今天_去_1_学校不？

你能寻见他不？

他回来_2_呀不？

你喝口水没？

饭做便宜啦没？

点上蜡没？

山阴方言中没有"VD+不+VD"和"VD+没+VD"这两种反复问句格式，那么作为山阴方言反复问句的基本构成格式"VD 不"和"VD 没"则成为"不"系和"没"系反复问句同步发展的一个重要表现，而且兼表语气词和动态助词的"呀"可以插入"VD 不"，兼表语气词和动态助词的"啦"可以插入"VD 没"。

但山阴方言"不"系和"没"系反复问句在结构上也存在着较大的差异。动词做谓语，后面带可能补语时，可构成"VC+V 不 C"这一反复问句格式，动词或动词短语前加能愿动词时，可构成"V_能愿_+VD+不"这一反复问句格式，如"听懂听不懂""会写不"，而"没"系反复问句则不可以构成这两种格式，即不可以说"听懂没听懂""会写没"。另外"不"系反复问句还可以构成"VD 不啦"这一格式，可以表示两种语法意义，而"没"系反复问句不可以构成这一格式。"没"系反复问句可以构成"VD 来_3_没"这一格式，"不"系反复问句不可以构成这一格式。

（二）是不是 VD

山阴方言中，"是"作为判断动词，做谓语时，可以构成反复问句"是不是 VD"，这与普通话的用法是一致的。例如：

这_2_是不是你的？

他是不是咱村的？

这_2_是不是你从应县买回来_2_的猪蹄子？

"是不是"还可以放在句首或主语之后构成"是不是 VD"这一格式。例如：

你是不是又出去₂逛达去₃啦?
他是不是还没好哩?
他是不是又把你的书拿走啦?
是不是你给把墙画成个这₁啦?
是不是又忘拿啥啦?
是不是我妈让你问的?

"是不是"还可以缩略为"是是"。例如:

他们院子里头是是有两棵树哩?
她是是又让尔人家给哄啦?
你哥哥是是还睡的哩?
妈这₃两天是是又腿疼哩?

这类问句的肯定回答为"嗯",否定回答为"没",这两种回答形式表现出了这类句子的"是"与"非",由此可知,"是不是 VP"与"是不是 NP"是山阴方言中两种不同的疑问句,即"是不是 VP"也是山阴方言中是非问句的一种表达方式,说话者对某件事情已有了自己的主观推测,这类是非问句就这种推测提出了疑问。

山阴方言中可用疑问语调即升调来表达疑问,这也是山阴方言是非问句的另一种表达方式。例如:

你出去₂吃饭去₃啦?
你加班去₃来₃?
他们还在你家住的哩?
你有个小桌子哩?
他走啦?

与"是不是 VP"相比,由升调构成的疑问句虽可以表达疑问,但说话者已有了自己肯定或否定的判断。也正是如此,"是不是 VP"所传达的疑问程度要比升调所传达的疑问程度要高些。

第四节　存现句

山阴方言中,存现句包括存在句和隐现句。存在句和隐现句一般都可分为三段。前段表示人或事物存在、出现、消失的处所,是静态意义的句子。存在句前段中的处所体现了空间性,而隐现句前段中的处所是事物出现或消失的起点位置,体现了空间方向性。中段是表示存在、出现、消失的不及物动词或"有""是"。后段由体词或体词性短语承担,是已然存在、出现、消失的事物,在句中做存现宾语,大都具有施事性或不确指性,有的则兼而有之。

一、存在句

存在句是表示某处存在某些人或物的句子。山阴方言的存在句主要有五种结构类型。

（一）"有"字句

1. 构成格式

山阴方言中，"有"字句可以表示"存在"。句首多为处所词语。处所词语前常常可以出现时间词语，时间词语在句中做状语。处所词语常常可以省略，但是凭语境可以补出。宾语为表示存在的事物或人的名词或名词短语，全句表达存在的构成格式是"处所词+有+存在主体"，表示某处有某些人或某些事物。"有"之前还可以出现"也""还"等副词。

存在主体可以是"数+量+名"短语，当数词为"一"时，常常可以省略。例如：

桌子上有碗面哩，你赶紧吃去₃哇。

家里有瓶酒哩，你甭买啦。

他腿上有可[khəʔ⁴]大个圪蛋。

那₃家有四个儿子哩。

明儿个_明天_有个电视剧哩，好像还挺好看的。

夜儿个黑夜_昨天晚上_有两个下夜的_值夜班的人_哩，都没看见那₂个贼。

存在主体也可以是其他体词或体词性短语。例如：

家里有苹果哩，你买上点儿别的。

抽屉里头还有钱儿哩，够咱两个用啦。

书上有啥哩，每天看上个没完。

每天早起_早晨_这₂儿也有卖菜的哩，都是村里的，鲜令令的菜。

那₃参办公室有你个电话，也不知道谁寻你哩。

刚刚儿门口还有个出租车哩，这₃参一个也没啦。

2. 否定形式

否定形式是"处所词+没+存在主体"。例如：

本儿上没一个字。

嘴里没一句好话。

早起_早晨_那₂儿没人。

也可以转换为"处所成分+存在主体+也+没/没有间"。例如：

倒插_兜_里头一毛钱儿也没/没有间。

街上路灯也没/没有间。

今儿个早起_今天早上_鸡蛋也没/没有间。

上面这一格式还可以转换为"处所成分+连+存在主体+也+没/没有间"。

例如：
　　缸子里头连口水也没/没有间。
　　手机里头连个歌儿也没/没有间。
　　家里连个下脚处也没/没有间。
　　黑夜连个蜡也没/没有间。
　　家里一天连个人也没/没有间。
　（二）"是"字句
　　山阴方言中，"是"字句可以表示存在关系，但仍有肯定判断意义。其构成格式与"有"字句的一致。例如：
　　架子上全是他的衣裳。
　　书上全是我记的笔记。
　　东面是伲家，西面是他们家。
　　他们家楼上头是李老师。
　　柜子里头全是他的东西。
　　枕巾上全是我的头发，快掉完呀。
　　锅里头就有点儿稀饭。
　（三）"V的"型存在句
　　"V的"型存在句包括了静态存在句和进行体动态存在句。静态存在句中的"V的"可以表示人或事物持续存在的状态。前段是处所成分，中段是不及物动词，常常带"的"构成"V的"，表示人或事物持续存在的状态。后段是存现宾语，多由体词或体词性短语承担。例如：
　　街上站的可些些人。
　　墙上挂的张画儿。
　　门口站的个人。
　　门上贴的幅对子。
　　黑板上写的可些字。
　　前头坐的客人。
　　头上戴的个发夹。
　　进行体动态存在句的结构格式与静态存在句的结构格式一致，但是进行体动态存在句中的动词都是表动作行为的，而且其动作处于进行状态。例如：
　　灶火里烧的点儿炭。
　　地上骨碌滚的个小球圪蛋儿。
　　眼里流的点儿泪。
　　河里头漂的个死羊。
　（四）"V了"型存在句

"V了"型存在句包括了静态存在句和完成体动态存在句。表示静态存在句时,"了"可以换成"的"。这时"了"的完成体已经不够明显了,更多的是表现出状态义。在这种情况下,"V了"可以变换为"V的"。例如:

床上睡了个人。→床上睡的个人。
腰上围了个护巾子。→腰上围的个护巾子。
头上戴了个帽子。→头上戴的个帽子。
袖子上绣了个花儿。→袖子上绣的个花儿。
地上铺了圪挞地毯。→地上铺的圪挞_块地毯。

完成体动态存在句是动词表示完成体的动态存在句。这类完成体动态存在句不能像上面的例子将"了"可以换成"的"。例如:

脚板上扎了个钉子。
村东头挖了条沟。
墙上钻了个孔儿_{窟窿}。

这类完成体动态存在句中可以出现时间状语。例如:

地上原先就铺了些报纸。
年省_{去年}冬子_{冬天}街上安了可大个路灯。

句子中有了这类状语,这更凸显出了句子的动态叙述性。但是如果将时间状语去掉的话,上面两例又可以解释为静态存在句了。试比较:

地上铺的些报纸。
街上安的可大个路灯。

(五)"V过"型存在句

这类存在句表示曾经有过某种存在的状态,即这种状态现在已经不存在了。例如:

他手上那₂会儿还起过癣哩。
我脊背上长过可[khə?⁴]大个圪蛋。

二、隐现句

隐现句是表示某处出现或消失某人或某物的句子。山阴方言中,隐现句可以分为"出现"型隐现句和"消失"型隐现句。

(一)"出现"型隐现句

"出现"型隐现句表示某处出现某人或某物。山阴方言中,这一隐现句的前段为表处所的体词或体词性短语,中段的谓语动词多含有"出现"义,谓语若为中补结构,补语多为趋向动词或由趋向动词与"来"构成的双音节趋向动词。后段为存现宾语,多由体词或体词性短语承担。例如:

这₃两日她脸上又有笑模样啦。
地上多出双鞋。

外头又下将雨啦。
家里跑进来₂个猫儿。
灶火里头飞出来₂个雀儿。
井里头钻出个人。

（二）"消失"型隐现句

"消失"型隐现句表示某处消失某人或某物。山阴方言中，可以出现在这一类隐现句前段、后段的成分与"出现"型隐现句的相同。但"消失"型隐现句中段的谓语动词多含有"消失"义。例如：

书包里头短下好几个本儿。
今年村里头没了好几个老人。
县里头拆了可[khəʔ⁴]些旧平房。
大舅家又跑了个狗。
今儿个_{今天}佤们_{我们}班转走个同学。
我妈兜兜儿又少了一百块钱儿。

第五节　双宾句

双宾句是谓语动词后边有两个独立的名词性成分的句式。第一个名词性成分表示人，第二个名词性成分表示事物。山阴方言中，双宾句的格式与普通话的是一致的，即 S+V+O_1+O_2。靠近动词的宾语 O_1 叫近宾语（间接宾语），近宾语后边的宾语 O_2 叫远宾语（直接宾语）。本节根据动词的语义特征将山阴方言双宾句分为以下六类。

一、"给予"双宾句

含"给予"义的动词是双宾句中最典型的一类。根据朱德熙先生的论述，"给予"是指与者主动地使与者所与亦即受者所受之物由与者转移至受者。山阴方言中，很多动词需要与"给"结合为"V 给"才能出现在"给予"双宾句中。因此这类双宾句的构成格式为"S+V 给+O_1+O_2"。例如：

我还给她那₃本书啦。
上个礼拜他还输给我一百块钱儿。
他卖给我一双鞋。
买房那₂会儿，我妈借给佤五万块钱儿。
他夜儿黑夜_{昨天晚上}□[mæ³¹³]_扔给我个袋子。

这类双宾句中的动词具有较强的处置性时，这类双宾句可以转换为"S+把+O_2+V 给+O_1"。例如：

我把那₃本书还给她啦。

他把那₃双鞋卖给我啦。
他夜儿黑夜（昨天晚上）把那₃个袋子□[mæ³¹³]（扔）给我啦。
普通话中"给予"双宾句可以构成"S+V 给+O_1+O_2"这一格式。例如：
他拿给我一袋儿苹果。
我寄给他一个包裹。
老师推荐给我本儿书。

但是在山阴方言中，这一结构却常常说成"S+给+O_1+V 了+O_2"。所以上例都说成：
他给我拿了一袋儿苹果。
我给他寄了一个包裹。
老师给我推荐了本儿书。

山阴方言中有的"给予"双宾句"S+V 给+O_1+O_2"不可以转换为"S+给+O_1+V 了+O_2"，如"上个礼拜他还输给我一百块钱儿"，不可以转换为"上个礼拜给我输了一百块钱儿"。有的可以转换为"S+给+O_1+V 了+O_2"，但其意义却有所改变。如"我还给她那₃本儿书啦"可以转变为"我给她还了那₃本儿书啦"，"给"的意义也由"给予"转变为"替"。由此可以看出，山阴方言中的"V"与"给"结合得比较紧密。也正因为如此，普通话中"借张三二百块钱""租张三一间房"有歧义，而山阴方言中却没有歧义。普通话中的"借出""租出"在山阴方言中分别可以说成"借给张三二百块钱儿""租给张三一间房"，普通话中"借进""租进"在山阴方言中分别可以说成"借了张三二百块钱儿"和"租了张三一间房"，即在山阴方言中，"借给"表示"借出"，"租给"表示"租出"；"借了"表示"借进"，"租了"表示"租进"。

另外，普通话中"给予"双宾句在山阴方言中常常需要转换为"S+给+O_1+V 了+O_2"这一结构才能成立。因此，山阴方言"给予"双宾句并没有普通话那么发达，出现在"给予"双宾句中的动词也是有限的。

二、"取得"双宾句

根据朱德熙先生的论述，"取得"是指得者主动地使得者所得亦即失者所失之物由失者转移至得者。山阴方言中，这类双宾句的用法与普通话的基本保持一致。出现在这类双宾句的动词有"□[tiɔ³¹³]（骗）、抢、赢、偷、扣、罚、收"等。这类双宾句的构成格式为"S+V+O_1+O_2"。这一格式中的"O_1"与"O_2"在语义上具有领属关系，但是"O_1"与"O_2"之间不能插入结构助词"的"。直接宾语"O_2"不能是光杆名词，前面常常有修饰语。例如：
那₃天买菜，那₂个卖菜的□[tiɔ³¹³]（骗）了我十块钱儿。
他从我手里□[tiɔ³¹³]（抢）走我杆笔。
礼拜日打麻将，我赢了我妈一百块钱儿。

他偷了人家个自行车，让人家捉住，真没少打他。
厂子扣了他们可[khəʔ⁴]多工资。
警察罚了他二百块钱儿。
老师收走佤作业本儿啦。

山阴方言中，这类双宾句可以转换为"让+S+V+O_1+O_2"，转换之后，突出强调了动作发出者 S。另外，这类双宾句中的"O_1"的位置可以向左移位，这使得"O_1"成为全句的主语。例如：

那₃天买菜，那₂个卖菜的□[tiɔo³¹³]骗了我十块钱儿。
→那₃天买菜，让那₂个卖菜的□[tiɔo³¹³]骗了我十块钱儿。
→那₃天买菜，我让那₂个卖菜的□[tiɔo³¹³]骗了十块钱儿。
厂子扣了他们可[khəʔ⁴]多工资。
→让厂子扣了他们可[khəʔ⁴]多工资。
→他们让厂子扣了可[khəʔ⁴]多工资。
警察罚了他二百块钱儿。
→让警察罚了他二百块钱儿。
→他让警察罚了二百块钱儿。

但如果句中的谓语带有补语的话，这类双宾句还可以转换为"让+S+把+O_1+O_2+V+C"。转换之后，句末常常要带"啦"。例如：

他从我手里□[tiɔo³¹³]抢走我杆笔。
→让他把我杆笔从我手里□[tiɔo³¹³]抢走啦。
老师收走佤作业本儿啦。
→让老师把佤作业本儿收走啦。

当"S"与"O_1"之间有亲属关系时，O_1的位置可以向左移位，这使得"O_1"成为全句的主语。例如：

礼拜日打麻将，我赢了我妈一百块钱儿。
→礼拜日打麻将，我妈让我赢了一百块钱儿。

如果这类双宾句中的"O_1"是无定的，那么这类双宾句则不可以转换为上面任何格式。如"他偷了人家个自行车，让人家捉住，真没少打他"一例，"人家"是无定的，因此，不可以转换为"让他偷了人家个自行车"，也不可以转换为"人家让他偷了个自行车"。

三、"叙说"双宾句

山阴方言中，出现在这类双宾句中的动词主要有"问、说给、安顿（给）、教、答应"等。例如：

他问了我句话，咱单位还要人不啦。
我问了老师个题。

我说给你个事，你儿子好像有对象啦。
我妈安顿我爸爸去眊眊我爷爷奶奶。
我爸爸答应我和我一起去₁哩。

山阴方言的这类双宾句中，动词后的 O_1 为叙说的对象，O_2 为叙说的内容。O_1 多为体词或体词性短语，O_2 可以是体词性的，也可以是谓词性的。当 O_2 为表义抽象的体词或体词性短语时，其后常常可以接一个小句，以具体说明叙说的内容，如上面的第一例和第三例。

山阴方言中，这类双宾句大多不像前两种那样可以转换为其他格式，O_1 和 O_2 不可移位。需要特别说明的是，"说给"一词与出现在其他"叙说"双宾句中的动词不同。"说给"相当于普通话中的"告诉"，由"说"与"给"紧密结合而成。

"说给"所构成的双宾句，不像由"分给"等其他动词构成的双宾句一样可以转换为其他格式，如"分给我一袋儿小米儿"可以转换为"给我分了一袋儿小米儿"，即"分给"类所构成的双宾句中的"给+O_1"可以移位至动词"分"之前，O_2 则不可以向左移位。"说给"所构成的双宾句中的 O_2 可以向左移位，但 O_1 却不可以向左移位，如"我说给他那₃件事啦"可以转换为"那₃件事我说给他啦"。

四、"称叫"双宾句

山阴方言中，出现在这类双宾句的动词只有"叫""吆喝"。例如：
在学校，我是他老师，他就得叫我老师哩。
那₂是我三姨，你得叫她三姨姥姥哩。
我腊月的，你生月估计比我大，我叫你姐姐哇。
他老也不叫我姐姐，就吆喝我名字哩。
尔ᵢₐ比你大姑还大一辈哩，你得吆喝尔ᵢₐ姑奶奶哩。
不要老吆喝□[niəu⁵²]们ᵢₐ同学外号绰号。

"称叫"双宾句实质上是一种"给予"，给予的是一种"称呼/称号"。山阴方言的这类双宾句中，动词后的 O_1、O_2 为体词或体词性短语，O_1 与 O_2 构成同位关系。这类双宾句不可以转换为其他格式，而且 O_1 和 O_2 不可以移位。

五、"泼洒"双宾句

山阴方言中，出现在这类双宾句的动词有"溅、吐、倒、淋、踩、惹染、尿、屙"等。这类双宾句中的 O_2 大多带有"一脸""一身""一裤子"等表周遍性的"一+量词"这一结构。这类双宾句所叙述的事情对于 O_1 来说是不愉快的。例如：
你说话慢点儿，唾沫点子溅下我一脸。
你哥哥又喝多啦，吐了我一身。

喷头淋下你爸爸一身水。

下完雨，地里头泥的，踩下我一脚板泥。

礼拜日在他家住了一黑夜，惹下我一身虱子。

你女儿屙下我一身。

刚打整_收拾_完，又尿下我一裤子。

山阴方言的这类双宾句中，O_1如果为动作的承受者时，可以由"给"介引至谓语动词前，这类双宾句可以转换为"给+O_1+V+O_2"。如"你哥哥又喝多啦，吐了我一身"可以转换为"你哥哥又喝多了，给我吐了一身"。O_1如果为动作的发出者时，O_1可以置于主语的位置上，构成"O_1+V+O_2"格式，如"下完雨，地里头泥的，踩下我一脚板泥"一例，可以转换为"下完雨，地里头泥的，我踩下一脚板泥"，"给"也可以出现在谓语动词之前，构成"O_1+给+V+O_2"，上例可以转换为"下完雨，地里头泥的，我给踩下一脚板泥"。

在这类双宾句中，O_2有时为"一+量词+名词"的省略结构，即这一结构中的名词大多可以不出现，量词则多借自名词，如上例中的"吐了我一身""屙下我一身""尿下我一裤子"等。这一结构中的名词有时也可以向左移位，出现在主语的位置上，如"你说话慢点儿，唾沫点子溅下我一脸"。

六、"差欠"双宾句

山阴方言中，出现在这类双宾句中的动词有"差、短_差_、该_欠_"等。例如：

你还差尔_人家_多少，我给你一起还了哇。

这₃回我就不短你钱儿啦，咱两清啦。

我还该_欠_人家一万的哩。

这类双宾句不能转换为其他格式，这类双宾句中的O_1和O_2也不能移位。

山阴方言这六类双宾句，"给予""取得"和"泼洒"双宾句可以转换为其他格式，特别是"给予"双宾句可以转换多种格式。而"叙说""称叫""差欠"双宾句则不可以转换。部分"给予"双宾句中的O_1和O_2通过"给"和"把"的介引可以进行移位；部分"取得"双宾句中的O_1和O_1+O_2通过"让"和"把"的介引可以进行移位；部分"泼洒"双宾句中的O_1可以进行直接移位；"叙说""称叫""差欠"双宾句中O_1和O_2不可以移位。只是出现在"叙说"双宾句中的"说给"一词比较特殊，O_2可以向左移位。

山阴方言双宾句的语序和普通话的基本保持一致。但山阴方言双宾句中的动词、O_1及O_2都对双宾句有着不同程度的影响。

第十章 复 句

复句是由两个或两个以上意义上相关、结构上互不做语法成分的分句加上贯通全句的句调构成的。[1]山阴方言可以使用"意合法"来认识无标记复句中分句之间的语义关系,也可以使用关联词语来认识有标记复句之间的语义关系。出现在复句中的关联词语大致有四种:连词、关联副词、助词、超词形式。根据复句分句之间的关系,复句可分为联合复句和偏正复句两大类。下面对山阴方言这两类复句分别进行论述。

第一节　联合复句

复句内各分句间意义上平等、无主从之分的叫联合复句。联合复句有并列、顺承、解说、选择和递进五小类。[2]

（一）并列复句

并列复句的分句之间可以是平列关系,也可以是对举关系。

1. 平列关系

山阴方言中,平列关系常用的关联词语有合用的,也有单用的。

（1）合用的主要有以下四组

第一组:"又……,又……""又得……,还得……""又是……,又是……""也……,也……"

山阴方言中,这些关联词语可以表达同类。其中关联词语"又……,又……""又得……,还得……""又是……,又是……""也……,也……"大多可以出现在前后分句的谓语中心之前。"不是……,就是……"主要出现在前后分句的句首。例如:

你妈知道你回来₂呀,又打扫家,又包饺子,高兴的。

我觉意我姥姥啥饭也会做,又会推窝窝莜面窝窝,又会搅拿糕。

人家们又会唱,又会跳,我啥也不会。

这₃两天把你麻烦灰啦,又得给我送饭,还得送你女儿上学。

这₂会儿的娃们,又得学语文数学,还得学画画呀计算机呀啥的。

你爸爸每次回去₂,又得开药,还得眊眊你爷爷,别的啥也顾不上。

一到礼拜下,我爸爸又是熬肉,又是炒菜,只怕伲们我们吃不好哩。

这₃两天又是吃药,又是打针,也没见好。

---

[1] 黄伯荣,廖序东.现代汉语(增订六版)[M].北京:高等教育出版社,2018:129.
[2] 同上.

那₃参饿啦，又是苹果，又是饼干，这₃参吃饭呀又啥也不吃啦。

我吃也能，不吃也能，不啥个饿。

你过来₂也行，不过来₂也行，我都安顿便宜啦。

说也好，不说也好，就这ɿ的哇。

第二组："就……，就……"

山阴方言中，"就……，就……"可以用来表达同时，主要出现在前后分句的谓语中心之前。例如：

就写作业，就看手机，那₂能写成个作业。

我妈就打扫家，就看电视。

人家就写作业，就倒复习啦。

我妈就拾掇东西，就安顿我，让我一个儿_{自己}操心些儿。

您儿甭管啦，我就上班，就倒把他送的学校啦。

第三组："立刻儿……，立刻儿又……""隔（个）会儿……，隔（个）会儿又……""隔（个）两天……，隔（个）两天又……"

山阴方言中，这些关联词语均可以用来表达时间上的交替，主要出现在谓语中心之前。例如：

他立刻儿吃包子呀，立刻儿又吃面呀，把人家嘲调_{摆弄}的。

他钻家没个做上的，立刻儿给这₃个打个电话，立刻儿又给那₃个打个电话。

立刻儿穿这₃身（衣裳）呀，立刻儿又换那₃身（衣裳）呀，每次出个门是真难哩。

他们立刻儿说朝这ɿ的，立刻儿又说朝那ɿ的，我也不知道该朝哪呀。

隔会儿饿啦，隔会儿上厕所呀，一会儿也坐不住。

隔会儿让我做点儿这₁，隔会儿又让我做点儿那₁，把我摆嘲_{摆弄}的。

隔会儿抠抠这₂儿，隔会儿抠抠那₂儿，一会儿也不识闲儿。

你哥哥隔个会儿说礼拜五回呀，隔个会儿又说礼拜六回呀，我也不知道他多会儿回呀。

隔（个）两天吃不下这₁啦，隔（个）两天又咽不下那₁啦，不知道想吃啥哩。

隔（个）两天传个这₁话，隔（个）两天传个那₁话，你该信谁的哩？

隔（个）两天给人家买个毛衣，隔（个）两天给人家送个饭，这₂可[khəʔ⁴]爱见痛啦。

娃们们都是个这₁，隔（个）两天好啦，隔（个）两天又恼啦。

第四组："一来₃是……，二来₃是……"

山阴方言中，关联词语"一来₃是……，二来₃是……"可以用来表达列举，主要出现在前后分句的句首。例如：

我不睡的哩，一来₃是晌午睡得时间长啦，二来₃是还有点儿做的没做完哩。

我觉意你甭去₁啦，一来₂是你也有点儿感冒，二来₂是也没啥意思。

他再迟两天去₁张家口去₃呀，一来₂是有人结婚哩，二来₂是和他同学聚聚。

（2）单用的主要有"也""又"

山阴方言中，"也"主要出现在第二分句的谓语中心之前。例如：

这₃个一哭，那₃个也给哭开啦。

我头发长啦，你爸爸头发也长啦，伲一齐出去₂理个发去₃。

我数学学得不咋底个_{不怎么样}，他也寡达气。

他好吃那₃家的削面，我也好吃那₃家的。

他女儿在这₃个幼儿园哩，我儿子也在这₃个幼儿园哩。

山阴方言中，"又"主要出现在第二分句的谓语中心之前。例如：

夜儿个_{昨天}才吃了，今儿个_{今天}又吃呀？

我买上鱼啦，我嫂子又给拿回来₂两条。

他们那₃两天才去₁了趟朔县，今儿个_{今天}又去₁了一趟。

他一个儿_{自己}买了可[khəʔ⁴]些书，还又问我借了可[khəʔ⁴]些书。

我刚给她买了身衣裳，你又给她买了一身。

2. 对举关系

关联词语"不是……，才……""是……，不是……""不是……，是……"可以表达对举。"不是……，才……"主要出现在谓语中心之前，而"是……，不是……""不是……，是……"主要出现在前后分句的句首。试比较：

你不是赶紧的，才坐这₂儿磨呀。

明儿个倒上学呀，你不是做你的作业去₃，才看闲书呀。

两个人不是欢儿欢儿做饭，才在这₂儿寡说呀。

明儿个_{明天}还得回山阴哩，你不是早早儿睡，才打电话呀。

是你二姑给你买的，不是我给你买的。

是他打的玻璃，不是我打的。

不是他说给我妈的，是我说给我妈的。

不是我妈给我梳的头，是我爸爸给我梳的。

（二）顺承复句

顺承复句的前后分句之间有先后相承的关系。山阴方言中，顺承复句常用的关联词语有合用的，也有单用的。

1. 合用

山阴方言顺承复句合用的关联词语主要有"先……，完了（又/再）……""刚……，就……""一……，就……""刚开始……，后头……"。关联词语"先……，完了（又/再）……""刚……，就……""一……，就……"主要出现在谓语中心之前，"刚开始……，后头就……"主要出现在前后分句的句首。例如：

我先去₁了趟单位，完了又买了点儿菜。

早起_{早晨}起来₂，你爸爸先热了热车，完了（又）送的你女儿。

咱们先吃饭，完了看电影去₃。

你先削皮，完了再往开切。

你先写作业哇，完了再看电视。

我刚进门，我爸爸就把饭给端上来₂啦。

我爸爸刚拖完地，你女儿就把奶给洒下一地。

他刚跑的教室，老师就进来₂啦。

每次一开开电脑，她就跑过来₂圪捣你呀。

低们_{我们}一回去₂，他们就都过来₂啦。

他一说完，众人就笑成个不像样儿啦。

刚开始可[khəʔ⁴]疼哩，后头就可[khuə⁵²]些儿啦。

刚开始我也听不懂他说的话，后头就好些儿啦。

刚开始还挺好用的，后头就不啥个_{不怎么}好用啦。

2. 单用

山阴方言顺承复句单用的关联词语主要有"又""就"。"又""就"主要出现在后一分句的谓语中心之前。例如：

我眊完我爷爷奶奶，又去₁了趟我表妹那₂儿，给她送将去₂两本儿书。

人家们吃了饭，又相跟上唱歌去₃啦。

她半天也睡不着，又开开灯，看了会儿书。

你睡醒来₃，咱们就回。

我把这₃点儿东西送下，就过来₂和你搬东西来₃。

低两个_{我们两个}收完这₃面儿这₃点儿庄户_{庄稼}，就过去₂和你收去₃。

（三）解说复句

山阴方言中的解说复句与普通话的基本保持一致。山阴方言中的解说复句一般不用关联词语。分句之间有解释和总分两种关系。例如：

鞋卖的就剩两双啦，一双30的，一双40的。

我总共买了五本。这₃三本是你的，那₃两本是你妹妹的。

这₃个是我参加英语得的奖，这₃个是我参加幼儿园运动会得的奖，我总共就这₂两个奖。

一种是山东苹果，一种是咱山西吉县苹果，我这₂儿就这₂两种。

窗台上摆了两个罐头，一个是黄桃儿的，一个是葡萄的。

（四）选择复句

选择复句的前后分句之间有选择关系。山阴方言中，关联词语"是……，还是……"是表示未定选择中数者选一的合用形式，主要出现在前后分句的谓语中心之前。例如：

你是学架子鼓呀，还是学琵琶呀？

咱是吃火锅呀，还是吃羊蝎子呀？

□[niəu⁵²]们_{你们}是各走各的呀，还是一起去₁呀？

咱是回村呀，还是回老二那₂儿呀？

你这₂头发是烫呀，还是往短铰呀？

"还是"是表示未定选择中数者选一的单用形式，主要出现在后一分句的谓语中心之前。例如：

你明儿个_{明天}和你姑姑一起回呀，还是伱们_{我们}过去₂接你去₃呀？

咱俩个下跳棋呀，还是下围棋呀？

你那₂个同学是忘啦，还是不想来₁？

您儿在大同买呀，还是回朔县买呀？

咱用素油炸呀，还是用色拉油炸呀？

你要这₃身红的呀，还是要那₃身黑的呀？

关联词语"不是……，就是……""要么……，要么……"是二者选一的合用形式。"不是……，就是……"主要放在前后分句的句首，"要么……，要么……"主要出现在前后分句的谓语中心之前。例如：

一天圪窝的家里头，不是躺的，就是睡的。

不是东家长，就是西家短，净闲话。

不是你姥姥做的，就是你姥爷做的，咱两个儿又不在家。

你要么就信他的，要么就信我的。

你要么写作业去₃，要么就睡觉去₃。

你要么就说给我，要么就啥也甭说，离我远些儿。

山阴方言中，"还不如"是表示已定选择中先舍后取的单用形式，主要出现在后一分句的句首，后一分句句末常常出现"哩"。例如：

去₁外头吃，还不如就在家吃哩。

你有时间看手机，还不如看上会儿书哩。

这₃幅画儿挂的这₂儿，还不如挂的那₂儿哩。

开车去₁，还不如坐火车省事哩。

你说那₁话，还不如骂她一顿哩。

山阴方言中，"宁……，也不……"是表示已定选择中先取后舍的合用形式，大多出现在前后分句的谓语中心之前。例如：

他宁饿的，一个儿$_{自己}$也不待做的吃点儿。

他宁坐火车，也不坐飞机。

他宁多睡会儿，也不想起来$_2$吃饭。

你咋宁在那$_2$儿耍手机，也不和人说句话。

我宁一个儿$_{自己}$走回去$_2$，也不坐她车。

（五）递进复句

递进复句可分为一般递进关系和衬托递进关系。一般递进复句中的两个分句都表示肯定，层层推进。山阴方言中，表示一般递进关系多采用单用形式，即"还还""还又"。"还还"读作[xæ$^{313/31}$xəʔ^4]，"还又"读作[xəʔ^{4}iəu^{335}]，主要出现在后一分句的谓语中心之前。"还还"出现在后一分句时，句末常常要加语气词"哩"，"哩"表达了意料之外的语气。"哩"也可以省略，省略之后句子仍成立。试比较：

他吃了碗面，还还吃了两个鸡蛋哩。

他吃了碗面，还又吃了两个鸡蛋。

爸爸买了五斤肉，还还买了五斤排骨哩。

爸爸买了五斤肉，还又买了五斤排骨。

你姐夫吃了盘肉，还还喝了半斤酒哩。

你姐夫吃了盘肉，还又喝了半斤酒。

山阴方言中，表示衬托递进关系有合用形式，也有单用形式。合用形式为"甭说……，连……也……"这一合用形式暗含比较的意味，"甭说"主要出现在前一分句的句首，"连……也……"则主要出现在后一分句的谓语中心之前。例如：

甭说那$_2$远啦，我连门也不想出。

就他那$_1$学生，甭说我啦，连神仙也教不会他。

甭说饮料啦，我连矿泉水也不喝。

甭说你啦，连你爸爸也拿不动。

甭说穿点新衣裳啦，连点儿旧衣裳也没。

甭说跑啦，连走也费劲儿哩。

山阴方言中，"还[xəʔ^4]不"是表示衬托递进关系的单用形式，主要出现在前一分句的谓语中心之前。例如：

你还不去$_1$哩，我去$_1$做啥去$_3$哩。

他们还不做哩，凭啥让你做哩。

你的女儿你还不管哩，我管下个啥。

人家们有啥还不和我说哩，我说给他们做啥哩。

尔们_人家们_还不来咱家哩，咱去尔们_人家们_家口[tsuA⁵²]_做啥_去₃哩。

你还不敢哩，我哪敢？

第二节　偏正复句

偏正复句是复句内各分句间意义上有主有从，也就是有正句有偏句之分。[1] 偏正复句有条件、假设、因果、目的和转折五小类。[2]

（一）条件复句

条件关系可以分为有条件和无条件两类，有条件又可以分为充足条件和必要条件。山阴方言中，表示充足条件的关联词语有合用的，也有单用的。合用的关联词语主要有"只要……，就……"。"只要"和"就"可以出现在前后分句的句首，也可以出现在前后分句的谓语中心之前。例如：

只要你平时多注意些儿，以后就没啥问题啦。

只要你想学，咱就报名去₃。

只要他们能说句软话，人家也就不计较啦。

我只要听见这₁声音，心上就可[khəʔ⁴]麻烦哩。

你只要稍微认真些儿，你就错不了这₂些些啦。

学生只要愿意学，老师就愿意教。

单用的关联词语主要有"就"。"就"主要出现在后一分句的谓语中心之前。例如：

你多下点儿辛苦，成绩就肯定能上去₂。

您儿多出去₂走动走动，心上就可[khuə⁵²]麻烦些儿。

再等上不待会儿，咱就能吃饭啦。

你安顿住，咱就回哇。

他回家啦，众人也就放心啦。

山阴方言中，表示必要条件的关联词语有合用的，也有单用的。合用的关联词语主要有"就得……，要不……"。"就得""要不"出现在前后分句的句首。后一分句常常出现疑问代词"啥""谁"等，后一分句的谓语中心前常常出现副词"也"。例如：

就得您儿哩，要不我啥也口[tʂAʔ⁴]_弄_不成。

就得他妈哩，要不谁也管不住。

就得说精明哩，要不她老儿啥也懂不的。

---

[1] 黄伯荣，廖序东.现代汉语（增订六版）[M].北京：高等教育出版社，2017：129.
[2] 黄伯荣，廖序东.现代汉语（增订六版）[M].北京：高等教育出版社，2017：134.

就得好好儿缓的哩，要不你多会儿_{什么时候}也好不利索。

就得多走动走动哩，要不亲友们_{亲戚们}也不亲啦。

山阴方言中，副词"才"为必要条件的单用形式，主要出现在后一分句的谓语中心之前。例如：

你学会拼音，才能念那₃本书哩。

咱把家打扫清利些，头才能轻省些儿。

你得好好学哩，那₂才能学下东西哩。

你对尔_{人家}别人好，别人才能对你好哩。

您儿过来₂，灯才能修好哩。

山阴方言中，表示无条件的关联词语有合用的，也有单用的。合用的关联词语主要是"不管……，也……"。"不管"主要出现在前一分句的句首。"也"主要出现在后一分句的谓语中心之前。在口语交际过程中，"不管"常常可以省略。例如：

不管咋，你也不能把尔妹妹的书给扯了哇？

不管谁，咱也不能迎那₅说。

不管去₁哪，你也得和大人说一声哩。

不管你说啥，人家也不恼_{生气}。

不管啥时候，你也得操心些儿哩。

单用的有"咋不咋""咋也"。山阴方言中，"咋不咋"相当于普通话的"不管怎样"，可以作为独立的分句出现在前一分句。例如：

咋不咋，您儿给他打上个电话。

咋不咋，你给咱先把那₂个脸洗洗。

咋不咋，咱先吃它饭哇。

咋不咋，你先起哇。

咋不咋，你也不能朝那₇说人家。

"咋也"主要出现在后一分句的谓语中心之前。例如：

我可[khəʔ⁴]好和人家说来₃，人家咋也不住啦。

妈可[khəʔ⁴]给泡来₃，裤子上那₂点儿□[tshɔɔ³¹³]_{脏东西}咋也洗不起来₂。

我倒写了好几回啦，这₃个字咋也写不好。

可□[kuə³¹³]哄来₃，人家咋也不给你好好喝这₂点儿药。

（二）假设复句

偏句提出假设，正句表示假设实现后所产生的结果。[1]山阴方言中，假设复句中常用的关联词语有合用的和单用的。合用的有"要是……，就……"和

---

[1] 黄伯荣，廖序东.现代汉语（增订六版）[M].北京：高等教育出版社，2017：13[.

"要不是……，早就……"。其中"要是……，就……"主要出现在前后分句的谓语中心之前。例如：

你要是不想去₁，佤就另外再寻个人。

您儿要是迎这ₑ说话，我就没啥说上的啦。

你要是做不将来₂，咱就问问尔ₗ人家ₗ别人。

你要是乏了，你就先睡去₃哇。

你要是不会，你就问问尔ₗ人家ₗ老师。

"要不是……，早就……"这一合用形式在山阴方言中常常可以省略为"不是……，早就……"。"（要）不是"主要出现在前一分句的句首，"早就"主要出现在后一分句的谓语中心之前。例如：

要不是你说，我早就给忘啦。

要不是人家给了他二百块钱儿，他早就连锅也揭不开啦。

要不是你爸爸教你，你早就输啦。

要不是我给你拦的，你早就让尔ₗ人家ₗ给打啦。

要不是你磨磨蹭蹭的，佤早就到啦。

单用的主要有"要""要是"和"就"等。"要""要是"主要出现在前一分句的句首。例如：

要/要是我，我才不和他耍哩。

要/要是您儿，您儿早就哭成个灰八啦。

要/要是给了尔ₗ人家ₗ，尔ₗ人家ₗ早就给安顿便宜啦。

要/要是你，你才做不出这₁营生哩。

"就"主要出现在后一分句的谓语中心之前。例如：

你没个做上的，就送送我去₃。

口罩儿绳绳儿断了，你就□[mæ³¹³]扔了哇。

你不按人家的做，人家就骂你呀。

纸不够了，咱就再买上点儿。

天气暖和了，花儿就开呀。

（三）因果复句

山阴方言中，因果复句多用意合法来表示，常用的关联词语多为单用形式，单用形式主要有"就因为"和"就"。"就因为"常用来表示说明因果关系，主要出现在前一分句的句首。例如：

就因为那₂一句话，他们两个儿险些给打起。

就因为她是你妹妹，我才啥也不说哩。

就因为点儿钱儿，弟兄也不是弟兄啦。

就因为坐那₂儿不动，身上长下一身肉。

就因为普通话说得不好，人家学校没要他。
就因为考试不及格，他真叫他妈打痛他啦。
"就"则常用来表示推论因果关系，主要出现在后一分句的谓语中心之前。例如：
你给了人家啦，就不能再往回要啦。
这₃种鞋挺受穿的，我就买了它两双。
她饿啦，我就给她下了碗面。
你没好好儿检查，肯定错的就可[khəʔ⁴]多哩。
东西好用，买的人就多。
他开车开得过快啦，就容易出事。
大姑给你把这₃个牙拔了，你后头那₃个牙就能好好长啦。

（四）目的复句

偏句表示行为，正句表示行为的目的。目的关系可分求得什么和求免什么两类。[1]山阴方言中，表示求得什么的关联词语是"为"，可以用于前一分句的句首。例如：
为给你买房，两个老人把老家的房倒卖啦。
为干净哩，佤婆婆家里连炉子也不生。
为照全家相哩，佤专门儿回来₂的。
为洗个头，人家今儿个_{今天}早早儿就起啦。
为给我看娃娃哩，老两口都搬的我这₂儿啦。

表示求免什么的关联词语是"省得"，可以出现在正句的句首，也可以出现在正句的谓语中心之前。例如：
你就把你姐姐那₂衣裳穿上哇，省得再花钱儿买哩。
咱出去₂吃哇，省得我还得做哩。
你写作业去₃哇，省得你睡不着。
你省得在那₂儿坐的哩，先把课文儿预习预习。
咱省得没个去₁处，要不去₁湿地公园转转去₃。
你省得走哩，我拉上你哇。

（五）转折复句

转折复句的前后分句的意思相反或相对，即后面分句不是顺着前面分句的意思说下去，而是突然转成同前面分句意思相反或相对的说法，后面分句是说话者所要表达的正意。[2]山阴方言中，转折复句常用的关联词语有合用的，也有单用的。合用的主要有"倒是……，就是……"。当前一分句的谓语中心为

---

[1] 黄伯荣，廖序东.现代汉语（增订六版）[M].北京：高等教育出版社，2017：138.
[2] 同上.

形容词时,"倒是"常常出现在前一分句的谓语中心之前,"就是"出现在后一分句的句首。例如:

这₃套房倒是挺好的,就是离得单位有点儿远。

衣裳穿上倒是挺好看的,就是有点儿贵。

这₃家面倒是挺好吃的,就是给的有点儿少。

他病倒是可[khuə⁵²]些儿啦,就是老睡不踏实。

当前一分句的谓语为动补结构时,"倒是"出现在补语之前,"就是"仍出现在后一分句的句首。例如:

你这₂相照得倒是挺好,就是洗的时间有点儿长。

他作文写得倒是挺好,就是字写得有点儿丑。

肉臊子做得倒是挺香的,就是稍微有点儿辣。

你这₂玻璃擦得倒是挺亮的,就是过于费东西啦。

单用的主要有"要要""还"等,主要出现在后一分句的谓语中心之前,后一分句句末常常出现"哩"。例如:

我不叫他去₁,他要要去₁哩。

说的不叫你吃,你要要吃哩。

叫您儿甭管甭管,您儿要要管哩。

我各货逗你哩,你还当真的哩。

人家不想给他,他还硬问人家要哩。

她实际是不敢吃辣的,今儿个₍今天₎还尝了尝。

参考文献

[1]白云.晋语"圪"字研究[J].语文研究,2005(1).
[2]崔容.太原方言的语气词[J].语文研究,2002(4).
[3]崔淑慧.代县方言的人称代词[J].山西大学学报(哲学社会科学版),1998(2).
[4]崔淑慧.山西代县方言的起始体[J].山西大学学报(哲学社会科学版),2004(2).
[5]崔霞.朔州方言比较研究[M].北京:中国书籍出版社,2018.
[6]杜克俭、李延.临县方言的指示代词[J].语文研究,1999(2).
[7]范晓林.晋北方言领属代词的重叠[J].中国语文,2012(1).
[8]侯精一.现代晋语的研究[M].北京:商务印书馆,1999.
[9]侯精一,温端政.山西方言研究[M].太原:山西人民出版社,1989.
[10]侯精一,温端政.山西方言调查研究报告[M].太原:山西高校联合出版社,1993.
[11]胡晓慧.动词后"上"与"下"、"来"与"去"的语义演变及其不对称性[D].杭州:浙江大学,2010.
[12]黄伯荣.汉语方言语法类编[M].青岛:青岛出版社,1996.
[13]黄伯荣.汉语方言语法调查手册[M].广州:广东人民出版社,2001.
[14]黄伯荣,廖序东.现代汉语(增订六版)[M].北京:高等教育出版社,2017.
[15]郭校珍.山西晋语的疑问系统及其反复问句[J].语文研究,2005(2).
[16]郭校珍.娄烦方言的人称代词[J].语文研究,1997(2).
[17]李彩霞.阳泉方言语气词的时体功能[J].山西大学学报(哲学社会科学版),2001(1).
[18]李临定.现代汉语句型[M].北京:商务印书馆,1986.
[19]李建校.娄烦方言语气词"哩"的功能及参项意义[J].山西大学学报(哲学社会科学版),2001(1).
[20]刘丹青.语法调查研究手册[M].上海:上海教育出版社,2008.
[21]吕叔湘,马庆株.语法研究入门[M].北京:商务印书馆,2005.
[22]陆俭明.八十年代中国语法研究(重排本)[M].北京:商务印书馆,2004.
[23]马晓琴.陕北方言的反复问句[J].广西大学学报(哲学社会科学版),2004(5).
[24]马启红.太谷方言副词说略[J].语文研究,2003(1).
[25]马庆株.现代汉语[M].北京:中国社会科学出版社,2010.

[26]梅祖麟.现代汉语选择问句法的来源.梅祖麟语言学论文集[C],北京：商务印书馆,2000.

[27]乔全生.山西方言"子尾"研究[J].山西大学学报（哲学社会科学版），1995（3）.

[28]乔全生.晋语附加式构词的形态特征[J].山西大学学报（哲学社会科学版），1996（3）.

[29]乔全生.晋方言语法研究[M].北京：商务印书馆,2000.

[30]乔全生.山西方言"儿化、儿尾"研究[J].山西大学学报（哲学社会科学版），2000（2）.

[31]乔全生,王晓燕.中阳方言的人称代词[J].山西大学学报（哲学社会科学版），2003（1）.

[32]沈明.太原话的"给"字句[J].方言,2002（2）.

[33]史素芬.山西武乡方言的疑问句[J].语文研究,2000（3）.

[34]史素芬.山西武乡方言的选择问句[J].语文研究,2002（2）.

[35]宋秀令.汾阳方言的语气词[J].语文研究,1994（1）.

[36]宋秀令.汾阳方言的指示代词与疑问代词[J].山西大学学报（哲学社会科学版），1994（1）.

[37]宋玉柱.现代汉语特殊句式[M].太原：山西教育出版社,1991.

[38]孙玉卿.怀仁方言中的结构助词"的"[J].山西大学学报（哲学社会科学版），1999（3）.

[39]田希诚,吴建生.山西晋语区的助词"的"[J].山西大学学报（哲学社会科学版），1995（3）.

[40]汪国胜.大冶方言的双宾句[J].语言研究,2000（3）.

[41]吴建生.万荣方言的比较句[J].忻州师范学院学报.2003（3）.

[42]邢向东.陕北晋语语法比较研究[M].北京：商务印书馆,2006.

[43]邢向东.陕北神木话的助词"得"[J].中国语文,2001（5）.

[44]杨增武、崔霞.山阴方言研究[M].太原：山西人民出版社,2007.

[45]张惠英.汉语方言代词研究.北京：语文出版社,2001.

[46]周磊.乌鲁木齐话"给"字句研究[J].方言,2002（1）.

[47]朱德熙.汉语方言里的两种反复问句[J].中国语文,1985（1）.

[48]朱德熙."V-neg-VO"与"VO-neg-V"两种反复问句在汉语方言里的分布[J].中国语文,1991（5）.

[49]朱德熙.现代汉语语法研究[M],北京：商务印书馆,2006.

[50]朱德熙.语法讲义[M],北京：商务印书馆,2002.

附录一：山西省朔州市六区县方言语音的初步比较
——兼与普通话比较

根据侯精一、温端政先生主编的《山西方言调查研究报告》，山西省朔州市六区县方言均属山西方言北区方言，北区方言又分为大同、山阴、忻州三个方言片，而朔州市所辖六区县怀仁、右玉、应县、山阴、朔城区和平鲁区分属不同的三个片，即怀仁、右玉和应县方言属大同片，山阴方言属山阴片，朔城区和平鲁区方言属忻州片。

山西省朔州市六区县方言（以下简称为六区县方言）不仅具有北区方言的共同点，而且也具有各自方言片的特点。以下从声、韵、调三方面对这六区县方言的主要语音特点进行描写和比较，并进一步与普通话进行比较。

一、声母的比较

六区县方言某些声母的比较见表1。

表1

方言点	例字												
	增	蒸	粗	初	散	扇	妻	梯	日	软	爱	雾	娃
怀仁	ts	ts	tsh	tsh	s	s	tɕh	th	z	z	n	∅	v
右玉	ts	tʂ	tsh	tʂh	s	ʂ	tɕh	th	ʐ	ʐ	ŋ	v	v
应县	ts	ts	tsh	tsh	s	s	tɕh	tɕh	z	z	n	v	v
山阴	ts	tʂ	tsh	tʂh	s	ʂ	tɕh	tɕh	ʐ	ʐ	n	∅	∅
朔城区	ts	ts	tsh	tsh	s	s	tɕh	tɕh	z	z	∅	∅	v
平鲁区	ts	ts	tsh	tsh	s	s	tɕh	tɕh	z	z	n	∅	∅

1.ts 组[ts tsh s]与 tʂ组[tʂ tʂh ʂ]的分合

在六区县方言中，古精组、知庄章组今声母的读音有以下两种类型。一种是古精组字今洪音，与知庄章组今声母读音相同，普通话读[ts tsh s]与[tʂ tʂh ʂ]的字，声母合流，都读[ts tsh s]；另一种是古精组、知庄章组今声母的读音分为[ts tsh s]与[tʂ tʂh ʂ]两组。但读[tʂ tʂh ʂ]的字比较少。主要是因为古章组止摄今开口字、知组二等今开口字、章组二等今开口字读[ts]。

今读开口呼和合口呼的情况基本一致，分别主要有两种。开口呼：①增=争=蒸=徵[ts]，②增=争[ts]≠蒸徵[tʂ]，同普通话相同，但读[tʂ tʂh ʂ]的字比较少。合口呼：①粗=初=处=除[tsh]，②粗[tsh]≠初=处=除[tṣh]。怀仁、应县、平鲁区和朔城区方言均属于第一种，而右玉、山阴方言均属于第二种。

2."田钱""条桥"的读音

在应县、山阴、朔城区和平鲁区方言中，"田钱""条桥"等字的声母读音相同，都读作 tɕh，即古定、透母字，今韵母是齐齿呼的，今声母读 tɕh。这四个方言读作 tɕh 声母的字，在普通话里，一部分声母是 tɕh，一部分声母是 th。在怀仁和右玉方言中，"田钱""条桥"等字的声母读音不同，分别读作 th 和 tɕh，与普通话保持一致。

3.古疑、影母今普通话零声母开口呼字声母的读音

古疑、影母今普通话零声母开口呼字，在六区县方言里声母的读音都保留了鼻音声母。但只有右玉方言读作 ŋ，其他方言读作 n，即在这五个方言中，一部分 n 声母的字与普通话的零声母开口呼（除表示感叹和应答的词外）字对应。

4.普通话零声母合口呼字声母的读音

普通话零声母合口呼字，在六区县方言里声母的读音有以下三种类型。

①与普通话保持一致，也读零声母。属于这种类型的，有山阴和平鲁区方言。

②少数字的读音与普通话保持一致，读零声母，如"武午"等字；多数字的读音与普通话不一致，读 v 声母，如"袜蛙味魏往网"等字。属于这种类型的，有怀仁和朔城区方言。③与普通话不一致，读 v 声母，属于这种类型的，有应县和右玉方言。

5."日软""人若"声母的读音

在六区县方言里，"日软""人若"一类字声母的读音都相同，但分别读 z 和 zʴ 两类。其中，怀仁、应县和平鲁区方言读作 z，与普通话"日软""人若"声母的读音不同；右玉、朔城区和山阴方言读作 zʴ，即右玉、山阴和朔城区方言"日软""人若"声母的读音和普通话声母的读音大致相同。

二、韵母的比较

六区县方言某些韵母的比较见表 2、表 3。

表 2

方言点	例字								
	败	背	怪	贵	多	河	锅	奴	炉
怀仁	ei	ei	uei	uei	uɣ	ɣ	uɣ	u	ɣu

右玉	εε	εε	uεε	iɜu	ou	ɤ	uo	u	uə
应县	εi	əi	uεi	uəi	uɤ	ɤ	uɤ	u	uə
山阴	εe	ei	uεe	iɜu	eə	eə	eə	u	uə
朔城区	εi	ei	uεi	uεi	eə	eə	eə	u	uə
平鲁区	εi	εi	uεi	iɜu	eə	eə	eə	u	uə

1."败＝背"的分合

这一语音现象是蟹摄开口二等与合口一等同韵在今六区县方言中演变的两种不同结果。

一种是今韵母的主要元音及韵尾相同，即"败＝背"，怀仁、右玉和平鲁方言属于这种类型。从表2可以看出，"败"和"背"韵母读音虽然相同，但在怀仁和右玉方言中却各不相同。在怀仁方言中，"败"和"背"韵母均读作ei，与普通话"背"韵母的读音保持一致；而在平鲁和右玉方言中，"败"和"背"韵母均读作εi或εe，与普通话"败"韵母的读音接近。

一种是今韵母不同，即"败≠背"，应县、山阴和朔城区方言都属于这种类型。在这三区县方言中，"败"韵母读作εe或εi，"背"韵母读作ei，与普通话的读音接近或相同。

但蟹摄开口二等与合口一等出现了分化现象，蟹摄开口二等并母"败"韵母读音虽然与蟹摄合口一等并母"背"韵母读音不同，但却与蟹摄合口一等并母"培、陪、赔、裴"韵母读音相同，与普通话的读音接近。

2."怪＝贵"的分合

在怀仁、右玉和平鲁区方言中，蟹摄合口二等字"怪"与止摄合口三等字"贵"今韵母的主要元音及韵尾相同，即"怪＝贵"，在怀仁方言中，"怪"和"贵"韵母读作uei，与普通话"贵"韵母的读音相同。在右玉方言中，"怪"和"贵"韵母读作uεe；在平鲁区方言中，6怪和6贵韵母读作uεi，与普通话"怪"韵母的读音接近。

而在其他三区县方言中，蟹摄合口字"怪"与止摄合口三等字"贵"今韵母读音不同，即"怪≠贵"。"怪"韵母读作uεi和uεe，与普通话读音相近；而"贵"韵母都读作uei，与普通话读音相同。

3."多-河-锅"的分合

"多-河-锅"的分合，即古果摄开口一等端组和晓组字韵母在六区县方言里的演变结果主要有两种类型。一种是"多＝河＝锅"，属于这种类型的，有山阴、朔城区和平鲁区方言，如：山阴方言"多""河"和"锅"三字韵母均读作uə；一种是"多＝锅≠河"，属于这种类型的，有怀仁、右玉和应县方言，如：右玉方言的"多"和"锅"两字韵母均读作uo，而"河"一字韵母读作ɤ。

4."奴-炉"

遇摄模韵泥精组字、鱼虞韵庄组字与流摄同韵是晋方言语音演变的一个重要特点。六区县方言保留了这一语音特点，遇摄模韵来母字多与流摄同韵，韵母读作əu。

因此，在六区县方言中，"奴""炉"一类字韵母的读音不同，即奴≠炉，"奴"的韵母是合口呼u，与普通话保持一致，而"炉"的韵母是开口呼əu/ɤu，与普通话不一致。

表3

方言点	例字							
	剑	借	钢	光	分	冷	不	法
怀仁	iæ	iɛ	ɒ	ɒ	əŋ	əŋ	əʔ	aʔ
右玉	iɛ	iɛ	ɒ	uɒ	ɔ̃ɣ	ɔ̃ɣ	əʔ	aʔ
应县	iẽ	iɛ	aŋ	uaŋ	əŋ	əŋ	əʔ	aʔ
山阴	iE	iE	ɒ	uɒ	ɔ̃	ɔ̃	əʔ	ʌʔ
朔城区	iɛ	iɛ	ã	ã	ɔ̃	ɔ̃	əʔ	ʌʔ
平鲁区	iE	iE	ɒ	uɒ	mɔ	mɔ	əʔ	ʌʔ

5."剑箭借"韵母的读音

古咸摄开口二三四等字、山摄二三四等字和假摄开口三等精知影组、蟹摄开口二等见系字，山摄合口三四等精组、见系字和果摄合口三等见系字的韵母与今六区县方言的韵母有两种对应规律：一种是"剑=箭≠借"，怀仁和应县方言属于这一种，即"剑箭"与"借"韵母的读音并不相同。如应县方言中，"剑箭"二字鼻音韵尾消失，主要元音鼻化，不读作开元音；一种是"剑=箭=借"，右玉、山阴、朔城区和平鲁区方言属于这一种，鼻音韵尾完全消失，主要元音和韵尾都为开元音，与普通话不一致，即这四个方言中"剑箭借"的同一韵母对应于普通话中"箭剑借"两个不同的韵母。

6."钢光"韵母的读音

在六区县方言里，由于古宕摄开口三等庄组、合口见系字和江摄知庄组字演变为两种不同的类型。一种是今读开口呼，即"光"的主要元音u脱落，"钢光"韵母的读音相同，与普通话"钢光"韵母并不一致，属于这一类型的只有怀仁方言，又如"壮张"。其他五区县方言"钢光"韵母的读音不同，与普通话"钢光"韵母的读音保持一致。

7.鼻音韵尾的消失与合流

鼻音韵尾的消失与合流是山西北区方言一个普遍性的特点。深臻曾梗通五摄的舒声字今合流后，怀仁和应县方言读舌根鼻音韵尾ŋ；山阴和朔城区方言读开尾,主要元音多数鼻化;右玉方言鼻音韵尾消失,完全演变为浊擦音韵尾ɣ,主要元音鼻化,与普通话的n、ŋ相对应;平鲁方言鼻音韵尾完全消失。

8.入声韵

六区县方言均保留了对应整齐的入声韵,都有8个入声韵,韵尾合并为喉塞韵尾-ʔ。这些有入声韵的韵母在普通话里读成几个韵母,并与普通话形成了一对多的对应关系。以山阴方言为例,如:山阴方言中的yəʔ韵母与普通话的y(绿、菊)、u(俗、蓄)、yŋ(兄 大~哥:大侧子)、yɛ(削~减)、iau(削~皮)这些韵母分别对应。

三、声调的比较

六区县方言声调比较见表4:

表4

古调类	古声母	例字	今声调					
			怀仁	右玉	应县	山阴	朔城区	平鲁区
平	浊	同兰	312	212	31	313	35	44
	清	天	42	31	43			
上	清	口	53	53	54	52	312	213
	次浊	女						
	全浊	士						
去	浊	大漏	24	24	24	335	53	52
	清	菜						
入	清	节	ʔ4	ʔ44	ʔ43	ʔ4	ʔ35	ʔ34
	次浊	热						
	全浊	舌						

1.与普通话最大的不同之处,六区县方言都大量保留了入声。六区县方言的入声在普通话里分别归入阴平、阳平、上声和去声。例见表5:

表5

山西省朔州市六区县方言	例字	普通话声调
怀仁方言	鸭	阴平
	菊	阳平
	雪	上声
	不	去声

	踢	阴平
右玉方言	学	阳平
	笔	上声
	确	去声
	说	阴平
应县方言	服	阳平
	铁	上声
	蜡	去声
	掐	阴平
山阴方言	吉	阳平
	谷	上声
	鹤	去声
	脱	阴平
朔城区方言	责	阳平
	尺	上声
	悦	去声
	吸	阴平
平鲁区方言	俗	阳平
	乞	上声
	客	去声

2.虽然六区县方言均有入声，但都程度不同地存在着古入声字今读舒声的现象

以山阴方言为例，部分古入声字今读舒声，大部分是古全浊、次浊声母字，清声母字占少数。一般规则是：全浊入归阳平，次浊入归去声，清入归平声或去声。如：

古全浊声母入声字今读平声：

轴 tṣou^{313}　　白 pee^{313}　　贼 tsɛe^{313}　　雹 pɔo^{313}　　局 tɕy^{313}

古次浊声母入声字今读去声：

牧 mu^{335}　　历 li^{335}　　疫 i^{335}　　玉 y^{335}　　肉 zo̩u^{335}

古清声母入声字今读平声或去声：

匹 phi^{313}　　粥 tṣou^{313}　　亿 i^{335}　　压 ia^{335}　　栅 tsA^{335}

在山阴方言中，个别古舒声字今读入声：

葫 xuəʔ^{4}～芦

还有不少古入声字，今舒入两读：

别 piE³¹³~针/piaʔ²⁴分~　　　刮 kuA⁵²~脸/kuAʔ²⁴~风
急 tɕi³¹³性~/tɕiəʔ²⁴~忙　　　薄 puə³¹³厚~/pAʔ²⁴~荷

有不少古舒声字，今舒入两读：

母 mu⁵²/məʔ²⁴外~娘　　　屎 sʅ⁵²/sAʔ²⁴耳~
花 xuA³¹³/xuəʔ²⁴棉~　　　午 u⁵²/uəʔ²⁴响~

3.是否分阴阳平

在六区县方言中，只有山阴方言平声不分阴阳，即古平声字今读平声，大多数与普通话的阴平和阳平对应。例如：

山阴方言	普通话	例字
平声	阴平	高猪专尊边低安开
	阳平	穷陈沉才唐平寒神

4.阴平与上声是否合流

古平声清声母字和古上声清声母、次浊声母字今读单字调相同，从而出现阴平和上声单字调"合流"现象，合流后统称为"阴平上"。在六区县方言中，只朔城区方言和平鲁区方言中有这一语音现象。朔城区方言和平鲁区方言的阴平上包括普通话的阴平和上声。例如：

朔城区方言	普通话	例字
阴平上	阴平	高知开吵婚商
	上声	古口手女老买
平鲁区方言	普通话	例字
阴平上	阴平	诗安知飞天胸
	上声	使等碗古有指

四、结语

以上不仅对山西省朔州市六区县方言语音的主要特点进行了比较，而且将各方言与普通话进行比较，论述了各方言之间以及各方言与普通话之间的差异。得出如下小结：

（1）在语音的发展演变方面，六区县方言保留了一些比较古老的语音特点。如上所述的"增=争=蒸=徵[ts]""奴≠炉"和入声韵尾的保留等特点。这说明，六区县方言与普通话的发展不同步。

（2）在方言的内部演变规律方面，六区县方言内部发展不平衡。六区县方言分属山西北区方言的三个方言片，各自独立存在，不仅保留了古代的语音特点，而且有与普通话一致的语音特点。比如，"田钱""条桥"的读音。怀仁、右玉方言与普通话保持一致，声母分别读为 tʰ 和 tɕʰ，而应县、山阴、朔城区和平鲁区方言与普通话并不一致，声母只读为 tɕʰ。

（3）在共时分布方面，六区县方言有的语音特点内部保持一致，如古疑、影母今普通话零声母开口呼字声母的读音均为鼻音声母，与普通话不一致；有的语音特点内部不一致，如"多-河-锅"的分合，在山阴、朔城区和平鲁区方言中，"多-河-锅"韵母的读音相同，与普通话不一致；而在怀仁、右玉和应县方言中，"多锅"韵母的读音和"河"韵母的读音不同，与普通话一致。

附录二：山阴方言蟹止两摄的读音及演变

一、引言

山阴县位于山西省朔州市中南部、内长城雁门关外。东与应县为邻，西与朔城区、平鲁区交界，南与代县接壤，北与左云、右玉、怀仁县毗邻。

山阴县内主要有三大方言区：北部山区，以玉井为代表；河（桑干河）北平川地区，以岱岳为代表；河（桑干河）南地区，以后所为代表。这里以县政府所在地——岱岳的方言为描写对象。

中古广韵共分十六摄。其中蟹摄既有开口呼，又有合口呼，且均有一二三四等。即蟹摄开口一等咍韵、开合口一等泰韵、合口一等灰韵、开口二等皆韵、开合口二等佳韵、开合口二等夬韵、开口合三等祭韵、开合口三等废韵、开合口四等齐韵。止摄既有开口呼又有合口呼，但只有三等。即止摄开合口三等支韵、开合口三等脂韵、开口三等之韵、开合口微韵。在山阴方言中，蟹止两摄字的读音演变比较复杂。同一摄的不同韵之间有同韵现象，不同摄之间也存在同韵现象。这些语音特征也反映了蟹摄和止摄两摄的语音演变存在不同的历史层次。

二、蟹摄、止摄在山阴方言中的读音

（一）蟹摄在山阴方言中的读音

1.蟹摄开口呼在山阴方言中的读音

（1）开口一等咍韵

今多读作[εε]，例如：戴[tεε³³⁵]、来[lεε³¹³]、在[tsεε³³⁵]、改[kεε⁵²]、海[xεε⁵²]、爱[nεε³³⁵]。群母去声字"咳咳嗽"读作[khʌʔ⁴]。

（2）开口一等泰韵

帮母和滂母读作[ei]，例如：贝[pei³³⁵]、沛[phei³³⁵]。端系、精组和见系读作[εε]，例如：带[tεε³³⁵]、奈[nεε³³⁵]、丐[kεε³³⁵]、害[xεε³³⁵]。

（3）开口二等皆韵

帮母、并母、庄母、崇母、溪母、匣母去声字和影母读作[εε]，例如：拜[pεε³³⁵]、排[phεε³¹³]、斋[tsεε³¹³]、豺[tshεε³¹³]、楷[khεε⁵²]、骇惊骇[xεε³³⁵]、挨挨近,挨住[nεε³¹³]。明母读作[ei]，例如：埋[mei³¹³]。见母大部分字与匣母平声字和去声字读作[iɛ]，例如：阶[tɕiɛ³¹³]、介戒[tɕiɛ³³⁵]、谐[ɕiɛ³¹³]、械[tɕiɛ³³⁵]。见母去声字"尬尴尬"读作[kʌ³³⁵]。

（4）开口二等佳韵

帮组多读作[εe]，例如：摆[pεe⁵²]、派[phεe³³⁵]、牌[phεe³¹³]、买[mεe⁵²]，并母上声字"罢"读作[pA³³⁵]。泥母读作[εe]，例如：奶[nεe⁵²]。庄组多读作[εe]，例如：债[tsεe³³⁵]、差_出差_[tshεe³¹³]、柴[tshεe³¹³]、晒[sεe³³⁵]，生母上声字"洒"读作[sA⁵²]。见母多读作[iE]，例如：街[tɕiE³¹³]、解[tɕiE³³⁵]、懈[ɕiE³³⁵]，见母平声字"佳"读作[tɕiA³¹³]。疑母多读作[iA]，例如：涯_天涯_崖_山崖_[iA³¹³]。匣母多读作[iE]，例如：鞋[ɕiE³¹³]、解_姓_蟹[ɕiE³³⁵]。匣母上声字"解_晓也_¹"读作[xεe³³⁵]。影母读作[εe]，例如：矮[nεe⁵²]、隘[nεe³³⁵]。

（5）开口二等夬韵

均读作[εe]，例如：败[pεe³³⁵]、迈[mεe³³⁵]、寨[tsεe³³⁵]。

（6）开口三等祭韵

帮母、并母、来母和疑母读作[i]，例如：蔽敝[pi³³⁵]、例厉[li³³⁵]、祭际[tɕi³³⁵]、艺[i³³⁵]。澄母、章母、书母和禅母读作[ʅ]，例如：滞_停滞,积滞_制[tʂʅ³³⁵]、世誓[ʂʅ³³⁵]。

（7）开口三等废韵

读作[i]，例如：刈²[i³³⁵]。

（8）开口四等齐韵

帮组多读作[i]，例如：闭[pi³³⁵]、批[phi³¹³]、陛_陛下_[pi³³⁵]、迷[mi³¹³]。帮母平声字"䙆_䙆麻_"读作[piɔʔ⁴]。端系多读作[i]，例如：低[ti³¹³]、体[tɕhi⁵²]、第[ti³³⁵]、泥[ni³¹³]、礼[li⁵²]、挤[tɕi⁵²]、妻[tɕhi³¹³]、奇[tɕhi³¹³]、细[ɕi³³⁵]。心母去声字"婿_女婿_"读作[ɕy³³⁵]。见系多读作[i]，例如：鸡[tɕi³¹³]、计[tɕi³³⁵]、溪[ɕi³¹³]、倪[ni³¹³]、系[ɕi³³⁵]、缢[i³³⁵]。见母去声字"系_系鞋带_"读作[tɕiɔ̃³¹³]。

2.蟹摄合口呼在山阴方言中的读音

（1）合口一等灰韵

帮组多读作[ei]，例如：杯[pei³¹³]、配[phei³³⁵]、佩[phei³³⁵]、每[mei⁵²]。滂母和并母平声字多读作[εe]，例如：坯[phεe³¹³]、培陪赔裴[phεe³¹³]。泥组读作[εe]，例如：内[nεe³³⁵]、雷[lεe³¹³]、儡_傀儡_[lεe⁵²]、累_极困_[lεe³³⁵]。端组、见系多读作[uei]，例如：堆[tuei³¹³]、腿[thuei⁵²]、队[tuei³³⁵]、盔[khuei³¹³]、桅_船桅杆_[uei³¹³]、灰[xuei³¹³]、汇[xuei³³⁵]、煨[uei³¹³]。溪母去声字"块"读作[khuεe³³⁵]。

（2）合口一等泰韵

端母、定母、精母和匣母读作[uei]，例如：蜕_蛇蜕皮,蝉蜕_[thuei³³⁵]、兑[tuei³³⁵]、最[tsuei³³⁵]、会_开会_[xuei³³⁵]。见母去声字"会_会计_"读作[khuεe³³⁵]、"刽"读作[khuei³³⁵]、"桧"读作[xuei³³⁵]。疑母去声字"外"读作[uεe³³⁵]。

（3）合口二等皆韵

均读作[uɛe]，例如：拽[tʂuɛe³³⁵]、乖[kuɛe³¹³]、蒯[khuɛe⁵²]、怀[xuɛe³¹³]。

（4）合口二等佳韵

见母上声字"拐"读作[kuɛe⁵²]，见母去声字"挂卦"读作[kuA³³⁵]。晓母平声字"歪"读作[uɛe³¹³]。匣母去声字"画"读作[xuA³³⁵]。影母平声字"蛙"读作[uA³¹³]。

（5）合口二等夬韵

溪母字"快筷"读作[khuɛe³³⁵]。匣母字"话"读作[xuA³³⁵]。

（6）合口三等祭韵

均读作[uei]，例如：脆[tshuei³³⁵]、岁[suei³³⁵]、缀_{点缀}[tʂuei³³⁵]、赘[tʂuei³³⁵]、税[ʂuei³³⁵]、芮[ʐuei³³⁵]、鳜_{鳜鱼}[kuei³³⁵]、卫[uei³³⁵]、锐[ʐuei³³⁵]。

（7）合口三等废韵

非母、奉母、敷母读作[ei]，例如：废肺吠[fei³³⁵]。影母读作[uei]，例如：秽[xuei³³⁵]。

（8）合口四等齐韵

见母、溪母读作[uei]，例如：圭闺[kuei³¹³]、桂[kuei³³⁵]、奎[khuei³¹³]。匣母平声字读作[i]，例如：携畦_{菜畦}[ɕi³¹³]，匣母去声字读作[uei]，例如：惠慧[xuei³³⁵]。

（二）止摄在山阴方言中的读音

1. 止摄开口呼在山阴方言中的读音

（1）开口三等支韵

帮母平声字读作[ei]，例如：碑卑[pei³¹³]。帮母上声字读作[i]，例如：彼[pi⁵²]。帮母去声字读作[iəʔ]，例如：臂[piəʔ⁴]。滂母平声字读作[i]，例如：披[phi³¹³]，滂母去声字读作[iəʔ]，例如：譬_{譬如}[phiəʔ⁴]。并母、明母、来母和见系均读作[i]，例如：皮[phi³¹³]、离_{离别}[li³¹³]、寄[tɕi³³⁵]、企[tɕhi⁵²]、奇[tɕhi³¹³]、义[i³³⁵]、牺[ɕi³¹³]、椅[i⁵²]、移[i³¹³]。精母、清母、从母、心母平声字和去声字、初母、章母、昌母平声字、书母和禅母部分字读作[ɿ]，例如：紫[tsɿ⁵²]、刺[tsɿ³³⁵]、疵_{吹毛求疵}[tshɿ³³⁵]、斯[sɿ³¹³]、赐[tshɿ³³⁵]、差_{参差}[tshɿ³¹³]、支[tsɿ³¹³]、眵_{眼眵}[tsɿ³³⁵]、翅[tsɿ³³⁵]、氏[sɿ³³⁵]、匙_{钥匙}[sɿ³¹³]，心母上声字"玺"读作[ɕi⁵²]、"徙"读作[ɕiəʔ⁴]，昌母上声字"侈"读作[tʂhɿ³¹³]，禅母上声字"是"读作[səʔ⁴]。日母读作[ər]，例如：儿[ər³¹³]、尔[ər⁵²]。

（2）开口三等脂韵

帮母部分字读作[ei]，例如：悲[pei³¹³]、辔[phei³³⁵]，部分字读作[i]，例如：鄙比_{比较}[pi⁵²]、庇[phi³³⁵]、痹[phi³³⁵]，部分字读作[iəʔ]，例如：秘泌[miəʔ⁴]。并母平声字和去声部分字读作[i]，例如：琵_{琵琶}枇_{枇杷}[phi³¹³]、备箅[pi³³⁵]，去声部分字读作[iəʔ]，例如：鼻[piəʔ⁴]。明母部分平声字和部分去声字读作[i]，例如：眉楣[mi³¹³]、媚[mi³³⁵]，部分平声字、上声字和部分去声字读作[ei]，例如：霉[mei³¹³]、美[mei⁵²]、寐[mei³³⁵]。滂母、定母、泥母、来母平声字和去声字、见系均读作[i]，例如：地[ti³³⁵]、尼[ni³¹³]、利[li³³⁵]、冀[tɕi³³⁵]、器[tɕhi³³⁵]、祁[tɕhi³¹³]、伊[i³¹³]、姨[i³¹³]。来母上声字"履"读作[ly⁵²]。精母、清母、从母、心母、生母、章母平声字和上声字、船母、书母、禅母读作[ɿ]，例如：资[tsɿ³¹³]、次[tsɿ³³⁵]、自[tsɿ³³⁵]、四[sɿ³³⁵]、脂[tsɿ³¹³]、旨[tsɿ⁵²]、示[sɿ³³⁵]、尸[sɿ³¹³]、视[sɿ³³⁵]。知母、澄母和章母去声字读作[ʅ]，例如：致[tʂʅ³³⁵]、迟[tʂhʅ³¹³]、至[tʂʅ³³⁵]。日母读作[ər]，例如：二贰贰心[ər³³⁵]。

（3）开口三等之韵

泥组和见系读作[i]，例如：你[ni⁵²]、吏[li³³⁵]、基[tɕi³¹³]、起[tɕhi⁵²]、忌[tɕi³³⁵]、疑[i³¹³]、喜[ɕi⁵²]、医[i³¹³]、矣[i³³⁵]、异[i³³⁵]。精组、彻母平声字、庄母、崇母、生母、章母、昌母上声字、书母和禅母读作[ɿ]，例如：兹[tsɿ³¹³]、字[tsɿ³³⁵]、慈[tsɿ³¹³]、思[sɿ³¹³]、寺[sɿ³³⁵]、辎辎重[tsɿ³¹³]、士[sɿ³³⁵]、史[sɿ⁵²]、址[tsɿ⁵²]、齿[tsɿ⁵²]、试[sɿ³³⁵]、时[sɿ³¹³]。彻母上声字、澄母和昌母平声字读作[ʅ]，例如：耻[tʂhʅ⁵²]、治[tʂʅ³³⁵]、嗤[tʂhʅ⁵²]。知母去声字"置"读作[tʂəʔ⁴]。初母去声字"厕"厕所,茅厕读作[tshAʔ⁴]。日母读作[ər]，例如：而[ər³¹³]、耳饵[ər⁵²]。

（4）开口三等微韵

均读作[i]，例如：机[tɕi³¹³]、既[tɕi³³⁵]、气[tɕhi³³⁵]、毅[i³³⁵]、希稀[ɕi³¹³]、衣依[i³¹³]。

2.止摄合口呼在山阴方言中的读音

（1）合口三等支韵

来母读作[εe]，例如：累累积[lεe⁵²]、累连累[lεe³³⁵]。初母读作[uεe]，例如：揣揣度[tʂhuεe⁵²]。昌母、禅母、日母、见系均读作[uei]，例如：吹[tʂhuei³¹³]、睡[ʂuei³³⁵]、蕊[ʐuei⁵²]、规[kuei³¹³]、亏[khuei³¹³]、跪[khuei³³⁵]、危[uei³¹³]、毁[xuei⁵²]、委[uei⁵²]、为为什么[uei³³⁵]。

（2）合口三等脂韵

来母读作[εe]，例如：垒[lεe⁵²]、类泪[lεe³³⁵]。生母读作[uεe]，例如：衰摔[ʂuεe³¹³]、帅[ʂuεe³³⁵]。精组、章母、书母、禅母、见系大多读作[uei]，例如：醉[tsuei³³⁵]、翠[tshuei³³⁵]、绥[suei³¹³]、穗[suei³³⁵]、锥[tʂuei³¹³]、水[ʂuei⁵²]、谁[ʂuei³¹³]、龟[kuei³¹³]、柜[kuei³³⁵]、位[uei³³⁵]、唯[uei³¹³]。见母去声字"季"读作[tɕi³³⁵]。

（3）合口三等微韵

非母、敷母、奉母读作[ei]，例如：非飞[fei³¹³]、费费用[fei³³⁵]、肥[fei³¹³]，微母和见系多读作[uei]，未味[uei³³⁵]、鬼[kuei⁵²]、挥[xuei³¹³]、威[uei³¹³]、违[uei³¹³]，微母上声字"尾"读作[i⁵²]，也读作[uei⁵²]。

三、结语

通过以上蟹摄和止摄在山阴方言中的读音演变情况，我们可以看出：

（1）蟹摄开口一等咍韵和开口一等泰韵两韵同韵。例如：蟹摄开口一等咍韵端母"戴"与开口一等泰韵"带"、蟹摄开口一等咍韵泥母"耐"和开口一等泰韵泥母"奈"、蟹摄开口一等咍韵清母"菜"和蟹摄开口一等泰韵清母"蔡"、蟹摄开口一等咍韵见母"概"和蟹摄开口一等泰韵见母"盖"韵母相同，均读作[εe]。

（2）蟹摄开口二等韵与合口一等韵帮组字同韵。例如：蟹摄开口二等皆韵明母平声字"埋"与蟹摄合口一等灰韵明母平声字"梅"同韵，均读作[mei^{313}]。这一语音现象也保留在二百年前的《杂字》里。蟹摄开口一等佳韵并母平声字"牌"与蟹摄合口一等灰韵并母平声字"培陪赔裴"同韵，均读作[phεe^{313}]。

（3）蟹摄合口一等灰韵与止摄合口三等支韵、脂韵来母同韵。例如：蟹摄合口一等灰韵来母字上声字"儡傀儡"与止摄合口三等支韵来母上声字"累积累"和止摄合口三等脂韵来母上声字"垒"同韵，均读作[lεe^{52}]。蟹摄合口一等灰韵来母去声字"累极困"与止摄合口三等支韵来母去声字"类泪"同韵，均读作[lεe^{335}]。

（4）蟹摄合口二等佳韵和夬韵字"挂卦画话"和麻二合口字读音相同，韵母均读作[uA]。

（5）蟹摄和止摄部分舒声字读作入声。例如：蓖蓖麻[piəʔ^4]、臂[piəʔ^4]、秘泌[miəʔ^4]、鼻[piəʔ^4]。

注释：

①在山阴方言中很少出现，多出现在"解不开"这一词中。

②在山阴方言中，用其他词来表示"刈"的意义。此处只作为文读音。

附录三：山西北区方言蟹摄一二等韵读音的类别

根据有无入声和四声在今方言里的演变情况，《山西方言调查研究报告》将山西方言分为六个方言区，即山西中区、西区、东南区、北区、南区和东北区。其中山西北区方言共有 26 个方言点，这 26 个方言点分属三个方言片，即大同片、山阴片和忻州片。大同片包括大同、阳高、天镇、怀仁、左云、右玉和应县等方言；山阴片包括山阴方言和繁峙方言；忻州片包括忻州、定襄、原平、五台、代县、浑源、灵丘、朔州（朔城区）、平鲁、神池、宁武、五寨、岢岚、保德、偏关和河曲等方言。下文选取山西北区各片部分方言作为代表点，结合中古蟹摄演变至山西北区方言所体现的语音特征，对蟹摄一二等韵在今山西北区方言点的读音进行描写，归纳其类别，并探究其所处的演变状态。

一、蟹摄开口一二等韵与合口一二等韵帮组字同韵

山西北区部分方言点蟹摄开口一二等韵与合口一二等韵帮组字同韵，均读 [ai]、[ei] 韵母，即败=背，牌=陪。列举如表1：

表 1

	败	背	牌	陪
五台	ɛ	ei	ɛ	ei
宁武	e	e	e	e
五寨	ei	ei	ei	ei
朔城区	ɛi	ei	ɛi	ɛi
平鲁	ɛi	ɛi	ɛi	ɛi
山阴	ɛe	ei	ɛe	ɛe
应县	ɛi	əi	əi	əi
怀仁	ɛe	ɛe	ɛe	ɛe
右玉	ɛe	ɛe	ɛe	ɛe
大同	ɛe	ɛe	ɛe	ɛe
阳高	ei	ei	ei	ei

根据表 1 所列各方言点的读音，我们可以得知，山西北区方言有关"败"与"背"、"牌"与"陪"的读音大致有以下三种类别：

（1）在五台方言中，"败"与"背"、"牌"与"陪"不混读，其中"败""牌"读[ɛ]韵母，"背""陪"读[ei]。

（2）在朔城区、山阴和应县方言中，"败"与"背"不混读，分别读作 εi/εe/ɜi 韵母和 ei/ei/əi 韵母，而"牌"与"陪"混读，均读作εi/εe/ɜi 韵母。

（3）在宁武、五寨、平鲁、怀仁、右玉、大同和阳高等方言中，"败"与"背"、"牌"与"陪"混读，均读作 e/ei/εi/εɜ/ɜe/ɜe/ei。

200 多年前的《杂字》有关于蟹摄合口一等注蟹摄开口二等的记录：埋梅，买每，卖昧，派佩。其中"埋""买""卖"和"派"为蟹摄开口二等字，"梅""每""昧"和"佩"为蟹摄合口一等字。在今山西北区方言中，部分方言点不同程度地保留了这一语音特征。例如：五台方言、朔城区方言和山阴方言只有"埋"与"梅"同韵，其他三组都不同韵。应县方言"埋"与"梅"、"买"与"每"和"卖"与"昧"同韵，而"派"与"佩"不同韵。平鲁方言、右玉方言和大同方言这四组都同韵。

在并州片、五台片和大包片，蟹摄开口一、二等韵与合口一等韵帮组字同韵的历史可以追溯至宋时。这一语音事实演变至今在山西北区各方言中也存在着较大的差异。少部分方言这一现象已基本不保留了，即[ai、ei]不混，败≠背，牌≠陪，只有"埋"与"梅"同韵。例如：忻州、原平、五台、代县、保德等地方言。少部分方言有的同韵，即牌＝陪，有的不同韵，即败≠背。例如：山阴方言和应县方言。大部分方言完整地保留这一同韵现象，即[ai、ei]相混，败＝背，牌＝陪。例如：繁峙、宁武、偏关、右玉、怀仁、大同、阳高和天镇等方言。

二、蟹摄合口二等皆韵与止摄合口三等微韵同韵

蟹摄合口二等皆韵与止摄合口三等微韵同韵，即怪＝贵。在山西北区各方言中，有的同韵，有的却不同韵。是否同韵也体现了山西北区方言点是否具有[ai、ei]相混这一音韵特征。现列举部分方言点读音如表 2：

表 2

	五台	朔城区	平鲁	山阴	应县	右玉	怀仁	大同
怪	uɛ	uɛi	uɛi	uɜɛ	uəi	uɜɛ	uɜɛ	uɜɛ

| 贵 | uei | uei | uɛi | uei | iəi | uɜi | uɜi | uɜi |

在五台方言、朔城区方言和山阴方言中，"怪"在这三个方言点分别读作 uɛ、uɛi、uɜɛ，而"贵"在这三个方言点均读作 uei，蟹摄合口二等皆韵与止摄合口三等微韵不同韵，即怪≠贵。另外，忻州片的忻州、原平、代县和保德方言也是如此。

而在平鲁、应县、右玉、怀仁和大同方言中，"怪"与"贵"的韵母相同，分别读作 uɛi/uəi/uɛe/uee/uɜɛ，即怪＝贵。这种现象也在大同片的天镇方言和阳高方言以及忻州片的宁武、五寨、岢岚、神池和偏关方言存在。

我们可以发现，在山西北区各方言点，蟹摄合口二等皆韵与止摄合口三等微韵同韵和蟹摄开口一、二等韵与合口一等韵帮组字同韵共同体现了山西北区方言[ai、ei]是否分混这一语音事实。在各方言点，"怪"与"贵"是否同音与"败"、"背"和"牌"、"陪"是否同音保持一致。

三、蟹摄合口一等灰韵、止摄合口三等支脂韵泥组韵母的读音

蟹摄合口一等灰韵与止摄合口三等支脂韵泥组字的韵母演变至山西北区方言都各不相同。其中忻州片的五台方言来母字韵母读作合口呼、泥母字韵母读作开口呼，而忻州片的朔城区方言泥组字韵母读作齐齿呼。山阴片的山阴方言和大同片的大同、应县、怀仁和右玉等方言点泥组字韵母均读作开口呼。现列举如表3：

表3

	内	雷	累 累积	垒	泪
五台	ei	uei	uei	uei	uei
平鲁	ɛi	ɛi	ɛi	ɛi	ɛi
朔城区	i	i	i	i	i
山阴	ɜɛ	ɜɛ	ɜɛ	ɜɛ	ɜɛ
应县	ɛi	əi	əi	əi	əi

怀仁	ɛɛ	ɛɛ	ɛɛ	ɛɛ	ɛɛ
右玉	ɛɛ	ɛɛ	ɛɛ	ɛɛ	ɛɛ
大同	ɛɛ	ɛɛ	ɛɛ	ɛɛ	ɛɛ

通过表 3 显示，"内"字韵母在山西北区方言的读音主要有两种类别：

（1）读作齐齿呼[i]。只有朔城区方言，"内"韵母读作齐齿呼[i]，在称读地名"内蒙"时仍读作[i]。

（2）读作开口呼。大部分山西北区方言点"内"韵母的读音与普通话接近。其中五台方言、怀仁方言与普通话一致，平鲁、山阴、应县、右玉和大同方言"内"韵母的开口度比普通话的略大。

蟹止两摄"雷、累累积、垒、泪"字韵母在各方言读音相同，已无区别。但各方言之间读音有所不同，大致有三种类别：

（1）在五台方言中，这四字的韵母读作合口呼[uei]。这一读音反映了《中原音韵》时期蟹止摄读作合口呼的语音特征，这一语音事实在晋方言并州片、吕梁片、上党片以及中原官话汾河片大多数方言都有所保留。

（2）在朔城区方言中，这四字的韵母读作齐齿呼[i]。止蟹摄的合口韵字"雷、内、类、累"韵母到了 17 世纪初反映北京官话的徐孝《等韵图经》已经失去了介音[w]。演变至朔城区方言，这几个字韵母失去了介音[w]之后，可能经过元音高化，成为齐齿呼[i]。这种现象也在晋方言及汉语其他方言存在。例如：晋方言张呼片的宣化方言蟹止摄来母字"梨利里雷泪"等字韵母的读音在宣化全区域北部读[i]。湘方言中，清代以来的方志就有蟹摄部分字读混止摄字的记录，如："雷曰梨"。现代湘方言益阳话"雷"白读读音为 li。

（3）在平鲁、山阴、应县、怀仁、右玉和大同方言中，"雷、累累积、垒、泪"韵母读作开口呼。也就是说，随着介音[w]的消失，这四字韵母已经成为开口呼了，从这一点来看，这些方言与北京官话一直同步发展。

四、蟹摄开口二等见晓组韵母的读音

在语音历史演变过程中，山西北区大部分方言点的蟹摄开口二等见晓组韵母的读音经历了与北京官话相同的变化后，在 18 世纪以后发生变化，不读[ai]韵母。而是与果摄开口三等字、假摄开口三等精组、知组、影组字韵母合流。现将部分方言点的列举如表 4：

表4

	介	揩	解解开	街	茄	姐
五台	iɛ	iɛ	iɛ	iɛ	iɛ	iɛ
偏关	i	i	i	i	iɛ	iɛ
忻州	iæ	iæ	iæ	iæ	iɛ	iɛ
平鲁	iE	iE	iE	iE	iE	iE
朔城区	iɛ	iɛ	iɛ	iɛ	iɛ	iɛ
山阴	iE	iE	iE	iE	iE	iE
应县	iɛ	iɛ	iɛ	iɛ	iɛ	iɛ
怀仁	iɛ	iɛ	iɛ	iɛ	iɛ	iɛ
右玉	iɛ	iɛ	iɛ	iɛ	iɛ	iɛ
大同	iɛ	iɛ	iɛ	iɛ	iɛ	iɛ

从表4可以看出，山西北区方言大多数方言点蟹摄开口二等见晓组字读[iɛ]、[i]、[iæ]、[iE]、[ie]韵母，和北京官话接近。山西北区方言蟹摄开口二等见晓组字韵母读音的类别主要有两种：

一是蟹摄开口二等见晓组字韵母与果摄开口三等字、假摄开口三等精组、知组、影组字韵母合流，即介＝茄＝姐。例如：五台、平鲁、朔城区、山阴、应县、怀仁、右玉和大同方言。

二是果摄开口三等字、假摄开口三等精组、知组、影组字韵母读音合流，而与蟹摄开口二等见晓组字韵母读音不同，即介≠（茄＝姐），如：偏关方言和忻州方言。山西北区定襄、五寨和保德三个方言点也是如此。

这里需要强调一点的是，虽然五台方言的蟹摄开口二等见晓组韵母的读音和山西北区其他方言点的一样，与果摄开口三等字、假摄开口三等精组、知组、影组字韵母合流。但五台方言的蟹摄开口二等见晓组韵母的读音要比山西北区其他方言点的更古老一些。这主要是因为蟹摄开口二等见、晓组字和蟹摄开口二等其他声母字、蟹摄开口一等字，和蟹摄合口二等字的今韵母就形成开口、齐齿、合口整齐相配的韵母格局，而且这种格局在《中原音韵》时期就已形成。而山西北区其他方言点蟹摄开口二等见、晓组字的今韵母读音并未形成这种格局，而是进一步发生了高化现象。

五、"挂卦画话"韵母的读音

山西北区方言蟹摄合口二等佳韵字"挂卦画"和夬韵字"话"韵母读音读

同假摄合口二等麻韵，大多读作[uɑ]、[uA]和[ua]。如表5所示：

表5

	挂	卦	画	话	瓜	化
五台	uɑ	uɑ	uɑ	uɑ	uɑ	uɑ
平鲁	uɑ	uɑ	uɑ	uɑ	uɑ	uɑ
朔城区	uA	uA	uA	uA	uA	uA
山阴	uA	uA	uA	uA	uA	uA
应县	ua	ua	ua	ua	ua	ua
右玉	ua	ua	ua	ua	ua	ua
怀仁	ua	ua	ua	ua	ua	ua
大同	ua	ua	ua	ua	ua	ua

在语音历史演变过程中，山西北区大多数方言点中"挂卦画话"四字韵母的语音演变轨迹与蟹摄各韵摄的不同，而是与假摄合口二等麻韵合并，读音相同。这一语音演变现象和《中原音韵》一样，所反映的语音层次处于不晚于《中原音韵》时期的近古层次。

结语

蟹摄一二等韵演变的读音在山西北区方言演变和发展存在不平衡性。有的语音特征在山西北区部分方言点保留得比较古老，而有的却很早就受到北京官话的影响，在以后的发展过程中与北京官话保持一致。即使有的语音现象在山西北区各方言点演变一致，也反映了各方言不同的语音层次。这些都使得蟹摄一二等韵的读音在山西北区各方言点中表现出不同的类别，也体现了山西北区方言语音的独特性和丰富性。

附录四：晋北方言地名的音变

晋北方言包括大同市、大同城区、大同矿区、朔城区、山阴县、平鲁区、应县和怀仁县等县区方言。晋北方言地名具有较丰富和较复杂的音变现象，主要有同化、弱化、合音、脱落和其他音变等几种。下文通过描写晋北方言地名的音变现象，分析其音变的原因，发现晋北方言地名的音变现象所表现出的语音特点。

一、同化

同化现象是晋北方言地名音变现象最常见的一种。晋北方言地名语音因受前后字韵母或声母的影响发生同化，其中以韵母的同化为主，表现为：u 介音的增加、齐齿呼和撮口呼互相转换及主要元音的改变。

（一）u 介音的增加：高山疃_{山阴}[kɔo$^{313/31}$suæ^{335}thuæ^{313}]

在山阴方言中，"山"无论是单字音还是在其他语音场合中都读作[sæ^{313}]，而在"高山疃"这一地名中，在前字"高"韵母[ɔo]和后字"疃"韵母介音[u]的共同"夹击"之下，"山"韵母部分增加了一个介音[u]，因而"山"读作[suæ^{335}]。

（二）齐齿呼和撮口呼的互相转换

1. 齐齿呼转换为撮口呼：八步堰_{山阴}[pʌʔ^{4}pu^{335}yE^{335}]、口前_{山阴}[khəu^{52}tɕhyE^{313}]、双碾_{平鲁区}[suɒ^{213}nyər^{213}]、望岩_{应县}[vaŋ^{24}yẽ^{31}]、王宜庄_{应县}[vaŋ^{43}y^{31}tsuaŋ^{43}]

在山阴方言中，"堰"和"前"通常读作[iE^{335}]和[tɕhiE^{313}]，而在地名"八步堰"和"口前"中，"堰"和"前"分别受前字"步"和"口"韵母中[u]的影响，"堰"和"前"韵母中的介音[i]变为[y]，"堰"和"前"在这两个地名中分别读作[yE^{335}]和[tɕhyE^{313}]。

在平鲁方言中，"双碾"这一地名在称读时必须儿化。根据平鲁方言儿化韵的语音特征，"碾"的韵母[iE]儿化后应读作[iər]。而在地名中，由于受前字"双"韵母中[u]介音的影响，"碾"儿化后韵母中的介音读作[y]，"碾"在这一地名中读作[nyər^{213}]。

在应县方言中，"岩"和"宜"通常读作[iẽ^{31}]和[i^{31}]。而在地名中均受到前字"望"和"王"声母浊擦音[v]的影响，"岩"和"宜"韵母部分的[i]都读作[y]，"岩"和"宜"在地名中分别读作[yẽ^{31}]和[y^{31}]。

2.撮口呼转换为齐齿呼：薛家营_{应县}[ɕiaʔ^{43}tɕiaʔ^{43}iəŋ^{31}]

在应县方言中，"薛"通常读作[ɕyaʔ^{43}]，而在地名"薛家营"中，受后字"家"韵头[i]的影响，"薛"的韵头被同化，不读作[y]，而读作[i]。

（三）主要元音的改变：梁官_平鲁_[liE⁴⁴kuæ²¹³]

在平鲁方言中，æ、iE、uæ和yE共同构成开齐合撮四呼的韵母格局。"梁"通常读作[liɒ⁴⁴]，而在地名"梁官"中，由于受到后字"官"韵母的影响，"梁"韵母中的主要元音由[ɒ]变成[E]，"梁"读作[liE⁴⁴]。

二、弱化

晋北方言地名的音变还包括不同程度的弱化现象。弱化现象常常与同化、脱落等音变有关联。晋北方言地名读音的弱化主要表现为音节读作轻声。

（一）利民_朔城区_[li⁵³mi]

"民"在朔城区方言中通常读作[miə̃³⁵]，而在地名"利民"中，受到前字"利"的同化，"民"的主要元音鼻音韵母[ə̃]脱落，韵母变成了[i]，而且，"民"的声调丧失了原有的调值，弱化为轻声。

（二）义井_应县_[i²⁴tɕiəŋ]、钗里_应县_[tshɛi⁴³li]

在应县方言中，"井"通常读作[tɕiəŋ⁵⁴]，而"里"有舒入两读，在"三里、里头"等词语中，"里"读作舒声[li⁵⁴]，而在"家里、院里"等词语中，"里"读作入声[ləʔ⁴³]。在地名"义井"和"钗里"中，"井"和"里"的音高和时长都发生了变化，音高变低，时长变短，声调等都弱化为轻声。

三、合音

晋北方言地名中有合音现象。从所收集地名的读音来看，合音大致有两种方式：一是直接合并，或是前两个音节直接合并，或是后两个音节直接合并。例如：

（1）西盐池_山阴_[ɕi³¹³/³¹iE³¹³/¹³tʂʅ³¹³]→[ɕiE³¹³tʂʅ³¹³]

（2）杨里窑_大同_[iɒ³¹³li⁵⁴iɤo³¹³]→[iɒ³¹³liɤo³¹³]

例（1）中的第一音节"西"的韵母与第二音节"盐"韵母、例（2）中的第二音节"里"的韵母与第二音节"窑"的韵母均属齐齿呼，因此，例（1）中的第一音节与第二音节整体直接合并，例（2）中第二音节与第三音节整体直接合并，形成合音现象。

二是前后两个音节合并后，音节韵母中主要元音及入声韵尾脱落。例如：

（3）马（庞）家窑_大同_[ma⁵⁴（phɒ³¹³）tɕiaʔ³¹iɤo³¹³]→[ma⁵⁴（phɒ³¹³）tɕiɤo²⁴]

（4）张力窑_大同_[tʂɒ³¹liɑʔ³²ɤoi³¹³]→[tʂɒ³¹liɤoi³¹³]

（5）前（后）郭家坡_大同_[tɕhiɛ³¹³（xəu²⁴）kua³²tɕiaʔ³²pho³¹]→[tɕhiɛ³¹³（xəu²⁴）kua³¹³pho³¹]

例（3）中第二音节"家"、例（4）中第二音节的"力"与后一音节"窑"、例（5）中第二音节"郭"与第三音节"坡"分别合并，合并后前一音节的主要元音及入声韵尾均发生脱落，并构成新的音节结构。

四、脱落

由于语言接触及语音内部的缘故，晋北方言地名还存在脱落现象。脱落现象不仅发生在介音和主要元音上，而且还发生在整个音节上。

（一）罗庄_{应县}[luɤ³¹tsaŋ⁴³]

中古时期，"庄"属宕摄开口三等阳韵庄母平声字，演变至今应县方言读作[tsuaŋ⁴³]。而在地名中，"庄"读作[tsaŋ⁴³]。究其原因，主要是因为"罗庄"属应县大临河乡，地理位置上与大同市浑源县比较接近，而浑源方言的韵母有这样一个特点，即宕摄开口三等庄组、合口见系字和江摄知庄组字，今读开口呼，例如"庄"="张"，"光"="刚"，"窗"="昌"，"况"="抗"。因此，在方言互相接触与影响之下，应县地名"罗庄"中"庄"的韵头脱落，读作开口呼。

（二）辛留村_{山阴}[ɕi³¹³/³¹liəu³³⁵tshuɔ̃³¹³]

"辛"在山阴方言中通常读作[ɕiɔ̃³¹³]，而在称读地名"辛留村"时，"辛"的主要元音鼻化元音[ɔ̃]脱落，原来的介音承担了整个音节的主要元音。因此，"辛"在地名中读作[ɕi³¹³]。

（三）王家涧_{山阴}[uɒ³¹³/¹³tɕiəʔ⁴/²tɕiʌr³³⁵]

在称读山阴地名"王家涧"时，这一地名常常儿化，而且其中"家"这一音节发生脱落，因此，这一地名在口语中常常读作[uɒ³¹³/¹³tɕiʌr³¹³]。

五、其他音变

晋北方言地名还有一些特殊音变现象。这些音变现象无法归纳到以上音变现象之中，主要以下几种。

（一）n/l 不分

"另"在平鲁方言中通常读作[liɔ̃⁵²]，而"另山"这一地名在平鲁方言中读作[niɔ̃⁵²sæ²¹³]。其中"另"声母由[l]变读为[n]。

与平鲁方言同属五台片的朔城区方言也有极少 n/l 不分的语音现象。例如：你咋还捉弄我这个老头子哩！例子中的"弄"的声母在口语中也常常读作[l]，不读作[n]。

山阴方言中也有这一现象，"立"在山阴方言中通常读作[liəʔ⁴]，而地名

"上/下立羊泉"[ʂɒ³³⁵/ɕiA³³⁵ni³³⁵iD³¹³tɕhyE³¹³]中的"立"读作[ni³³⁵],"立"的声母读作[n],而不读作[l]。

"大同地区区分 n/l,但在这样的地区,也有个别 n/l 相混的词,如天镇'农'n→l,北京'弄、梁'n/l。"①以上语音事实再次证明,除天镇以外,晋北其他方言点也有 n/l 相混的语音事实。

（二）舒声促变

晋北各地方言中不同程度地存在舒声促变的语音特点。应县地名"白马石""东辉耀"和"大西头",山阴地名"上神泉""上河西"和"蓿麻沟",大同地名"李怀角儿""祁皇墓""四眼井儿"等各地地名中加着重号的字均不读作舒声,而是读作入声。特别值得一提的是,大同地名"白马城"中的"马"与应县地名"白马石"中的"马"一致,均读作入声。

（三）舌尖中音变为舌尖前音

1.东沙堆_{山阴}[tuɜ³¹³/³¹ʂA³¹³/¹³tsuei³¹³]；西沙堆_{山阴}[ɕi³¹³/³¹ʂA³¹³/¹³tsuei³¹³]

在山阴方言中,"堆"可以读作[tuei³¹³],也可以读作[tsuei³¹³]。而且"堆"可以和"圪"字头结合,构成动词和量词。但不论是作动词还是作量词,"堆"仍保持两读现象。例如:

你给咱把那点儿土往里圪堆圪堆。（动词）

一圪堆土。（量词）

由于受普通话的影响,人们逐渐放弃了[tsuei³¹³],更多地选择读作[tuei³¹³]。而在称读地名"东沙堆"和"西沙堆"时,"堆"的声母不读作舌尖中音[t],仍读作舌尖前音[ts]。

汉语其他方言区口语和地名中也有这种语音现象。在河北方言晋州、献县、安国、望都、忠县、满城等地"堆"念[tsuei]一类的音。②在北京话和济南话中,"堆"既可以读作[tuei],也可以读作[tsuei]。③

2.东鄑河_{山阴}[tuɜ³¹³/³¹sɒ³³⁵xuə⁵²]、西鄑河_{山阴}[ɕi³¹³/³¹sɒ³³⁵xuə⁵²]

在山阴方言中,"鄑"通常读作[ʂæ³³⁵],而在地名"东鄑河"和"西鄑河"中读作[sɒ³³⁵]。"鄑"这一音节的声母和韵母均发生了变化。

六、结语

晋北方言地名中的音变现象互相交叉、互相影响,同化引起弱化,弱化、合音又伴随着脱落现象。另外,晋北方言还有一些其他的音变现象,如在称读时,地名必须儿化或加子尾以及地名中字音调值的变化。这些都需要我们去深入描写其读音和探究其形成的原因。

附注

①贺登崧. 汉语方言地理学[M]. 石汝杰，岩田礼译. 上海：上海教育出版社，2003：108.

②田恒金，李小平. 河北方言地名中的一些音变[J]，语文研究，2008（2）.

③北京大学中国语言文学系语言学教研室编. 汉语方音字汇（第二版重排版）[M]. 北京：语文出版社，2003：162.

附录五：晋北方言地名中的古音

在语音演变的历史过程中，晋北方言较早较多地受北京官话的影响，这使晋北方言中很多较古的音韵特征消失，并逐渐向北京官话靠拢。但作为专有名词的地名，由于其具有较大的稳固性，因此保留了较古老的读音。这些读音都反映了晋北方音所具有的音韵历史层次。下文结合晋北方言各方言点中相关的语音事实，从声母和韵母两方面来分别考察晋北方言地名所保留的古音。

一、声母方面

1.磨复其湾

"复"属奉母字，在大同方言中，不论是单字音还是组合成词，均读作[fəʔ³²]，其中"复"声母读作轻唇音[f]。而在大同地名"磨复其湾"中"复"则读作[pəʔ³²]，其声母读作重唇音[p]。

属奉母的"缝"在邻近大同的山阴方言和应县方言口语中分别读作[pə̃³¹³]和[pəŋ³¹]，"缝"声母在这两个方言中均读作重唇音[p]。例如：①你那个扣子快掉呀，你脱下来，我给你缝上两针。②盖物_{被子}上的针脚开啦，我给缝住些儿。

大同地名"磨复其湾"中的"复"以及山阴方言和应县方言口语中的"缝"声母读作重唇音，而不读作轻唇音，这反映出晋北方言不同程度地保留了上古时期"古无轻唇音"的痕迹，这也可作为"晋方言保留古非敷奉母读重唇的上古音残迹"的一个有力佐证。

2.晋祠

"祠"属《广韵》止摄开口三等之韵邪母平声字，演变至普通话，全浊邪母平声字读作擦音[s]、[ɕ]和送气塞擦音[tsʰ]、[tɕʰ]，仄声读作擦音[s]、[ɕ]。

"祠"的声母在官话区北京、济南、武汉、成都、合肥、扬州六个方言点都读作[tsʰ]，苏州、温州方言读作[z]，厦门、潮州、福州方言读作[s]。

而山阴方言在称读"晋祠"这一地名时，邪母字"祠"的声母读作清擦音[s]，而且与"祠"具有相同音韵地位的"词辞"声母也读作[s]。"辞词祠"的声母读作清擦音与邪母其他字读作清擦音保持一致。这一语音特征在晋方言大多数方言点都有所反映。

除此之外，在朔城区、山阴、应县和大同方言中，邪母字"囚"白读时和在"囚犯"一词中，其声母读作清擦音[ɕ]。而且山阴方言和大同方言的口语中常常用"囚犯样儿"来形容一个人萎靡不振的精神状态。

邪母字读作清擦音的语音现象"已保持有千年之上"，而且"再一次显示今晋方言是唐五代宋西北方音的'嫡系支裔'"。晋北方言地名和口语中邪母字的读音就体现了这一古老的语音特点。

3.南泉村

古精组和见晓组在今细音前如果有分别，读音不同，就分尖团音。而如果没有分别，读音相同就不分尖团音。晋方言很多方言片均保持尖团对立，即古精组字在今细音前读[ts]、[tsh]、[s]，而见晓组在细音前读[tɕ]、[tɕh]、[ɕ]。例如：并州片、吕梁片、上党片和大包片等方言片。

"泉"为山摄合口三等仙韵从母平声字，属精组。在应县方言中，无论是单字音还是在其他语音场合，"泉"声母均读作[tɕh]，这与普通话的读音保持一致。而在应县地名"南泉村"中，"泉"读作[tshuɛ̃³¹]。地名中"泉"声母的读音反映了应县方言古从母字在细音前保持古读，未腭化，读作[tsh]，与见晓组字在细音前的读音不同。但是由于受普通话的影响，在称读这一地名时，很多年轻人更愿意将"泉"读作[tɕhyɛ̃³¹]。

与应县相邻的山阴方言的日常口语中也保留了从母字在细音前保持古读，未发生腭化的音韵特征。与"泉"具有相同音韵地位的"全"字声母也未腭化，保留古读，读作[tsh]。例如：家里头东西全全儿的[tshuæ³¹³/³¹tshuʌr³¹³/⁵²tiɤʔ⁰]，你啥也不用买。

4.李三沟

"三"属咸摄开口一等谈韵心母平声字，演变至今大同方言中读作[sæ³¹]。而在地名"李三沟"中，"三"读作[tshæ³¹³]，声母不读作擦音[s]，而是读作塞擦音[tsh]。

据乔全生先生的推论：汾河片的"梭"字从9世纪初开始至今依然读作塞擦音[tshuo]，不读作擦音[suo]。晋方音中擦音变读为塞擦音的时代也是比较早的。"三"作为心母字，不读作擦音[s]，而读作塞擦音[tsh]。由此可知，晋北方言地名"李三沟"中"三"读作塞擦音的历史至少可以与"梭"处在同一时期。

5.白头崖、南崖乡

中古疑母、影母开口字演变至今晋北方言声母多读作[n]，与北京话中的零声母相对应，例如：爱岸偶恩。这是山西北区方言声母重要特点之一。

"崖"属蟹摄开口二等佳韵疑母平声字。"南崖乡"和"白头崖"分属朔州市朔城区和平鲁区，朔城区方言和平鲁区方言称读这两个地名时，分别把"崖"读作[niɛ³⁵]和[niɛ⁴⁴]。"崖"的声母均读作鼻音[n]。

朔城区方言和平鲁区方言的分类词表"地理"类中都用"崖头"表示"山崖"这一词条，分别读作[niɛ³⁵tʻəu]和[niɛ⁴⁴tʻəu]，其中"崖"声母均读作鼻音[n]。

除了朔城区方言和平鲁区方言以外，晋北方言的大同方言和山阴方言"崖"白读时声母也都读作[n]。

从王力先生所作现代北京声母和中古声母对照表得知，"崖"中古时期声母为ŋ，与现代北京零声母对应。这说明，朔城区方言地名"南崖乡"和平鲁区方言地名"白头崖"以及晋北方言大多数方言点中"崖"白读音声母都读作[n]这一语音历史至少可以追溯至中古时期。

二、韵母方面

1.内蒙

"内"属蟹摄合口一等灰韵泥母去声字，演变至今朔城区方言中，"内"韵母读作齐齿呼[i]，而在晋北方言其他方言点中，由于受普通话的影响，"内"大多读作开口呼。除了"内"以外，朔城区方言的止蟹摄合口韵来母字"雷类累泪"等字也读作细音齐齿呼[i]。

晋方言其他方言片和汉语其他方言片都存在这一语音事实。例如：

晋方言张呼片的宣化方言中，蟹止摄来母字"梨利里雷泪"等字韵母的读音在宣化全区域北部读[-i]，这一方言特征和张家口话蟹止摄来母字韵母读[-i]的特征保持一致。

高本汉《中国音韵学研究》的方言字汇部分所收录的19世纪末怀庆方言"内"读作ɲi，韵母读作细音。

湘方言中，清代以来的方志就有蟹摄部分字读混止摄的记录，如"雷曰梨"。现代湘方言益阳话、桃江话大量保存，如益阳话中"雷"白读读音为 li。

山东长岛县所属的庙岛列岛 10 个岛中的以北的大小钦岛、南北隍城岛等和大连方言"梨李力"等一类字跟"雷累_{积累}累"一类字同音，li=li。

吴方言上海话"泪"字韵母念 i。

赣方言南昌话"泪"白读读音为 li。

止蟹摄的"内雷类累泪"等合口韵字到了 17 世纪反映北京官话的徐孝《等韵经图》已经失去了介音[w]，北京官话读作开口呼。而朔城区方言中止蟹摄的"内雷类累泪"等字在失去了介音[w]之后，走了一条与北京官话和晋方言其他方言片不同的路，既不同于北京官话的开口呼，也不同于晋方言其他方言片所保留的合口呼。结合王力先生相关的语音构拟，"雷内"的中古拟音是 upi，而"类累泪"等字的中古拟音是 ɨwe，wi，因此，在朔城区方言中，"内雷类累泪"等字一部分经历了复元音单化、另一部分经历了元音高化最终合流为[i]的语音演变过程，并且一直保留至今。这也成为朔城区方言有别于同一方言片和邻近方言点的一个重要语音特征。

2.①合盛堡(山阴) ②张家堡(山阴) ③席家堡(应县) ④陈家堡(怀仁) ⑤何家堡(怀仁) ⑥向阳堡(平鲁区)

"堡"属效摄开口一等豪韵帮母上声字，以上所列地名中"堡"韵母均读作[u]。

晋北方言中多有"××堡"这类地名，其中"堡"韵母均读作[u]。除了地名之外，晋北方言朔城区、平鲁区、应县、山阴、怀仁和大同等大多数方言点中"堡"韵母读作[u]。这一读音体现了效摄豪韵与遇摄模韵同韵的语音特征。而"晋方言萧豪与鱼模同韵的残余现象似可上推至辽宋"。从这一推论也可得知，晋北方言地名中"堡"以及"堡"在各方言点白读时韵母的读音都保留了效摄豪韵与遇摄模韵帮母字同韵这一较古老的语音事实。

3.黑龙池

"龙"属通摄合口三等来母平声字。在山阴方言中，无论是单字音还是在其他场合，"龙"的读音为合口呼，读作[luə̃³¹³]。而在地名"黑龙池"中，"龙"的读音则为齐齿呼，读作[liə̃³¹³]，韵母为细音。

"龙"在今汉语官话区及其他大多数方言区均已读作合口呼。梅县、厦门、福州等方言读作细音。晋方言的文水、隰县、汾西、五台、长治、平顺、晋城、陵川和高平九个方言点也读作细音。

"通摄合口三等韵字'龙'的韵母读细音，说明保留的是《切韵》以前的读音。仅在闽方言和客家方言中保存，不在粤方言其他大方言中出现，似可证明，闽方言、客家方言的这个读音比粤方言等还要古老。照此看来，晋方言保存的这个读音一样的古老。"晋北方言大多数方言点"龙"的读音与普通话保持一致，读作合口呼。山阴地名中"龙"读作细音这一少有的语音事实反映了晋北山阴方言所存在的古老的音韵层次。

4.下木角

"木"属《广韵》通摄合口一等明母屋韵入声字，在朔城区方言大多数语音场合中不再读作入声，都已发生舒化，读作[mu⁵³]。但在地名"下木角"中，"木"仍保留入声韵，读作[məʔ³⁵]。

关于"木"的语音演变过程，乔全生先生作了相关的推演，即"木"：mɔk→mbɔk→mɔk→muk→muʔ→mu。晋北方言中的很多方言点"木"都已完成了语音演变的过程，均已舒化，其韵母读作[u]。而朔城区方言地名"下木角"中"木"的读音未发生舒化，仍保留在语音演变的入声韵阶段。

在朔城区方言中，除了地名"下木角"中"木"的读音保留入声外，与"木"具有相同音韵地位的"穆、目"二字也都读作入声。例如："穆桂英"、"目的"中的"穆"和"目"都读作[məʔ³⁵]，均保留入声韵。

晋北方言中还有很多反映古老音韵特征的例子，如：朔城区方言地名"红壕头"中的"壕"读作[xuə³¹²]，这一读音是宋代时期古歌戈萧豪同韵残留的一种表现。晋北方言地名的读音不同程度地保留了古音遗迹，这些古音反映了晋北各方言点语音所处的历史演变进程，也更全面地呈现了其语音面貌。

附录六：福州方言的比较句

关于比较句的概念划分，语法学界意见众说纷纭。马建忠先生在《马氏文通》"静字"一章中，对"比"字做了分析，即"凡色相之丽于体也，至不齐也。同一静字，以所肖者浅深不能一律，而律其不一，所谓比也。象静为比有三：曰'平比'、曰'差比'、曰'极比'"。[1]太田辰夫先生沿用了"平比"、"差比"和"极比"的分类，又将"比较"分为绝对的和相对的两种，认为"绝对的比较是比较的对象在句中不出现的，相对的比较是比较对象在句中出现的"。[2]李蓝先生将比较句定义为：表示比较关系，且由相关的比较参项（comparative parameter）构成一定格式的句子。从比较句的构成上看，比较句由比较主体（subject，SJ）、比较基准（standard，ST）、比较标记（marker，M）和比较结果（adjective，A）四个语序类型参项构成。[3]

福建方言可以划分为闽北语、闽南语以及闽东语。福州话是闽东地区的代表性方言，在福建省内具有广泛影响，其通行范围仅次于闽南方言。受普通话的影响，福州方言的比较句既保留了原有的类型，又产生了新的比较句格式。以下以太田辰夫先生和李蓝先生有关比较句的论述为标准，通过具体的语言事实对福州方言比较句的结构及其特点进行全面的描写和分析。

一、福州方言的等比句

福州方言等比句的结构与普通话等比句的结构基本一致，福州方言中的等比句的构成格式为"比较主体+和/跟+比较基准+一样+形容词"。在这一结构中，"和""跟"为比较标记，"一样"表示比较主体与比较基准之间所比较的性质、程度或范围等一致。形容词多为积极义形容词。例如：

①伊和/跟汝一样高。
②只架床和/跟许架床一样张。
③伊写其字和/跟薛丁伟写其字一样好。
④只一头猪和/跟许一头猪一样肥。
⑤前倒其空气和/跟现在其空气一样好。

在这一格式中，形容词可以省略，不出现在句中，但全句的主语不再由人或物等来承担，而是由与其相关的高度、长度或重量等词或短语来承担。例如：

①伊其身高和/跟汝其身高一样。
②只架床其长度和/跟许架床其长度一样。

---

[1] 马建忠.马氏文通[M].上海：上海教育出版社，2001：232.
[2] 太田辰夫著.汉语史通考[M].江蓝生、白维国译.重庆：重庆出版社，1991：3.
[3] 李蓝.现代汉语方言差比句的语序类型[J].方言，2003（3）：23.

③只一头猪其体重和/跟许一头猪一样。
④只隻箱箱其重量和/跟许隻箱箱其重量一样。
⑤伊虽然怀是大聪明其侬，俤裸读书其事和/跟伊一样。

等比句的否定形式为"比较主体+和/跟+比较基准+不一样"，这一格式中不出现形容词。在福州方言中，这一格式在日常交际中很少出现，更多的是直接采用差比句来表达比较主体与比较基准之间的差异。

二、福州方言的差比句

在福州方言中，差比句主要有五种构成格式。以下是对这五种构成格式的描写与分析。

（一）比较主体+有/无+比较基准+形容词

这一差比句格式多用来表示估计性的比较。其中，"有""无"是这类句式中的比较标记。"有"表示达到标准，"无"表示没有达到标准。比较基准可分为数量标准、实物标准和语境补充标准。

1. 数量标准

当比较基准为数量标准时，差比句的构成格式是"比较主体+有/无+数量短语+形容词"。在这一格式中，比较主体可以是具象的物体，也可以是表量的范围。形容词多为积极义形容词。例如：

①只隻箱箱有成十斤重。
②伊其身高有两米悬。
③只隻桌子有半米宽。
④只条绳子无五米张。
⑤伊其体重无百斤重。
⑥其水无三米深。

上例①—⑥中，比较主体分别是"只隻箱箱""伊其身高""只隻桌子""只条绳子""伊其体重""其水"。比较标记是"有"和"无"。比较基准是"十斤""两米""半米""五米""百斤""三米"。

2. 实物标准

当比较基准为实物标准时，差比句的构成格式是"比较主体+有/无+名词/名词性短语+形容词"。在这一格式中，名词性短语多由定中短语来承担，形容词多为积极义形容词。例如：

①只隻箱箱有许隻重。
②只花起先故无许小一株，伶变有瓯许大。
③伊写其字有薛丁伟写其字好。
④今旦故无昨暝热。
⑤汝其成绩无伊其成绩好。

⑥现在其城市空气故无前倒其城市空气好。

上例①—⑥中，比较基准为"许隻（箱箱）""瓯""薛丁伟写其字""昨暝（的天气）""伊其成绩""前倒其城市空气"。与普通话相比，在福州方言的这类差比句中，形容词前一般不出现表程度义的代词"这么""那么"。

3. 语境补充标准

当比较基准为语境补充标准时，差比句的构成格式是"比较主体+有/无+许满/只满+形容词"。例如：

①只颜乃有许满/只满重。

②伊有许满/只满悬。

③只床有许满/只满张。

④只灯有许满/只满亮。

⑤只条路无许满/只满宽。

⑥伊无许满/只满美。

⑦只鸡蛋无许满/只满大。

在日常交际过程中，由于听话者和说话者可以通过手势比画来明确比较基准，或比较基准是听说双方已知的，因此，这一格式中的比较基准大多可以不出现。基于比较基准的灵活性，比较基准可以是数量标准，也可以是实物标准。

（二）比较主体+故+输/赢+去/过+比较基准

这一差比句的格式中不包含形容词，即没有明确的比较结果。但在具体的语境中，这一格式中的比较结果具有较高的概括性。"故"相当于普通话中的"更"，用来表示比较。例如：

①喷故赢去/过伲。

②伊虽然伓是大聪明其侬，俤裸读书其事单倒故赢去/过许一隻。

③伊写其字是故输去/过薛丁伟写其字。

④只一头猪故输去/过许一头。

这一格式中的"故"可以省略不出现。例如：

⑤伊读书其事赢去/过汝。

⑥侬其样子输去/过汝其样子。

或者"去/过"可以省略不出现。例如：

⑦只一隻故赢许一隻。

⑧汝其成绩故输伊。

这样的比较可以称为"一般比较"（general comparison），即简单的将某一事物与另一事物进行比较，没有具体指明比较结果。[1]福州方言这类差比句

---

[1] 陈泽平.19 世纪以来的福州方言：传教士福州土白文献之语言学研究[M].福州：福建人民出版社，2010：241.

中，谓语核心"赢、输"本身为表比较的动词，前加的副词"故"与后附的趋向动词"去/过"共同承担比较标记。如上例⑤、⑥中可以省略"故"，只用"去/过"作比较标记；上例⑦、⑧中则可以省略"去/过"，只用"故"作比较标记，但"故"、"去/过"不可以同时省略。因此，这类差比句具备了"双重标注"。[1]

（三）比较主体+怀比+比较基准

从语义上看，这类差比句是一种"负差比"，类似于差比句的否定形式。在福州方言中，"怀"不单独出现在句中，需与被否定的词组合之后才能出现，即在差比句中，"怀"需与"比"组合之后才能出现，才能成为比较标记。这类比较句中不出现具体的比较结果。例如：

①伲怀比嚜。
②只帮柴料都贵，怀比前倒。
③现在的城市空气不太好，怀比过去。
④伊其字怀比汝。

在福州方言中，"不如"和"无搦"可以替代"怀比"，意义不发生变化。例如：

①伲其样子不如伊其样子。
②汝其成绩不如伊其成绩。
③只一本书不如许一本书。
④外国其食物无搦中国其食物。
⑤只颜乃无搦许颜乃。
⑥今旦其天气无搦咋暝其天气。

就目前所掌握的语料来看，记载有关"无搦"的土白资料的历史可追溯至19世纪，即自19世纪以来，"比较主体+无搦+比较基准"是福州方言常用的差比句的构成方式之一，但演变至今，受普通话的影响，"不如"常常出现在日常交际中，有取代"无搦"之势。

（四）比较主体+故+形容词+去/过+比较基准

这类差比句中的"故"和"去/过"与上述第二种差比句类型中的一样，是差比句中的"双重标注"。例如：

①伊其样子故美去/过汝其样子。
②只帮柴料故贵去/过前倒。
③现在其城市空气故差去/过前倒。

---

[1] 刘丹青.差比句的调查框架和研究思路，现代语言学理论与中国少数民族语言研究[M].北京：民族出版社，2003：13.

④伊其字故好去/过薛丁伟其字。

在这类差比句中,"故"可以省略,"去/过"单独作比较标记。例如:

①只碗大去/过许碗。

②只一本书好看去/过许一本书。

③只措悬去/过山。

④今旦热去/过昨暝。

在这类差比句中,"去/过"可以省略,"故"在句中单独做比较标记。例如:

①伊讲话故赢汝。

②其牛肉故嫩许一隻。

③侬其样子故好看伊其样子。

④汝其成绩故好伊。

与上述第二种差比句格式相比较,虽然形容词出现在这类差比句格式中的位置与"输/赢"出现在第二种差比句格式中的位置相同,但是这类差比句格式中的形容词所表示的意义和范围要比第二种差比句格式中的"输/赢"更明确些,因此,这类差比句格式中的比较结果也更明确些。

(五)比较主体+比+比较基准+形容词

介词"比"是比较标记,这是普通话中最常用的差比句式,这也是福州方言新起的差比句构成方式。例如:

①汝比伊好。

②前倒柴料比伶贵。

③只花起先许小一株,伶比瓯故大。

④中国其食物比外国其食物好吃。

⑤现在其城市空气比前倒其空气差。

在语序类型学中,差比句占据重要地位,特别是其构成成分的语序,与动宾语序和介词类型(前置词/后置词)密切相关,是重要的类型指标。[1]从古代汉语的"轻于鸿毛"到现代普通话的"比鸿毛还轻",随着语言的演变,汉语差比句这两种对立的语序类型完成了句式上的转换。

19世纪的福州土白资料《新约全书》中出现的差比句较多地采用了第四种差比句格式,即"比较主体+故+形容词+去/过+比较基准"。例如:

①无别毛诫故大去只两条。(没有其他的诫命比这些更重要的了。)——《马可 12—31》

②诸娘侬所生其未有故大去约翰,佮上帝国裡第一细其,故大去伊。(在

---

[1] 刘丹青.差比句的调查框架和研究思路,现代语言学理论与中国少数民族语言研究[U].北京:民族出版社,2003:2.

人间没有比约翰更伟大的人,但在上帝的国里,最微小的一个都要比约翰伟大呢。)——《路加 7—28》

③佇着只块有唦故大去所罗门其侬。(在这里有一人比所罗门更大。)——《路加 11—31》

④主人獪大去奴才。(主人不比奴仆大。)——《路加 12—23》

⑤活命是故钦贵去粮草,身体是故钦贵去衣裳。(生命比食物贵重得多,身体也比衣服贵重得多。)——《路加 12—23》[1]

在福州土白资料《新约全书》中,我们也可以找到由"比"构成的差比句:

①者穷其寡妇捐钱比众侬所捐其故侢。(这个穷寡妇所投入奉献箱的比其他人的都多。)——《马可 12—43》

②骆驼穿过针鼻,比富侬裡上帝国故容易。(有钱人要成为上帝国的子民,比骆驼穿过针眼还要难。)——《马可 10—25》

③当审判其日所多玛其刑罚比汝更会受的去。(在审判的日子,所多玛人所遭受的惩罚比那城所受的要轻呢。)——《路加 11—24》[2]

根据陈泽平先生的粗略统计,在 19 世纪福州土白资料《新约全书》一书中,由第四种格式构成的差比句的数量远远超过了由"比"所构成的差比句的数量。但从这一百年多年来的历史演变来看,由"比"所构成的差比句格式与福州方言原有的四种差比句格式一直处于语言竞争之中。受普通话的影响,福州方言不论是书面语还是口语,都大量使用由"比"所构成的差比句,因此,这类句式的优势地位也逐渐凸显出来了。

三、福州方言的极差比

极差比句是指比较主体在同类的事物的比较中胜出或者不及。比较主体与比较基准在进行比较时,比较基准往往是两个或两个以上的人或事物,所比较的对象范围没有特定的限制。在福州方言中,表示极差比的格式只有"比较基准+比较主体+第一+形容词"这一种。在这一格式中,"第一"相当于普通话中的"最"。例如:

①一个宿舍汝其身高第一矮。
②整个村伊家第一富。
③只几年今年下其雨第一多。
④只隻家依妈年龄第一老。
⑤只地方伊其家第一大。

---

[1] 引自中国基督教协会 1997 年出版发行的中英文对照版《新约全书》"——"后面注明章节句

[2] 引自中国基督教协会 1997 年出版发行的中英文对照版《新约全书》"——"后面注明章节句

四、结语

福州方言的比较句可分为等比句、差比句和级差比。差比句的结构类型和构成方式要比等比句和级差比的更丰富些。等比句和级差比的构成方式比较单一，其构成方式基本与普通话保持一致，特别是等比句。而差比句共有五种构成方式。我们发现，19世纪的福州土白资料《新约全书》中就出现了由"比"所构成的差比句格式，这一格式与其他四种差比句构成方式并存于福州方言之中。演变至今，其优势地位已经凸显出来了。

（此文与曾镫瑶合写）